高职高专实用教材

统计实务
PRACTICAL STATISTICS

郭海玲　主　编

黄志伟　刘喜民　副主编

暨南大学出版社
JINAN UNIVERSITY PRESS

中国·广州

图书在版编目（CIP）数据

统计实务/郭海玲主编；黄志伟，刘喜民副主编. —广州：暨南大学出版社，2018.2
（高职高专实用教材）
ISBN 978 - 7 - 5668 - 2296 - 3

Ⅰ. ①统…　Ⅱ. ①郭…②黄…③刘…　Ⅲ. ①统计学—高等职业教育—教材　Ⅳ. ①C8

中国版本图书馆 CIP 数据核字（2018）第 001078 号

统计实务
TONGJI SHIWU
主　编：郭海玲　副主编：黄志伟　刘喜民

- -

出 版 人：徐义雄
责任编辑：曾鑫华　高　婷
责任校对：徐晓越　刘雨婷
责任印制：汤慧君　周一丹

出版发行：暨南大学出版社（510630）
电　　话：总编室（8620）85221601
　　　　　营销部（8620）85225284　85228291　85228292（邮购）
传　　真：（8620）85221583（办公室）　85223774（营销部）
网　　址：http://www.jnupress.com
排　　版：广州市天河星辰文化发展部照排中心
印　　刷：广州市穗彩印务有限公司
开　　本：787mm×1092mm　1/16
印　　张：16.75
字　　数：396 千
版　　次：2018 年 2 月第 1 版
印　　次：2018 年 2 月第 1 次
定　　价：48.00 元

（暨大版图书如有印装质量问题，请与出版社总编室联系调换）

前　言

本书以行业专家对经济金融领域所涵盖的岗位群进行任务与职业能力分析为基础，以任务驱动和就业为导向，根据高等职业院校学生的认知特点，按照统计工作过程的逻辑组织教学进程，将统计设计、统计调查、统计整理、统计分析作为主线，最后撰写统计分析报告，当中引入权威性统计数据与实践性内容，实现"教、学、用"一体化。全书分为：第一部分基础理论、第二部分基础技能、第三部分分析技能、第四部分综合技能，具体框架为：①知识结构图，目的是使读者明确知识结构要点，形成统计思维导图，以便总体定位与分类学习相结合；②学习目标，包括知识目标和能力目标，有助于读者分层次理解和学习本书重点内容；③项目导入、统计名家，借助经济社会中的现实问题和优秀的统计名家小传引起读者的学习兴趣、锁定注意力；④项目主体内容；⑤项目总结，对项目主要内容进行概括与提炼，归纳出知识要点，便于读者掌握要领，加深印象；⑥技能训练，包括各类综合技能训练及项目思考题，使学生在巩固基础知识和基本技能的同时，对重点问题进行更加深入的思考与讨论，逐步培养其在社会现实情景下利用统计思维与统计方法解决实际问题的能力；⑦拓展阅读，目的是拓宽学生的视野，提高人文素养，给人以悟性和趣味性，并在专业深度和广度上与时俱进。

本书的编写突出以下三个特色：

第一，紧扣大纲、博采众长。从高等职业教育人才培养实际出发，以任务驱动和就业为导向，结合编者十多年的教学、科研、实践经验并参考大量国内外文献，突出对职业能力的训练。理论知识的选取紧紧围绕统计工作任务的需要，同时充分考虑高等职业教育对理论知识、学习层次的需要，并融合相关职业资格对知识、技能和态度的要求。

第二，生动有趣、深入浅出、与时俱进。本书内容通俗易懂，借助经典案例、知识链接、拓展阅读等多样化内容让统计学习过程充满趣味性和新颖性。大量使用国家统计局、美国商务部经济分析局、《人民日报》等权威性机构的最新数据，关注统计领域的新趋势、新变化，力求体现时代特色，有效满足学生自主学习的要求，实现信息资源共享。

第三，注重统计思想的培养。统计的基本思想包括数量观、总体观、归纳推断观。

本书的培养目标是通过系统的学习，使学生逐步形成组织调查能力，灵活运用统计思维和统计方法解决实际问题的综合能力，培养其勤学好问、诚实严谨的治学态度，并逐步树立科学运用统计思想为社会服务的观念和意识。

华罗庚说："在寻求真理的长河中，唯有学习，不断地学习，勤奋地学习，有创造性地学习，才能越重山跨峻岭。"辛勤耕耘只为春华秋实，一路走来，离不开众多亲人、朋友、同事的关心、支持和帮助。衷心感谢刘喜民副教授的全面统筹与指导，感谢黄志伟老师参与编写项目四的部分计算内容，感谢蔡宏标副教授、谭昌林老师的支持和帮助，感谢欧浩华、洪晓萍等同学提出宝贵意见，感谢参考文献中前辈们的优秀作品，感谢曾鑫华、高婷编辑的辛勤付出。

　　全书结构独特，内容丰富，案例典型，实用性强，既可作为高职高专经济、金融、会计、管理类专业学生的教材，亦可作为专本科院校同类专业学生、准备参加统计从业资格考试的学生或者统计从业人员、教学科研工作者及其他人员的学习用书或者参考读物。

　　由于编者水平和条件有限，书中如有疏漏和不当之处，恳请指正！

编　者
2017 年 10 月

目 录

第四部分　综合技能

第一部分　基础理论

　　学习统计，首先要对统计有一个总体的认识，并且要掌握其思想观和方法论。本书在介绍统计过程之前，提供充足的背景知识。基础理论部分将带领读者认识什么是统计，统计具有哪些特点，统计的工作过程包括哪些环节，统计能够发挥哪些职能与作用，统计的研究方法主要有哪些以及学习统计知识需要掌握的一些常用概念术语等基本问题，为后续学习奠定基础。建议以案例为引导，淡化深层理论的探讨，强化统计基础知识和方法在实践中的应用；同时，注意各部分内容之间的联系，有助于加深理解。结合案例，重点理解统计的含义、统计工作过程、统计的基本概念等内容。

项目一　统计总论

知识结构图

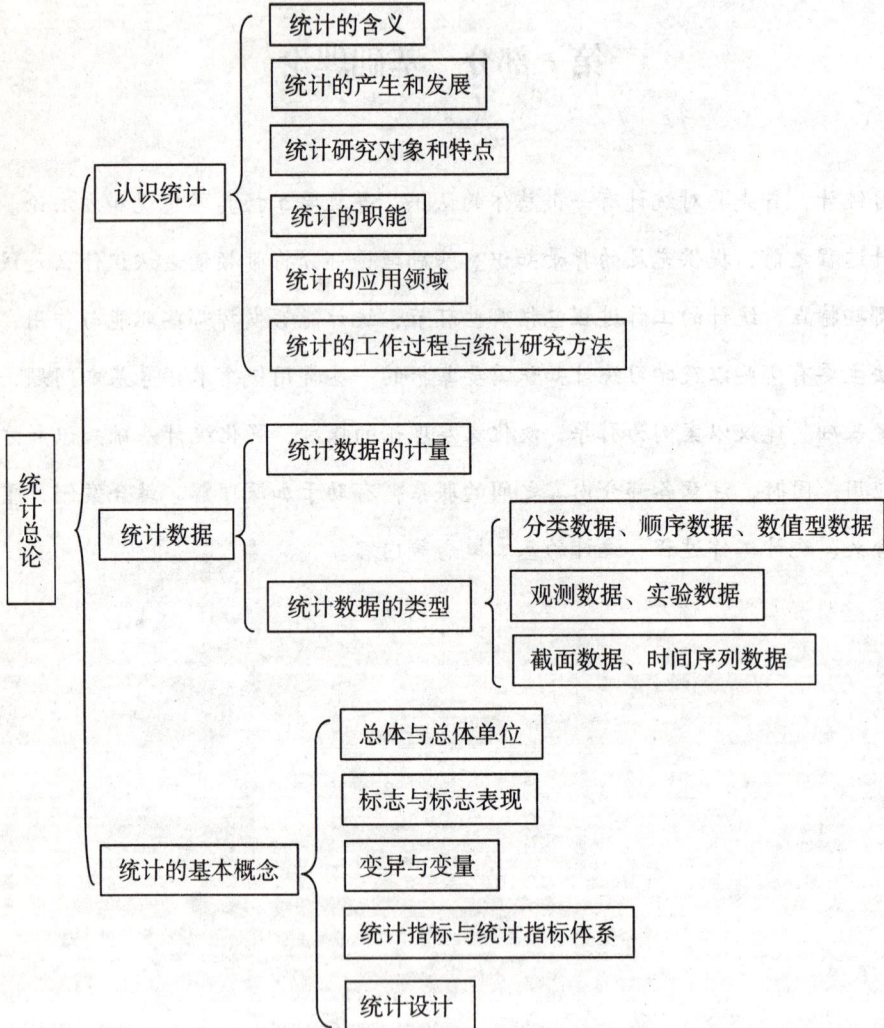

学习目标

【知识目标】

1. 了解统计和统计学产生与发展的历史；
2. 理解统计的含义、特点，了解统计的工作过程、职能与作用；
3. 认识统计的研究方法，掌握统计的思想观与方法论；
4. 认识统计中常用的基本概念。

【能力目标】

1. 能够正确理解统计的特点；
2. 认识统计的工作过程及各阶段的任务。

项目导入

实践中的统计

人类的精神世界有三大支柱：科学、艺术、人文。科学追求的是真，给人以理性；艺术追求的是美，给人以感性；人文追求的是善，给人以悟性。科学强调客观规律，讲究理性，力求根据事物的普遍性处理事物的特殊性，因而在追求科学真理的过程中离不开统计思维和统计方法。南丁格尔有一句名言：如果要想了解上帝在想什么，我们就必须学统计，因为统计就是在测量上帝的旨意。这里所说的测量上帝的旨意可以理解为客观认识我们的世界。下面我们来看看生活中的统计学故事。

第一个故事：超市销售额有规律吗？1993 年，一位美国人发现超市里有 67% 的顾客在买啤酒的同时也买了尿布。是顾客喝完啤酒以后用尿布吗？显然不是。进一步调查发现，购买尿布的人 80% 都是年轻的父亲，在购买尿布的时候，他们顺便为自己买点啤酒。商家发现这样的规律，便在超市里把啤酒和尿布放在一个货架上，以方便年轻的父亲，果然两种商品的销售额大增。这种用于商品的货架设计、存货安排，根据购买模式对客户进行分类的方法，就叫数据挖掘。数据挖掘是统计学一个比较新的研究方向和领域，是把统计学、数学、计算机、人工智能、继续学习等各种方法融合在一起的一个边缘学科。数据挖掘的商用价值相当大，利用数据挖掘可以使统计学在为社会服务方面走得更远。

第二个故事：文字 DNA。1928 年有人提出《静静的顿河》的作者不是肖洛霍夫，而是克留柯夫。1974 年，一个匿名的作者在巴黎写了一本书，断言克留柯夫是《静静的顿河》的真正作者，肖洛霍夫则是一个剽窃者。为了弄清真相，一些学者用统计方法进行考证，具体做法是把《静静的顿河》同肖洛霍夫与克留柯夫两个人的作品用计算机进行量化，采集数据，加以分析比较。研究结果表明，《静静的顿河》与肖洛霍夫的其他作品非常接近，与克留柯夫的作品则相距甚远，有充分把握推断出《静静的顿河》的作者就是肖洛霍夫，从而了结了这桩长达数十年的文坛公案。这种统计学的新分支叫做文献计量学，主要功能就是通过文献来搜寻信息。比如要判断《红楼梦》前 80 回和后 40 回是不是同一个人写的，如果不学统计，你可能要下数十年的工夫，使自己成为一位红学家，要对那段时期的历史、文化、民俗有足够的了解，对曹雪芹、高鹗的风格做一个全方位的比较，才能够做出一个判断。如果学了统计，把《红楼梦》前 80 回和后 40 回一对比，看看虚词的使用的习惯、句子的长度等，就可以判断出来，国外把这叫作文字DNA。日本京都有一个著名的案例：有一个人去世以后，别人伪造了一份遗嘱。京都大学的村上教授把这个人生前所写的信件、书籍作为一个新的样本，与假遗嘱进行对比，发现遗嘱不是此人的行文风格，法院以此为依据做出相应的判决。

阅读上述资料之后，请你描述什么是统计？统计具有哪些重要意义？通过学习统计的基本概念，讨论可用于统计分析的数据类型。统计使得数据解释和统计分析工作更具有实际价值和意义。

（资料来源：纪宏．统计改变人生［J］．调研世界，2012（5））

（资料来源：纪宏．统计改变人生［J］．调研世界，2012（5））

统计名家

威廉·配第

威廉·配第（William Petty，1623—1687 年），马克思称其为"政治经济学之父"。在某种程度上说他是统计学创始人、政治算术学派奠基人、英国古典政治经济学创始人、古典学派财政学说的先驱。

威廉·配第是英国一个贫苦工匠的儿子，他少年时代曾学过希腊语、拉丁语、数学和天文学。1649年获得牛津大学医学博士学位，曾任医学和音乐教授、医生、秘书、土地分配总监、爱尔兰土地测量总监、英国皇家协会副会长等职。1658 年被选为英国会议员，晚年成为资产阶级化的土地贵族。由于他阅历广、经历丰富、观察周密，所以他能准确叙述荷兰、法国的情况，并和英国的国力进行对比，论证英国的情况及各种问题，为英国争夺世界霸权出谋划策。也由于他的博学，才能以培根（1561—1626 年）所提出的经验科学的方法（即依据观察、比较、实验、归纳等方法）为根据，提出"对于人口、土地、资本、产业的真实情况的认识方法"，用计量作比较，用数字作语言，阐明社会经济现象的规律，写出《政治算术》这本名著，为后人所推崇。他把经济学研究对象从流通领域转到生产领域，运用统计和数学方法来分析经济现象，并最先提出了劳动价值论的一些根本命题。他还提出，对财政收支要进行总体分析，主张减少非生产性支出，增加生产性支出。

任务一　认识统计

要做好统计工作，我们首先要认识什么是统计，统计具有哪些特点，统计的工作过程包括哪些阶段等基本问题。

一、统计的含义

统计是一种社会调查活动，无论是宏观社会的整体调查研究，还是微观事物的观察分析，都需要统计。

统计对你而言意味着什么？是让你想起了盖洛普民意调查结果、失业人数，还是现实生活的不实报道，比如利用统计信息来骗人？或者它只是你大学必修课中的一门？我们希望本书可以让你相信，统计是一门有意思的、用途广泛的科学，它在商业、政府、社会、科学等领域得到了广泛应用。统计只有在被误用时才会说谎。我们将用批判性思维来展示统计的重要性——不论是在学习、工作中还是在日常生活中。本书的目的就是让你明白，如果你投入了时间、精力来好好学习这门课程，它就会让你受益匪浅。

1. 统计的概念

广义上讲，统计（statistics）是一门收集、整理、分析和解释数据或者信息的科学。《大不列颠百科全书》是这样描述的：统计学是关于收集和分析数据的科学和艺术。统计一词在不同的场合可以有不同的含义。

（1）统计有时指统计工作，即统计实践活动，是对社会经济现象的数量方面进行搜集、整理和分析的全过程。例如，开学时，辅导员要统计到校的学生人数；篮球比赛中教练员要统计每个队员的投篮命中率、犯规的次数；农户在农作物收获后统计其产量等。这时，统计是一个动词，一般称其为统计工作，指搜集、整理和分析数字资料的工作，具有计数的含义。

在这个意义上，统计的起源是很早的。从历史上看，早在奴隶制国家时期，由于赋税、徭役、征兵等需要，需要掌握人口数量和土地面积等数据。据记载，公元前3050年，埃及建造金字塔，为征集建筑费，就对全国的人口与财产的数量进行了调查。罗马皇帝奥古斯都曾下过一道命令，要全世界向他纳税，于是要每个人都在就近的收税人那登记。英国的威廉大帝下令测量英国的土地面积，其目的是为了征税和征兵役。我国春秋时期齐桓公任用管仲为相，在反映管仲思想的重要著作《管子》一书中就有这样的论述："不明于计数，而欲举大事，犹无舟楫而欲经于水险也。"这就是说不善于利用计数而进行宏伟事业，犹如没有船和桨而想渡过激流险滩一样。可见在这个意义上，统计的应用十分广泛，而且历来是治理国家必不可少的一项重要工作。

（2）统计有时指统计资料，即通过统计工作过程所取得各项数据资料和与之相关的其他实际资料。例如，投资班的学生人数120人，女生占30%，男女生的比例为7：3等。

根据历史记载，我国夏禹时代就开始有人口统计数字了。春秋时期，《商君书》中指出"强国知十三数"，这"十三数"包括粮食储备、人口及其各项分类数、农业生产资料以及自然资源等，只不过当时还没有明确把这些叫作统计资料罢了。随着社会的发展，需要的统计数字也越来越多，现在只要打开报纸就可以看到各种各样的统计数字。例如国家统计局每年出版统计年鉴，反映国家的经济、文化教育以及科技发展等情况，这些都属于统计。

（3）统计有时指统计学，即关于认识客观现象数量特征和数量关系的原理原则和方式方法的科学。它是本书将要探讨的主要内容。作为一门科学的统计学，它的出现要比统计工作和统计资料晚得多。

①统计学与数学的关系。统计学运用大量的数学知识，数学为统计理论和统计方法的发展提供了理论基础，但是不能将统计学等同于数学。

数学研究的是抽象的数量规律，统计学研究的是具体、实际的数量规律；数学研究的是没有量纲或单位的抽象的数，统计学研究的是有具体实物或计量单位的数据。统计学与数学研究中所使用的逻辑方法也不同：数学研究主要使用演绎法；统计学研究需要结合演绎法与归纳法，占主导地位的是归纳法。

②统计学与其他学科的关系。统计学可以应用到几乎所有的学科领域，帮助其他学科探索学科内在的数量规律性，解决各学科领域的数量问题，对统计分析结果的解释需要各学科领域的专业人士来做。

2. 两重关系

统计工作是统计实践活动，统计资料是统计工作的成果；统计学是统计实践经验的理论概括和深化，统计学形成以后，又反过来指导统计工作实践，它们是实践与理论关系。

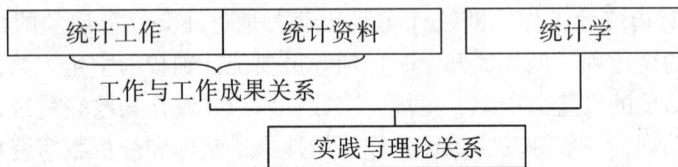

统计是有关数据的科学，涉及数据的收集、分类、汇总、组织、分析以及数字信息的解释。专业的统计学家受过良好的统计教育，知道如何从数据中得到信息，并进行分析得出结论；此外，他们还要找到一个给定问题的所需信息，并评估结论的可信度。

【知识链接】

在维多利亚时代的英国克里米亚半岛战争中，被称为"提灯女神"的弗罗伦斯·南丁格尔肩负了改善英军医院恶劣条件的使命。当代的大部分历史学家都认为南丁格尔是护理行业的创始人。为了说服英国国会增加战场上士兵的看护人员和医疗护理人员，南丁格尔从战场上收集了大量数据，并利用一系列非凡的图形（包括饼状图）展示了战场上士兵的死亡绝大多数是因为战场外的疾病感染或者伤势没有得到及时有效的治疗所致。南丁格尔的热情和自我牺牲精神，以及收集、整理、分析大量数据的能力，被大家所称赞，大家称她是"热情的统计学家"。

对绝大多数人而言，统计意味着"数字的描述"。每个月的物价、一桩交易的失败率或者某个行业中女性主管所占的比例，都是对从有关现象中收集的大量数据的统计描述。而这些数据一般是从我们希望刻画的全部数据中收集得到的，这个过程就是抽样。比如，要为一家出售、出租汽车的专卖店做广告推广，就要了解这家店所有顾客的平均年龄，你需要收集部分顾客的年龄信息，得到平均年龄估计后，就可以针对这个年龄层的顾客投放广告。

统计涉及两个不同阶段：描述数据集和根据样本信息得出结论（估计、预测等）。统计的应用可以分为两个部分：描述统计（descriptive statistics）和推断统计（inferential statistics）。

描述统计是利用数字或者图表的方法，寻找数据的规律，总结其中的信息，并以恰当的方式展示这些信息。

推断统计是利用样本数据的信息，对总体的情况做出估计、推断、预测或者其他归纳。

二、统计的产生和发展

（一）统计一词的由来

统计这个词至今已经有几千年的历史，不过在早期并没有出现统计这样的用词。统计语源出现于中世纪为拉丁语"Status"，意指各种现象的状态和状况。由这一语根组成意大利语"Stato"，表示"国家"的概念，也含有国家结构和国情知识的意思。根据这一语根，最早作为学名使用的"统计"是出现在18世纪德国政治学教授亨瓦尔在1749年所著的《近代欧洲各国国家学纲要》一书中，他把国家学名定为"Statistika"（统计）。"Statistika"原意指"国家显著事项的比较和记述"或"国势学"，亨瓦尔认为统计是关于国家应注意事项的学问。此后，各国相继沿用"统计"这个词，并把这个词译成各国的文字：法国译为"Statistique"，意大利译为"Statistica"，英国译为"Statistics"。日本最初译为"政表""政算""国势""形势"等，直到1880年在太政官中设立了统计院，才确定以"统计"二字命名。清光绪二十九年（1903年），钮永建、林卓南等翻译了四本横山雅南所著的《统计讲义录》，使"统计"这个词从日本传到我国。清光绪三十三年（1907年）彭祖植编写的《统计学》在日本出版，同时在国内发行，这是我国最早的一本关于统计学的书籍。"统计"一词就成了记述国家和社会状况的数量关系的总称。

（二）统计实践活动的产生及发展

原始社会后期，统计萌芽于计数活动；奴隶制国家产生后，奴隶主为了统治和战争的需要，进行了征兵、征税，开始了人口、土地和财产数量的统计，使得统计日益重要；封建社会时期，统计已略具规模；资本主义兴起后，统计扩展到了社会经济各方面。

据历史记载，我国古代的一些政治家、军事家早就意识到统计的重要性。商鞅在《商君书》中这样说："强国知十三数：境内仓、口（府）之数，壮男、壮女之数，老、弱之数，官士之数，以言说取食者之数，利民之数，马、牛、刍藁（chú gǎo）之数。欲强国，不知国十三数，地虽利，民虽众，国愈弱至削。"

（三）统计学发展的三个时期

17世纪中叶，欧洲的资本主义经济得到迅速发展，统计工作开始从国家管理领域扩展到社会经济活动的多个领域，成为经营决策和生产管理的重要手段。随着各学科的建立和发展，对统计数字和统计方法的要求越来越多，统计工作成为社会的专业性活动。工业、农业、商业、交通、邮电、海关、银行、保险等社会各个方面逐步形成专业统计，大大地促进了统计事业的发展，为统计科学的建立提供了条件，为统计学的诞生奠定了基础。

正是在这样的历史条件下，统计学应运而生。世界各国历史上很早就有统计活动，但统计学作为一门独立科学出现，一般被认为始于17世纪下半叶，即1660年前后，距今只有300多年的历史。当时，欧洲出现了一些统计理论论著，并逐步形成了不同的学派。从统计学的产生和发展过程来看，可以把统计学大致分为古典统计学、近代统计学和现代统计学。

1. 古典统计学

古典统计学指从17世纪中期到18世纪末形成的统计学，属于统计学萌芽，有记述学派和政治算术学派两大派系。

（1）记述学派。

记述学派又称国势学派，产生于17世纪。所谓国势学，是以文字来记述国家的显著事项的学说。提出这一学说的学派称为国势学派，发源于德国，主要代表人物为康令和阿坎瓦尔。由于当时德国许多大学都讲授国势学这门课程，故国势学派也被称为德国大学教授派。

最早讲授国势学的是德国的康令，他是第一个在德国赫尔莫斯达德大学讲授"欧洲最近国势学"的人，从而奠定了国势学的基础。

阿坎瓦尔在哥廷根大学开设了"国家学"课程，其主要著作为《欧洲各国国势学概论》，主要研究"一国或多数国家的显著事项"。国势学派在研究各国的显著事项时，主要是用对比分析的方法研究关于国家组织、人口、军队、领土、财产等国情、国力，以比较各国实力强弱，偏重事物性质的解释而不重视事物数量的分析。随着资本主义的发展，对数量关系的计算变得越来越重要。该学派后来发生了分裂，分化出表式学派，并逐渐发展为政府统计。

（2）政治算术学派。

政治算术学派发源地是英国伦敦，产生于17世纪中叶，代表人物是英国的威廉·配第，他的主要思想体现在《政治算术》中。他以数字资料为基础，用计算和对比的方法，比较了英国、法国、荷兰三国的经济、军事、政治等方面的实力，这些数字资料具有实际价值。他还提出了用图表形式概括数字资料的理论和方法。

政治算术学派的另一位有名的代表人物为约翰·格朗特，他利用政府公布的人口变动的资料，写了一本统计著作《关于死亡表的自然观察与政治观察》。他首先提出了通过大量观察而得出的男女婴儿出生比例是较为稳定的结论，并创造性地编制了初具规模的"生命表"，对各种年龄的死亡率与人口寿命作了分析。

政治算术学派用计量方法研究社会经济问题，并运用观察法、分类法以及对比、综合、推算等方法解释与说明社会经济生活。该学派的学者们在自己的著作中构建了初具规模的社会经济统计的研究方法体系，但由于受历史、经济等条件的限制，很大程度上还处于统计核算的初级阶段，只能以简单、粗略的算术方法对社会经济现象进行计量和比较。尽管这个学派当时还未采用统计学之名，但已有统计学之实了。政治算术学派虽然以数字表示事实，但它还未从政治经济学中分化出来，这一学派所探讨的规律都是用数字表示的社会经济规律，所以也属于实质性的社会科学。

2. 近代统计学

近代统计学指从 18 世纪末到 19 世纪末形成的统计学，在这一时期统计学形成了许多学派，主要有数理统计学派和社会统计学派。

（1）数理统计学派。

数理统计学派产生于 19 世纪中叶，以比利时的凯特勒作为奠基人。凯特勒有"统计学之父"之称，著有《社会物理学》《论人类》《概率论书简》，是最先运用大数定律论证社会生活现象的学者。此外，他还运用概率论原理，提出了"平均人"的概念，塑造了一个具有平均身高、平均体重、平均智力等的典型人物。统计的人物是关于"平均人"的比较研究，如社会所有的人同"平均人"的差异愈小，社会矛盾就可以得到缓和。这一理论对于误差法则理论、正态分布理论等有一定影响。凯特勒还把德国的国势学派、英国的政治算术学派和意大利、法国的古典概率论加以融合，改造为近代意义的统计学。数理统计学派是从 19 世纪中叶以来逐步形成的，由于它主要是在英美两国发展起来，故又称为英美数理统计学派。

（2）社会统计学派。

19 世纪后半叶，正当英美数理统计学派刚开始发展，德国兴起了社会统计学派。社会统计学派以德国为中心，由德国大学教授克尼斯首创，主要代表人物为恩格尔（著有《恩格尔定律》）和梅尔（著有《人口统计学》《伦理统计学》《社会生活中的规律性》）。他们认为统计学是一门社会科学，是研究社会现象变动原因和规律性的实质性科学。社会统计学派认为统计学所研究的是社会总体而不是个别的社会现象，由于社会现象的复杂性和总体性，必须对总体进行大量的观察和分析，研究其内在的联系，方能反映社会现象的规律。社会统计学派一方面研究社会总体，另一方面在研究方法上采用大量观察法，这两方面构成了他们研究的两大特点。社会统计学派在国际统计学界中占有一定的地位，尤其是德国、日本等国的统计学更受其影响。

3. 现代统计学

现代统计学指从 20 世纪初到现在的统计学，统计学的主流从描述统计学转向推断统计学。20 世纪 30 年代 R. 费希尔的推断统计理论标志着现代数理统计学的确立。数理统计在随机抽样的基础上建立起推断统计的理论和方法，它是以随机抽样为基础理论的有关总体数量特征的方法，起源于英国数学家哥塞特的小样本 t 分布理论。随后费雪提出实验设计等，并由波兰统计学家尼曼及 E. S. 毕尔生等人加以发展，并建立了统计假设理论。随后，美国统计学家瓦尔德将统计学中的估计和假设理论予以归纳，提出了"决策理论"；美国的威尔克斯、英国的威沙特等对样本分布理论也有贡献。美国的科克伦等在 1957 年提出实验设计的理论和方法，拓宽了统计学的范围。

20 世纪 60 年代以后，数理统计学的发展有了三个明显趋势：①随着数学的发展，统计学越来越广泛地应用数学方法。②数理统计学的新分支或以数理统计学为基础的边缘学科不断形成（新分支如抽样理论、非参数统计、多变量分析和时间序列分析等，边缘学科如计量经济学、工程统计学、天文统计学等）。③数理统计学的应用日益广泛而深入，尤其是借助电子计算机后，数理统计学所能发挥的作用日益增强。因此，数理统计学派成为现代统计学派的主流。

三、统计研究对象和特点

（一）统计研究对象

统计研究对象是指要认识的客体。只有明确了研究对象，才可能根据它的性质特点选出相应的研究方法，达到认识客体规律性的目的。根据统计工作的性质，统计研究对象是指社会经济现象总体的数量特征和数量关系，通过这些研究对象反映社会经济现象规律性的表现。

（二）统计研究对象的特点

1. 数量性

统计研究的是社会经济现象的数量方面，包括现象数量的多少、现象间的数量关系和决定现象质量的数量界限三个方面，这是统计区别于其他调查研究活动的根本特点。任何事物都存在质和量两个方面，遵循质→量→质的认识规律，即首先对社会经济现象的性质、特点及运动过程有一定的认识，然后在此基础上研究现象的数量，最后达到对现象更高一级的质的认识。

例如，进行高职教育统计，必须先认识什么是高职教育，高职教育与高等普通教育有什么不同，高职教育与中职教育有什么不同。对这些有了正确的认识之后，才能去统计高职院校数、高职在校生数、不同专业高职在校生数等数量方面，进而研究高职教育的发展现状、高职教育的布局、高职教育的专业建设是否合理、高职教育是否适应社会经济发展的需要等问题。

2. 总体性

统计研究对象不是指个体现象的数量方面，而是指由许多个体现象构成的总体现象的数量方面。统计研究对象的总体性特点，是由社会经济现象的特点和统计的研究目的所决定的。社会经济现象错综复杂，各个个体现象所处的条件不同，它们既受共同因素和基本因素的影响，又受某些个别的、偶然因素的影响。因此，只有以社会经济现象总体为研究对象，才能消除那些个别的、偶然因素的影响，才能正确揭示社会经济现象的本质和规律性。

例如，研究我国居民的生活水平，必须以所有居民户为研究对象，从个别居民户调查开始，通过大量的或足够多的居民户调查，才能认识到在社会主义基本经济规律的作用下我国居民的生活水平不断提高的客观事实。

3. 具体性

统计研究对象的数量是具体的，不是抽象的。数学虽是以空间形式和数量关系为研究对象，但它是抽象的，没有具体的内容。而统计所研究的量是具体事物在具体时间、地点和条件下的数量表现，它总是和现象的质密切结合在一起的。

例如，2016 年我国对外经济贸易货物进出口总额为 36 855.7 亿美元，其中出口总额 20 981.5 亿美元，进口总额 15 874.2 亿美元，这组数据是具体的，是我国在 2016 年这一具体时间，对外经济贸易货物进出口总额的具体数量表现。统计研究对象的具体性是统计与数学的根本区别。但由于统计是研究社会经济现象的数量方面，所以在统计实践中广泛地运用数学方法与数学模型来研究社会经济现象的数量方面。

4. 社会性

（1）统计研究的客体即社会经济现象具有社会性。社会经济现象是人类社会活动的条件、过程和结果，包括政治、经济、文化、教育、卫生、法律、道德等。

（2）统计研究的主体即人类具有社会性。在人类社会认识活动的统计实践中，不同的人对社会经济现象的认识有不同的立场和观点，并总是为一定的社会集团利益服务。

（3）统计研究的主客体间的相互关系具有社会性。集中表现在主体对客体是否是实事求是地反映。

【知识链接】

未来 10 年最受欢迎的职业是统计

谷歌的首席经济学家哈尔·范里安博士曾经在 2009 年 1 月麦肯锡公司发行的杂志上这样说道："我一直坚信，未来 10 年最受欢迎的职业是统计。"

美国人经常使用"sexy"这个词来表达"受欢迎的"或者"有魅力的"，比如，"新款苹果手机的设计非常 sexy"。哈尔认为统计学家也是"sexy"的。

我作为一名统计工作者对于哈尔的发言感到非常光荣，而且这绝对不是什么只停留在口头上的赞誉。统计学如今因为有了计算机这个强有力的伙伴，可以被应用到所有领域，可以出现在世界上的每一个角落以及人生中的每一个瞬间，能够给所有渴望得到回答的问题以最佳的答案。

曾经人类为了得到（自认为）正确的答案而只能寻求神的启示，后来在漫长的时间中只能服从于权威人士的意见。

但是，现在的情况不一样了，最佳答案就存在于每个人周围的数据之中。只要掌握统计学这门最强的学问，不管是想要健康、聪明还是富裕，都变得非常简单。正如之前说过的那样，这是世界上的学者们通过统计学证明的事实。

而想掌握这门最强、最受欢迎的学问，不必像 IBM 那样支付数额庞大的资金，只要在你的人生中投入一些学习时间就足够了。

（资料来源：西内启. 看穿一切数学的统计学［M］. 朱悦玮，译. 北京：中信出版社，2013）

四、统计的职能

1. 统计的信息职能

统计的信息职能是最基本的职能，它是指运用科学的统计调查方法，灵敏、系统地采集、处理、传递、存储和提供以数量描述为基本特征的各种各样的信息。

2. 统计的咨询职能

统计的咨询职能是信息职能的延续和深化，它是指利用已经掌握的丰富的统计信息资源，运用科学的分析方法和先进的技术手段，深入开展综合分析和专题研究，为经济活动的科学决策和管理提供各种可供选择的咨询建议和对策方案。

3. 统计的监督职能

统计的监督职能是通过信息反馈来评判、检验和调整决策方案，它是根据统计调查和统计分析资料，及时、准确地从总体上反映社会经济现象的运行状态，并对其实行全面、系统的定量检查、监督和预警，以促进国民经济按照客观规律的要求持续、稳定、协调地发展。

三种职能相辅相成、相互作用，构成一个有机的整体。信息职能是保证咨询职能和监督职能有效发挥的基础；咨询职能是信息职能的延续和深化；而监督职能则是在信息职能和咨询职能基础上的进一步拓展，并促进信息职能和咨询职能的优化。

五、统计的应用领域

在今天全球化的商务和经济环境背景下，每个人都会接触到大量的统计信息。最成功的管理人员和决策者就是那些能够理解信息并对之加以有效利用的人。目前统计方法已被应用到自然科学和社会科学等众多领域，统计学也已发展成为由若干分支学科组成的学科体系，可以说几乎所有的研究领域都要用到它。下面介绍统计在经济活动中的一些应用。

1. 企业发展战略

发展战略是一个企业的长远发展方向。制定发展战略，一方面需要及时了解和把握整个宏观经济的状况及发展变化趋势，了解市场的变化；另一方面还要对企业进行合理的市场定位，把握企业自身的优势和劣势。所有这些都离不开统计，需要统计提供可靠的数据，利用统计方法对数据进行科学的分析和预测。

2. 会计

会计师事务所在对客户进行审计时常常采用统计抽样的方法。例如一家会计师事务所想确定客户的资产负债表所显示的应收账款的数目是否真实地反映了实际应收账款的数目，但审查和验证每个账户将会耗费大量的时间，成本巨大。在这种情况下的通常做法是审计人员会从全部账目中抽取一部分作为样本，通过审查所抽取账目的准确度，可以做出客户的资产负债表中所显示的应收账款数目是否准确的判断。

3. 财务管理

公司的财务数据是投资者的重要参考依据，会计师事务所和投资咨询公司根据公司提供的财务数据进行统计分析，为投资者提供参考。特别是在股票市场上，投资者可以根据上市公司提供的市盈率和股息等财务数据来判断某只股票的价值是被高估了还是被低估了，从而做出买进或卖出的决策。例如，《巴伦周刊》2014 年 12 月 5 日的报道称，中国平安（H 股）股价将在未来一年内涨至每股 83 港元，相当于目前上涨潜力的 34% 左右，预计中国平安 2014 年每股盈利为 5.9 港元左右，2015 年中国平安股票为每股 6.65 港元，而中国平安目前的股息收益率为 1.4%。在这种情况下，关于股息收益率的统计信息表明，中国平安的股息收益率还有上升的空间，从而可得出中国平安股票被低估的结论。

4. 金融

财务分析师使用各种统计信息对投资进行指导。对于股票投资来说，财务分析师审查各种财务数据，包括市盈率、股息收益率等。通过将个股信息与股票市场的总体平均状况加以比较，财务分析师就可以得出某一只具体股票的价格是被高估还是被低估的判断。例如，《巴伦周刊》2008 年 2 月 18 日曾报道 30 种道琼斯工业股票的平均股息收益率为 2.45%，同期，奥驰亚集团股票的股息收益率则为 3.05%。股息收益率方面的统计信息显示，与道琼斯工业股票的平均股息收益率相比，奥驰亚集团股票的股息收益率比较高。因此，一个金融顾问很可能得出以下结论：奥驰亚集团股票的现行价格被低估了。这一点以及其他有关奥驰亚集团的信息有助于财务分析师做出如何处理股票的判断。

5. 市场营销

从商业本质上说，营销的过程就是满足市场需求，提供客户服务价值，完成交易实现利润的过程。互联网的迅速发展，改变了消费者的消费模式和行为习惯，也飞速改变着传统的商业模式，数据营销已成为市场营销的新手段。例如，顺丰速运每天要处理数以百万计的包裹信息，通过其终端 POS 扫描后，信息源源不断地汇总到数据中心，经过大约 10 道工序 12 个小时后，顾客就可以收到自己的包裹。支撑每天数以百万计的包裹快速送达的是顺丰速运庞大的信息系统和高效的数据业务处理。

6. 产品质量管理

产品质量管理是统计学在生产管理活动中的一项重要应用，各种统计质量管理图用于监测生产过程和产品质量，特别是六西格玛管理，已经成为一种重要的管理理念。而统计数据是实施六西格玛管理的重要工具，以数字说明所有的生产表现，执行力等都量化为具体的数据。例如，海尔认识到改进其产品质量的重要性，提出的目标是出厂的产品每百万件出现质量缺陷的概率不超过六西格玛质量水平。

7. 经济预测

人们经常要求经济学家对未来的经济和某一方面的发展做出预测，经济学家在预测时需要用到各种统计信息。例如，利用市场价格指数、失业率、制造业开工率等统计数据，并借助于统计分析方法来预测经济发展趋势。

8. 人力资源管理

借助于数据统计和分析工具，公司对人力资源的管理将更加高效。例如，Google 作为最受欢迎的 IT 公司之一，每月收到数万份以上的求职简历，该如何筛选出最合适的简历呢？Google 借助了大数据技术让所有在职员各完成一份 300 道问题的问卷，并根据问卷结果建立起一套模型，这套模型可以发现哪些是有潜力的申请者。IBM 是人力资源管理的行业领先者，他们通过 Professional Marketplace 数据库找到雇员成本和绩效水平最佳的资源配置方式，这种方法使 IBM 的项目经理在组建项目团队时就像订机票一样简单。

与数学一样，统计是一种工具，其为多个学科提供一种共同的数据分析方法，它的主要作用是帮助分析数据。例如可以利用统计简化繁杂的数据，用图表重新展示数据，建立数据模型，进行比较分析等。许多决策者可能更喜欢看文字性的材料，或者某种结论性的信息，却对数据不太感兴趣，而结论性的信息恰恰是来自对数据的分析。统计方法提供了一套分析数据的工具。数据分析不仅仅能帮助人们寻找对某种结论的支持，达到符合人们期望的数据检验，数据分析还能从数据中找出规律和启发。

【知识链接】

统计学基本是寄生的，靠研究其他领域的工作而生存，这不是对统计学表示轻视。这是因为对很多寄主来说，如果没有寄生虫就会死。对有的动物来说，如果没有寄生虫就不能消化它们的食物。因此，人类奋斗的很多领域，如果没有统计学，虽然不会死亡，但一定会变得很弱。

——L. J. Salvage

六、统计的工作过程与统计研究方法

(一) 统计的工作过程

和人类其他所有的认识活动一样，统计活动也要经过一个由现象到本质、由矛盾的特殊性到普遍性、由感性认识到理性认识的不断深化的过程。从具体的统计认识活动来看，统计工作主要由统计设计、统计调查、统计整理和统计分析四个环节组成。

1. 统计设计

统计设计是统计工作过程中的准备阶段。它根据统计研究对象的性质和研究的任务与目的，对统计工作的各个方面和各个环节做出全面的考虑和安排。统计设计的结果表现为统计设计方案，统计设计方案包括明确统计工作的目的与任务；设计统计指标与指标体系，制作统计调查表，确定搜集统计资料的方法，安排资料汇总程序与资料整理方案；设计各阶段工作进度与力量安排；落实经费来源与物资保证等内容。

2. 统计调查

统计调查是统计工作过程中的搜集资料阶段。统计调查的任务是根据统计设计的要求，有计划、有组织地搜集原始资料和次级资料，它是统计工作的基础环节。统计调查搜集资料的质量如何，直接影响着统计工作的最终质量。因此，统计调查的资料要准确、及时和完整。

3. 统计整理

统计整理是统计工作过程中的资料加工阶段。统计整理的任务是根据研究的目的，将统计调查取得的各项资料进行分组和汇总，以得到反映社会经济现象总体，系统化、条理化的综合数字资料。统计整理在统计工作过程中处于中间环节，它既是统计调查的继续，又是统计分析的前提，起着承前启后的作用。

4. 统计分析

统计分析是统计工作过程中的最终成果阶段。它的任务是根据加工整理后的统计资料，结合具体情况，运用各种分析方法进行分析研究，肯定成绩，发现问题，找出原因，探究事物的本质及其规律性，提出解决问题的办法，做出科学的分析结论。统计分析是统计工作的决定性阶段。

（二）统计研究方法

1. 大量观察法

大量观察法是对所研究事物的全部或足够数量进行观察的方法。社会经济现象是受各种因素相互影响的结果。在社会现象的总体中，个别单位往往受偶然因素的影响，如果只选择一部分单位进行观察，是不能代表总体一般特征的，必须观察事物的全部或足够数量单位并加以综合分析，这样可使事物中非本质的偶然因素的影响相互抵消或减弱，社会现象的一般特征才能显示出来。

政治算术学派的苏斯密·尔希（J. P. Sussmilch，1707—1767 年），被视为大量观察法的倡导者。他从人口规律的研究中得出结论：事实若多一份，人口现象的规律则多发现一份；事实若少一份，人口现象的规律则少发现一份。因此，通过大量的观察，搜集大量的资料，对现象的研究更为有利。如果有条件，观察的对象越多越好，时间越长越好。

社会统计学派的梅尔认为，统计学研究的是社会总体而不是个别的社会现象，由于社会现象的复杂性和总体性，必须对总体进行大量观察和分析，研究其内在的联系，方能反映社会现象的规律。

大量观察法的数学依据是大数定律。大数定律是关于随机事件和随机变量分布规律的描述，其基本含义是随机事件在大量重复性试验中的频率一般总是稳定在它的概率附近；随机变量在多次观测中所得到的平均数也总会稳定在它的期望值附近。大数定律可以通过掷硬币试验加以证明，在掷硬币试验中，每掷一次只有两种结果：正面朝上或反面朝上。试验次数越多，正面朝上（或反面朝上）的频率就越接近于50%。

通过大量观察，一方面可以掌握认识事物所必需的各种总量；另一方面还可以通过个体离差（离差是单项数值与平均值之间的差）的相互抵消，在一定范围内排除某些个别偶然因素的影响，从数量上反映总体的本质特征。

【知识链接】

大数定律

大数定律最早是由瑞士数学家雅各布·伯努利提出的，后来由凯特勒完成了大数定律和概率论同统计的结合。在其著作《论人类》中，凯特勒通过大量的统计资料计算，来论证社会现象并非偶然的结合。他认为，根据现象的大量数据所产生的概括性的平均数，能反映人们所研究的现象的典型面貌及其发展规律。

大数定律是随机现象出现的基本规律，也是随机现象大量重复出现的必然规律。总体中所包含的个体存在着共同的规律性，这种规律性只有在大量观察中才能显示出来。大数定律的本质意义，在于经过大量观察，把个别的、偶然的差异性相互抵消，而让必然的、集体的规律性显示出来。

在商品生产条件下，个别商品的价格与价值是背离的，如果进行大量观察，商品的总价格和总价值、平均价格和平均价值基本趋向一致，显示出价值规律的作用，然而，从统计意义上说则是大数定律的作用。

在人口统计方面，生男或生女，个别家庭存在差异，但经大量观察后发现，男婴女婴的出生数则趋向均衡。这就说明，同质的大量现象是有规律的，尽管个别现象受偶然因素的影响会出现差异，但观察数量达到一定程度后就会呈现出规律性，这便是大数定律的作用。

（资料来源：http://www.360doc.com/content/17/0525/21/156610.html）

2. 统计分组法

统计分组法是根据统计目的和统计对象的特点把统计对象分为两个或两个以上的小组，然后分别进行统计。统计分组法的优点是方便快捷、清晰明了。

例如，要研究工业行业结构及其对国民经济的影响，就必须首先把工业区分为冶金、电力、煤炭、化工等若干个部分，然后分别进行统计和分析。

3. 综合指标法

所谓综合指标法，是通过运用多种综合指标来研究大量观察所获得的资料以反映总体一般数量特征。常用的综合指标有总量指标、相对指标、平均指标等，这些综合指标概括地描述了总体各单位变量分布的综合数量特征。

例如：世界银行报告发布了全球各个国家的 GDP 数据，显示 2016 年全球 GDP 总量达 74 万亿美元。其中，总量排名第一为美国，占比 24.32%；排名第二为中国，占比 14.84%。

4. 统计模型法

统计模型法是根据一定的经济理论和假定条件，用数学方程去模拟现实经济现象数量关系的一种研究方法，即利用模型描述社会经济现象中存在的数量关系，并进行数量上的评估和预测，比如回归分析。统计模型三要素：变量、数学方程、模型参数。

统计模型法是统计方法系统化和精确化发展的产物，它把客观存在的总体内部结构、各因素的相互关系，通过一定的数学形式有机地结合起来，大大提高了统计的认知能力。

5. 归纳推断法

归纳推断法是指从部分个体的特征入手，通过逻辑推理得出总体的某种信息，即从个别到一般，从矛盾的特殊性到矛盾的普遍性，从事实到概括。这种方法可以使我们从具体的事实得出一般的知识，扩大知识领域，增长新的知识。

例如，海关要进行货物检验，但远洋货轮上有几万吨甚至几十万吨的货物，海关只能抽取其中的部分商品进行检验，借以推断商品质量的等级，并以一定的置信标准来推断所作结论的可靠程度。

根据样本数据来判断总体数量特征的归纳推理方法称为统计推断法。它既可以用于对总体参数的估计，也可以用作对总体的某些假设的检验。其广泛应用于农业产量调查、工业产品质量检查与控制，以及根据时间数列进行预测所作的估计和检验等。

【知识链接】

统计与认识论

统计是一个认识抽象事物的过程。从认识论的角度来说，统计设计属于对社会经济现象进行定性认识；统计调查和统计整理是实现从事物个体特征过渡到对总体数量特征认识的关键环节，属于定量认识的范畴；统计分析则是运用统计方法对资料进行比较、判断、推理和评价，是揭示社会经济现象的本质和规律性的重要阶段，属于定性认识。整个统计工作的过程是质→量→质的认识过程。

任务二 统计数据

统计数据是对现象进行测量的结果。例如对经济活动总量进行测量可以得到国内生产总值数据；对股票价格变动水平进行测量可以得到股票价格指数数据等。

一、统计数据的计量

数据是为描述和解释研究对象而搜集、分析和汇总的事实和数字。应用于特定对象而搜集的所有数据称为研究的数据集。

1. 统计数据的测定尺度（measurement）

对总体数量特征的量度，包括登记、分类、标示、计算等。有四个测定尺度，即定类尺度、定序尺度、定距尺度和定比尺度。

2. 四个测定尺度的比较

测定尺度	特征	运算功能	举例
定类尺度	分类	计数	产业分类
定序尺度	分类 排序	计数 排序	企业等级
定距尺度	分类 排序 有基本测量单位	计数 排序 加减	产品质量差异
定比测定	分类 排序 有基本测量单位 有绝对零点	计数 排序 加减 乘除	商品销售额

二、统计数据的类型

根据使用的测定尺度的不同，统计数据可以分为不同的类型。

（一）分类数据、顺序数据、数值型数据

按照采用的计量尺度，可以将统计数据分为分类数据、顺序数据、数值型数据。

（1）分类数据（categorical data）只能归类于某一类别的非数字型数据。分类数据是对事物进行分类的结果，数据表现为类别，是用文字来表述的，它是由定类尺度计量形成。例如，人口按照性别分为男、女两类；企业按照经济性质分为国有、集体、私营、合资、独资企业等，这些均属于分类数据。为了便于统计处理，对于分类数据我们可以用数字代码来表示各个类别，例如用 1 表示男性，0 表示女性；用 1 表示国有企业，2 表示集体企业，3 表示私营企业等。

（2）顺序数据（rank data）只能归类于某一有序类别的非数字型数据。顺序数据也是对事物进行分类的结果，但这些类别是有顺序的，它是由定序尺度计量形成。例如将产品分为一等品、二等品、三等品等；考试成绩分为优、良、中、及格、不及格；一个人受教育水平分为小学、初中、高中、大学及以上；一个人对某一事物的态度分为非常同意、同意、保持中立、不同意、非常不同意等。同样，对顺序数据也可以用数字代码来表示，例如用 1 表示非常不同意，2 表示同意，3 表示保持中立，4 表示不同意，5 表示非常不同意。

（3）数值型数据（metric data）是按照数字尺度测量的观察值。数值型数据是使用自然单位或度量衡单位对事物进行测量的结果，其结果表现为具体的数值。现实中所处理的大多数数据都是数值型数据。

分类数据和顺序数据说明的是事物的品质特征，通常用文字来表示，其结果表现为类别，也可统称为定性数据或品质数据（qualitative data）；数值型数据说明现象的数量特征，通常用数值来表示，也可称为定量数据或数量数据（quantitative data）。

（二）观测数据、实验数据

按照统计数据的收集方法，可以将其分为观测数据和实验数据。

（1）观测数据（observational data）指通过调查或观测而收集到的数据。观测数据是在没有对事物进行人为控制的条件下得到的，有关经济现象的统计数据几乎都是观测数据。

（2）实验数据（experimental data）是在实验中控制实验对象而收集到的数据。自然科学领域的大多数数据都是实验数据。

（三）截面数据、时间序列数据

按照被描述的对象与时间的关系，可以将统计数据分为截面数据和时间序列数据。

（1）截面数据（cross - sectional data）是在相同或近似相同的时间点上收集的数据。

截面数据所描述的是现象在某一时刻上的变化情况。例如 2015 年世界各国的国内生产总值数据就是截面数据。

（2）时间序列数据（time series data）是在不同时间点上收集到的数据。

时间序列数据所描述的是现象随时间变化的情况，例如 2010—2015 年世界各国的国内生产总值数据就是时间序列数据。

任务三　统计的基本概念

统计是各国政府或其他机构为满足政治、经济、社会等方面的需要及科学研究的需要而进行的收集、整理、分析、编制有关数据的一系列活动。这些活动的一般程序包括统计调查、统计整理、统计描述、统计分析和形成统计报告。统计学是一门科学，在进行研究时常用到许多概念，明确这些概念的含义对学习统计是很重要的。

一、总体与总体单位

统计总体是一个集合的概念，是由客观存在的，在某些方面性质相同的许多个别事物所组成的整体，简称总体。它是统计活动中的调查对象，是统计指标值的承担者。例如，我们要调查研究某市工业生产情况，该市所有的工业企业就组成一个总体。这些工业企业尽管生产和销售的产品、生产规模、组织形式、隶属关系各不相同，但是，都是从事工业生产活动的单位，至少在这一方面具有共同性。这种同质性，是总体的基本属性或特征。总体具有以下三个特征：

1. 同质性

同质性是指构成总体的所有个别单位必须具有某种共同的性质。如上例，总体的同质性是该地区从事工业生产活动的企业，不是从事农业生产活动的企业或其他活动性质的企业，更不是事业单位。

2. 大量性

大量性指总体由足够多的单位构成，如上例，总体的大量性是指工业企业总体可能包含上千家、上万家工业企业，甚至更多。

3. 变异性

变异性是指构成总体的个别单位在某一性质上是相同的，但在另外一些性质上又是有差异的。如上例，构成总体的各单位虽然都是该地区从事工业生产活动的企业，但各单位的性质、职工人数、产值、利润额等，都是不同的。变异是统计的前提，有变异才需要统计，没有变异就不需要统计。

总体单位指组成总体的各个单位（或元素），是各项统计数字的原始承担者。总体和总体单位二者的关系：总体既可以指客观事物本身，也可以是反映该事物某些重要数量特征的一组数据的集合。该集合中的每个元素就是总体单位。

$$总体=\{2，3，4，7，10，\cdots，102，109，\cdots，N\}$$

总体单位

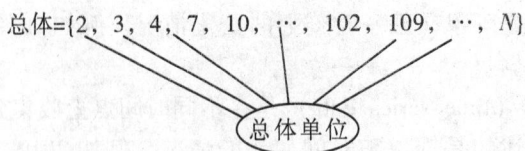

在统计工作中，总体与总体单位不是固定不变的，而是随着研究目的的改变，它们之间是可以相互转化的。例如，某地区工业局要研究所属工业企业的生产情况，则该局所属工业企业是总体，每个工业企业是总体单位；若研究目的是该地区所有工业局的生产情况，则该地区所有工业局是总体，每个工业局就是总体单位。

二、标志与标志表现

1. 标志

标志是说明总体单位共同具有的属性和特征的名称。标志有品质标志和数量标志之分。品质标志说明总体单位的属性特征，无法量化，如职工的性别、文化程度，企业的经济成分，产品品牌等。数量标志说明总体单位的数量特征，可以量化，如年创利润、工资水平、企业总产值、产品总产量、劳动生产率等。

总体单位是标志的直接承担者，是载体；标志依附于总体单位并说明总体单位的属性和特征。依附于某个总体单位的标志可以有多个。

2. 标志表现

标志表现即标志特征在各单位的具体表现。如果说标志是统计所要调查的项目，那么标志表现是调查所得结果，是标志的实际体现。

标志表现有品质标志表现和数量标志表现。品质标志表现只能用文字表述，不能汇总为统计指标，但对品质标志表现对应的单位数量进行汇总时就可以形成统计指标。数量标志表现为具体数值，也称标志值。

三、变异与变量

1. 变异

如果某一标志的具体表现在各总体单位相同，则称该标志为不变标志；如果某一标志的具体表现在各总体单位不尽相同，则称该标志为可变标志。可变标志的标志表现由一种状态变到另一种状态时，统计上把这种现象或过程称为变异。变异是一种普遍现象，有变异才有必要进行统计。

2. 变量

可变的数量标志和所有的统计指标称为变量。变量的数值表现称为变量值，即标志值或指标值。

变量按其数值是否连续可分为连续性变量和离散性变量。连续性变量的取值是连续不断的，相邻两个变量值之间可以做无限分割，如固定资产、年收入、利润、商品销售额等，既可用小数表示，也可用整数表示；离散性变量的数值以整数位断开，可以按一定顺序一一列举，如企业数、职工人数、机器台数等。变量值通常用整数表示。

四、统计指标与统计指标体系

（一）统计指标

1. 定义

统计指标简称指标，是反映社会经济现象总体综合数量特征的社会经济范畴。例如，要研究某地区工业企业的生产经营情况，则该地区的工业企业数、职工人数、劳动生产率等，都是反映该地区所有工业企业综合数量特征的。

统计指标一般是由指标名称和指标数值两个要素组成。在统计实践中，一个完整的、科学的指标概念应该包括指标所属的时间、空间，指标名称，指标数值，计量单位和计算方法六个要素。例如，2016 年某地区的工业总产值是 700 亿元，这个统计指标中的时间是2016 年，空间是该地区所有工业企业，指标名称是工业总产值，指标数值是 700，计算单位是亿元，计算方法是根据工业企业统计制度中的规定而确定的。统计指标具有三个特点：

（1）数量性。统计指标是社会经济现象总体的数量表现。因此，任何统计指标都可用数量表现，不存在不能用数量表现的统计指标。

（2）综合性。统计指标是总体特征的数量表现。总体是由性质相同的许多个别单位组成的整体，总体的数量特征也必然是各个总体单位数量特征的综合，因此，指标具有综合性。

（3）具体性。统计指标是某一具体的社会经济现象总体的综合数量表现，它不是抽象的概念和空洞的数字。其具体性是说统计指标是一定时间、地点、条件下的客观事实的数量反映。

指标与标志既有区别又有联系，区别表现在：

指标是表明总体数量特征的，标志是表明总体单位特征的。

指标都是用数值表示的，没有不用数值表示的指标；而标志既有用数值表示的数量标志，又有用文字表示的品质标志。

联系表现在：

汇总关系。许多指标的数值是由总体单位的数量标志值汇总而来的，如某地区所有工业企业的工业总产值就是每个工业企业的工业总产值的汇总数。

转化关系。指标与数量标志之间存在着相互转化关系，即随着研究目的的改变，原来的总体变为总体单位，相应的指标也就变成数量标志了，反之亦然。

2. 统计指标的种类

（1）按现象总体内容的数量特征，统计指标可分为数量指标和质量指标。数量指标是反映总体某一特征的绝对数量。这类指标主要说明总体的规模、工作总量和水平，一般用绝对数表示。例如，某一地区的总人口、工业企业总数、国民生产总值等。

质量指标是反映总体的强度、密度、效果、结构、工作质量等，一般用平均数、相对数表示。例如，人口密度、劳动生产率、资金利润率等。这些质量指标的数值并不随总体范围的大小而增减，例如一个 100 万人口的城市的第三产业在国民生产总值中所占的比重也可能小于某个 30 万人口的城市的第三产业在国民生产总值中所占的比重。

（2）按现象总体的具体内容和作用，统计指标可分为总量指标、相对指标和平均指标。

总量指标是反映现象总规模的统计指标，它表明现象总体发展的结果，例如总利润、国民生产总值。

相对指标是两个有联系的总量指标或平均指标作对比得到的结果，分为两种情况：①同一指标不同时期的数值对比可以说明事物的发展变化，如人口增长率、成本降低率；②用总体中部分数值与总体数值作对比，用来说明事物的内部结构，如第三产业在国民生产总值中所占的比重。

平均指标是按某个数量标志说明总体单位一般水平的统计指标，如平均工资、平均成本等。

（二）统计指标体系

统计指标体系是指一系列相互联系、相互制约的统计指标所构成的一个整体，用来说明社会经济现象发展的全过程和发展中的相互关系。一个指标只能表明社会经济现象总体在某一特征或某一方面上的情况，而社会经济现象是一个复杂的有机整体，只有用统计指标体系才能从各个方面的相互联系中反映总体的全面情况。例如，考核一个地区工业企业的生产经营情况，就必须设计包括人、财、物和供、产、销等各方面活动的一系列统计指标，这样才能认识这个地区工业企业生产经营活动的全过程及其相互关系，以便做出正确的评价。

（1）基本统计指标体系：反映国民经济和社会发展基本情况，包括社会指标体系、经济指标体系、科技指标体系等。

（2）专业统计指标体系：针对某项社会经济问题的专项指标体系。

五、统计设计

国家统计局是国务院直属机构，负责组织领导和协调全国统计工作，主要职能包括制定国家统计调查计划、国家调查制度和国家统计标准，开展国民经济核算，组织国家统计调查，提供全国性的统计资料，实行统计监督。除了国家统计局，还有政府部门统计机构，包括国务院各部门和地方各级政府各部门设立的统计机构，它们的主要职能包括完成国家和地方统计调查任务，并针对本部门开展相关的统计工作。

随着社会经济的发展，我们政府的国民经济决策越来越需要准确及时的调查咨询服务，我们的企业越来越需要更为详尽的市场环境数据，我们的人民在日常生活当中同样也有了了解更多统计数据的需求。在这些数字的背后，统计工作人员付出了为大众所不知的艰辛努力。统计工作是指搜集整理和分析社会经济现象数量方面资料的工作总称，它是一种调查研究活动。统计工作过程由四个阶段组成，分别为统计设计、统计调查、统计整理、统计分析。

其中统计设计是统计数据产生的首要环节，它是根据社会各界对统计数据的需求和统计对象的特点，确定统计指标、统计分类和分组、调查方法等，制订出各种统计工作方案。这些工作方案，我们称为统计调查项目。现行的国家统计调查项目，有周期性普查、经常性统计调查和专项调查，这些内容涵盖了我国经济、社会、人口、环境与资源各个方面，如国民经济核算、城乡住户、价格、劳动工资、能源，以及农业、工业、建筑业等主要国民经济行业统计调查等，仅年度和定期调查项目就有580多种报表和11 000多个指标。

国家统计局统计设计管理司司长汲凤翔说："为了取得高质量的统计数据，国家统计调查项目时必须经过严密的设计，制定科学严谨的统计工作制度和工作流程。要根据调查的目的，采取适当的调查方法，包括抽样调查、全面调查、网上直报等方法，从被调查对象中采集数据，也可以利用现有的行政记录和部门的统计资料获得统计调查所需要的资料。"

工业统计司2009年正式建立了工业企业成本费用调查制度。在建立这项制度以前，首先需要了解企业财务核算现状，同时要走访一些政府部门，比如财政部，了解现在的财务会计准则的具体规定，以便更好把握企业基础财务核算数据资料的详细程度。在此基础上考虑调查的口径范围及调查企业的数目，使它对国家和地方都有代表性，同时也有一个经济原则。

项目总结

本项目主要介绍了统计的含义、统计的产生和发展、统计研究对象和特点、统计的职能、统计的工作过程与统计研究方法、统计数据、统计的基本概念。

统计的含义有三种，即统计工作、统计资料和统计学。统计的研究对象是社会经济现象总体的数量方面，通过对社会经济现象总体数量方面的研究，来认识社会经济现象的本质、现象间的数量关系和发展变化趋势与规律。统计具有数量性、总体性、具体性和社会性四个特点。统计在国民经济管理中具有信息、咨询和监督三大职能。

统计工作过程包括统计设计、统计调查、统计整理和统计分析四个阶段。统计研究的方法有大量观察法、统计分组法、综合指标法、统计模型法、归纳推断法。

统计数据是统计实践活动取得的成果，也是开展统计分析的基础，它是总体单位标志或统计指标的具体数量表现。按照对研究对象计量的精确程度，统计数据的测定尺度，由低到高依次为：定类尺度、定序尺度、定距尺度、定比尺度。按照测定尺度不同，统计数据可分为分类数据、顺序数据、数值型数据。根据收集方法不同，统计数据可分为观测数据、实验数据。根据时间状况不同，统计数据可分为截面数据与时间序列数据。

统计中常用的基本概念包括总体与总体单位、标志与标志表现、变异与变量、统计指标与统计指标体系等。统计调查研究的对象是统计总体。反映总体综合数量特征的社会经济范畴称为统计指标。一系列相互联系、相互制约的统计指标所构成的一个整体称为统计指标体系，用来说明社会经济现象发展的全过程和发展中的相互关系。研究总体的数量方面，必须从构成总体的个别单位即总体单位的研究开始。反映总体单位特征的名称是标志，标志按其表现形式不同可分为品质标志和数量标志，按其在各单位上的表现是否相同可分为不变标志和可变标志。可变的数量标志和所有的统计指标是变量。变量按其数值是否连续可分为连续性变量和离散性变量。

技能训练

一、单选题

1. 统计最基本的职能是（　　　）。
   A. 信息职能　　　　B. 咨询职能　　　　C. 反映职能　　　　D. 监督职能

2. 历史上最先提出统计学一词的统计学家是（　　　）。
   A. 威廉·配第　　　B. 阿坎瓦尔　　　　C. 康令　　　　　　D. 约翰·格朗特

3. 历史上"有统计学之名，无统计学之实"的统计学派是（　　　）。
   A. 政治算术学派　B. 国势学派　　　C. 数理统计学派　D. 社会统计学派

4. 历史上"有统计学之实，无统计学之名"的统计学派是（　　　）。
   A. 政治算术学派　B. 国势学派　　　C. 数理统计学派　D. 社会统计学派

5. "统计"一词的三种含义是（　　　）。
   A. 统计工作、统计资料和统计学　　　　　B. 统计调查、统计整理和统计分析
   C. 统计设计、统计分析和统计预测　　　　D. 统计方法、统计分析和统计预测

6. 统计活动过程一般由四个环节构成，即（　　　）。
   A. 统计调查、统计整理、统计分析和统计决策
   B. 统计调查、统计整理、统计分析和统计预测
   C. 统计设计、统计调查、统计审核和统计分析
   D. 统计设计、统计调查、统计整理和统计分析

7. 通过有限的种子发芽实验结果来估计整批种子的发芽率，这种方法属于（　　　）。
   A. 推断统计学　　B. 描述统计学　　C. 数学　　　　　D. 逻辑学

8. 统计学研究的基本特点是（　　　）。
   A. 从数量上认识总体单位的特征和规律
   B. 从数量上认识总体的特征和规律
   C. 从性质上认识总体单位的特征和规律
   D. 从性质上认识总体的特征和规律

9. 出生的性别比例看似无规律可循，但是经统计，每出生 100 个女孩，相应的就有107 个男孩出生，这反映了统计的（　　　）。
   A. 从数量方面入手认识现象的特点　　B. 总体性的特点
   C. 国家进行宏观调控工具的作用　　　D. 宣传教育作用

10. 研究某市工业企业生产设备使用情况时，总体单位是该市（　　　）。
   A. 每一家工业企业　　　　　　　　B. 所有工业企业
   C. 工业企业每一单位生产设备　　　D. 工业企业所有生产设备

11. 统计总体的同质性是指（   ）。

    A. 总体全部单位的所有性质都相同   B. 总体全部单位至少有一个共同性质

    C. 总体各单位的标志值相同   D. 总体各单位的指标值相同

12. 了解居民的消费支出情况，则（   ）。

    A. 居民的消费支出情况是总体   B. 所有居民是总体

    C. 居民的消费支出情况是总体单位   D. 所有居民是总体单位

13. 一家研究机构从 IT 从业者中随机抽取 500 人作为样本进行调查，其中 60% 的人回答他们的月收入在 5 000 元以上，50% 的人回答他们的消费支付方式是使用信用卡。这里的"月收入"是（   ）。

    A. 分类变量   B. 顺序变量   C. 数值型变量   D. 离散性变量

14. 要反映我国工业企业的整体业绩水平，总体单位是（   ）。

    A. 我国每一家工业企业   B. 我国所有工业企业

    C. 我国工业企业总数   D. 我国工业企业的利润总额

15. 研究某工业企业职工的工资水平时，该工业企业职工的工资总额是（   ）。

    A. 数量标志   B. 品质标志   C. 质量指标   D. 数量指标

16. 总体有三个人，某月三个人工资分别为 1 500 元、2 000 元和 3 000 元，其平均工资 2 166.67 元是（   ）。

    A. 指标值   B. 标志值   C. 变量   D. 变异

17. 某地区有 100 家独立核算的工业企业，要了解这些企业生产的产品数量时，总体单位是（   ）。

    A. 每个企业   B. 每一单位产品   C. 全部企业   D. 全部产品

18. 某班三名学生期末统计学的考试成绩分别为 80 分、85 分和 92 分，这三个数值是（   ）。

    A. 指标   B. 标志   C. 指标值   D. 标志值

19. 人口自然增长率 3.45% 是（   ）。

    A. 品质标志   B. 数量标志   C. 数量指标   D. 质量指标

20. 一名统计学专业的学生为了完成其统计作业，在《统计年鉴》中找到的 2016 年城镇家庭的人均收入数据属于（   ）。

    A. 分类数据   B. 顺序数据   C. 截面数据   D. 时间序列数据

二、多选题

1. 欲了解某地高等学校科研情况，（   ）。

    A. 该地所有高等学校所有的科研项目是总体

    B. 该地所有的高等学校是总体

    C. 该地所有高等学校的每一个科研项目是总体单位

    D. 该地每一所高等学校是总体单位

    E. 该地所有高等学校的所有科研人员是总体

2. 下面是《财富》杂志提供的按销售额和利润排列的 500 强公司的一个样本数据，在这个例子中（   ）。

公司名称	销售额（百万美元）	利润额（百万美元）	行业代码
Banc One	10 272	1 427.0	8
CPC Intl.	9 844	580.0	19
Tyson Foods	6 454	87.0	19
Woolworth	8 092	168.7	48

    A. 总体是 500 强公司，总体单位是表中所列的公司

    B. 总体是 500 强公司，总体单位是其中每一家公司

    C. 总体是 500 强公司，样本是表中所列的公司

    D. 总体是 500 强公司，样本是表中所列公司的销售额和利润额

    E. 总体是表中所有的公司，总体单位是表中每一家公司

3. 一家具制造商购买了大批木材，木材的湿度会影响家具的尺寸和形状。家具制造商从每批货中随机抽取 5 块木材检验湿度，如果其中任何一块木材的湿度超过标准，就把整批货退回。在这个例子中（　　）。

    A. 样本是从所有木材批次中随机抽取的部分批次木材

    B. 样本是从每批木材中随机抽取的 5 块木材

    C. 总体单位是从所有木材批次中随机抽取的部分批次木材

    D. 总体单位是购买的每一块木材

    E. 总体是购买的全部木材

4. 下列标志中，属于数量标志的有（　　）。

    A. 性别　　　　　B. 年龄　　　　　C. 身高　　　　　D. 民族　　　　　E. 文化程度

5. 下列标志中，属于品质标志的有（　　）。

    A. 企业经济类型　　B. 企业规模　　C. 成本利润率

    D. 单位产品成本　　E. 产品产量

6. 下列指标中，属于数量指标的有（　　）。

    A. 平均工资　　　B. 工资总额　　C. 职工人数　　D. 产品产量　　E. 商品价格

7. 下列变量中，属于连续性变量的有（　　）。

    A. 产品产值　　　B. 设备台数　　C. 职工人数

    D. 劳动生产率　　E. 单位产品成本

8. 下列变量中，属于离散性变量的有（　　）。

    A. 商业网点数　　B. 产品销售额　C. 产品销售量　D. 经营品种数　E. 职工人数

9. 在全国人口普查中（　　）。

    A. 每个人是调查单位　　　　　　　B. 男性是品质标志

    C. 年龄是数量标志　　　　　　　　D. 人均寿命是质量指标

    E. 人口总数是数量指标

10. 在工业普查中（　　）。

    A. 每个工业企业是总体单位　　　　B. 工业企业数是统计总体

C. 设备台数是离散性变量 　　D. 工业总产值是统计指标

E. 所有制形式是品质标志

三、判断题

1. 统计运用大量观察法必须对所有的总体单位进行观察。（　　）

2. 所有标志和指标都可用数值表示。（　　）

3. 标志说明总体单位的特征，而指标则说明总体的特征。（　　）

4. 对于一个确定的总体，其单位总量是唯一的。（　　）

5. 产品产量可以是连续性变量，也可以是离散性变量。（　　）

6. 某市所有职工是一个总体，该市某职工的年龄"27岁"是一个可变的数量标志。
（　　）

7. 质量指标不能用数值表示，数量指标能用数值表示。（　　）

8. 研究某市工业企业生产设备使用情况时，统计总体是该市全部工业企业。（　　）

9. 在全国人口普查中，每一个家庭是一个总体单位。（　　）

10. 职工人数、职工工资均属于离散性变量。（　　）

四、思考题

1. 统计一词有几种含义，它们之间是什么关系？

2. 统计的研究对象是什么？它有哪些特点？

3. 统计的职能有哪些？

4. 统计工作过程有几个阶段，它们的关系如何？

5. 统计的研究方法有哪些？

6. 什么是总体、总体单位、标志、指标？

7. 什么是变量？有几种？如何区分？

8. 什么是指标和指标体系？二者有何关系？

9. 什么是数量指标和质量指标？各有什么特点和作用？

五、能力拓展题

【实训1】请你登陆中国国家统计局的网站，查询中国统计年鉴，请找出截面数据和时间序列数据，并分别记录下来。

【实训2】报纸上报道一项民意调查的结果说："43%的美国人对总统的整体表现感到满意。"报道最后写道："这份调查是根据电话访问1 210位成人所得，访问对象遍布美国各地。"这个调查的总体是什么？总体单位是什么？样本是什么？

【实训3】一个公司正致力于测试一种新的电视广告的效果。作为测试的一部分，广告在下午6：30某市的当地新闻节目中播出。两天以后，一市场调查公司进行了电话采访以获取记忆率信息（观众记得看过广告的百分比）和观众对广告的印象。这一研究的总体是什么？总体单位是什么？样本是什么？这种情况下为什么使用样本？简要解释原因。

【实训4】某市统计部门提供的一份统计分析报告中有如下内容："我市国有工业企业1 500家，职工总人数50万人，工业总产值250亿元，人均实现产值5万元。其中，宏大电气有限公司实现总产值3 000万元，职工人数1 000人。"

根据上述资料，回答下列问题：

（1）指出该报告所反映的统计总体、总体单位分别是什么？

（2）报告中涉及的统计标志有哪些？分别说明其性质。

（3）报告中涉及的统计指标有哪些？分别指出所属的类型。

【实训5】某市2016年有10家轻工企业，它们的有关统计资料如下：

企业简称	华表	华灯	彩虹	飞车	长机	林纸	汽电	华龙	百药	红酒
经济类型	国有	集体	股份	外资	台资	私营	外资	国有	股份	集体
行业代码	8	19	19	12	15	3	11	10	22	7
职工人数（人）	785	186	865	288	385	105	486	863	564	195
总资产（万元）	2 354	1 323	3 391	988	1 122	550	1 854	2 696	1 865	658
增加值（万元）	9 734	2 697	12 975	4 176	5 621	1 764	7 776	12 945	7 614	2 418
销售额（万元）	9 886	4 586	12 886	4 186	5 608	1 786	7 788	12 921	7 823	2 305
利润率（%）	6.5	7.6	8.5	6.4	7.5	8.8	6.8	7.3	7.8	5.3
劳动效率（万）	12.4	14.5	15.0	14.5	14.6	16.8	16.0	15.0	13.5	12.4

根据上表填空：

（1）总体是_____，此数据集中有_____个体。

（2）数量指标包括：_____、_____、_____、_____，质量指标包括：_____、_____。

（3）离散性变量包括_____，连续性变量包括_____、_____、_____、_____。

【实训6】认真阅读下列统计分析报告，指出报告中使用的统计指标的类型。

2016年，某市实现工业增加值120亿元，比上年增长8.9%。其中，国有工业企业及年销售收入500万元以上的非国有工业企业实现工业增加值79亿元，比上年增长8.8%；国有及国有控股企业实现工业增加值56亿元，占70.9%；三个城区的工业增加值之比为1∶1.6∶2；职工总人数20万人，其中，女职工7万人，占35%；工资总额为14.4亿元，职工平均工资7 200元/人，比上一年提高20%。

【实训7】从统计学的角度谈谈你对诺贝尔经济学奖获得者保罗·萨缪尔森所说的"如果没有诸如GDP这些核算经济总量的指标的话，政策制定者们只能在杂乱无序的数据海洋中漂泊"这句话的理解。

拓展阅读

统计思想的几个方面

不管人们希望也好，不希望也罢，几乎任何领域相关学者都需要学习统计学的时代已经来临了。拥有统计学思维，即便在自己的人生中遭遇超出自身经验和直觉的问题，也能够轻松化解。拥有统计学思维，你甚至有可能直接得出世界顶尖学者经过多年研究才能取得的结论。统计研究最终是为人类定性认识服务的，是为了定性认识才进行定量分析研究的。要概括出统计思想并不是一件容易的事，以下几个方面应该能体现其基本轮廓。

1. 均值思想

均值是所要研究对象的简明而重要的代表。均值概念几乎涉及所有统计学理论，是统计学的基本思想。它告诉我们统计认识问题是从其发展的一般规律来看，侧重点不在总规模或个体，主要体现了数量观和推断观。均值思想也要求从总体上看问题，但要求观察其一般发展趋势，避免个别偶然现象的干扰，故也体现了总体观。

2. 变异思想

统计研究同类现象的总体特征，它的前提则是总体各单位的特征存在着差异。如果各单位之间不存在差异，也就不需要做统计了；如果各单位之间的差异是按已知条件事先可以推定的，也就不需要用统计方法了。统计方法就是要认识事物数量方面的差异。统计学反映变异情况较基本的概念是方差，是表示变异的一般水平的概念。可以说，均值与方差这两个概念分别起到"隐异显同"和"知同察异"的作用。平均与变异都是对同类事物特征的抽象和宏观度量。

3. 估计思想

估计以样本推测总体，是对同类事物由此及彼式的认识方法。使用估计方法有一个预设：样本与总体具有相同的性质，样本能代表总体，但样本的代表性受偶然因素影响，对估计理论进行置信程度的测量就是保持逻辑严谨的必要步骤。

4. 相关思想

马克思主义哲学认为，事物是普遍联系的，在变化中经常出现一些事物相随共变或相随共现的情况。总体又是由许多个别事物所组成，这些个别事物是相互关联的，我们所研究的事物总体是在同质性的基础上形成。总体中的个体之间、总体与总体之间是相互关联的。相关概念表现的就是事物之间的关系。

5. 拟合思想

拟合是对不同类型事物之间关系之表象的抽象。任何一个单一的关系必须依赖其他关系而存在，所有实际事物的关系都表现得非常复杂，这种方法就是对规律或趋势的拟合。拟合的成果是模型，反映一般趋势，趋势表达的是"事物和关系的变化过程在数量上所体现的模式和基于此而预示的可能性"。

C. R. 劳在《统计与真理——怎样运用偶然性》中这样总结：在终极的分析中，一切知识都是历史；在抽象的意义下，一切科学都是数学；在理性的基础上，所有的判断都是统计学。

（资料来源：http://www.docin.com/p-1131453913.html）

第二部分　基础技能

　　基础技能部分主要介绍了各种统计数据采集的方法、种类，调查方案的内容，数据整理的内容，统计分组的方法，分配数列的形成和种类，统计表的种类和编制原则，统计图的种类和编制方法等。在学习中，对重点问题要在理解基本含义的基础上，加强操作能力的培养。建议为学生创造参与社会调查的机会，并使用形象生动的例子，演示分配数列的编制过程、最基本统计表的编制方法、最基本统计图的编制方法等。要求重点掌握统计调查的种类、调查方案的内容、统计分组的方法、编制统计表和绘制统计图等要点和技能。

项目二　统计调查

知识结构图

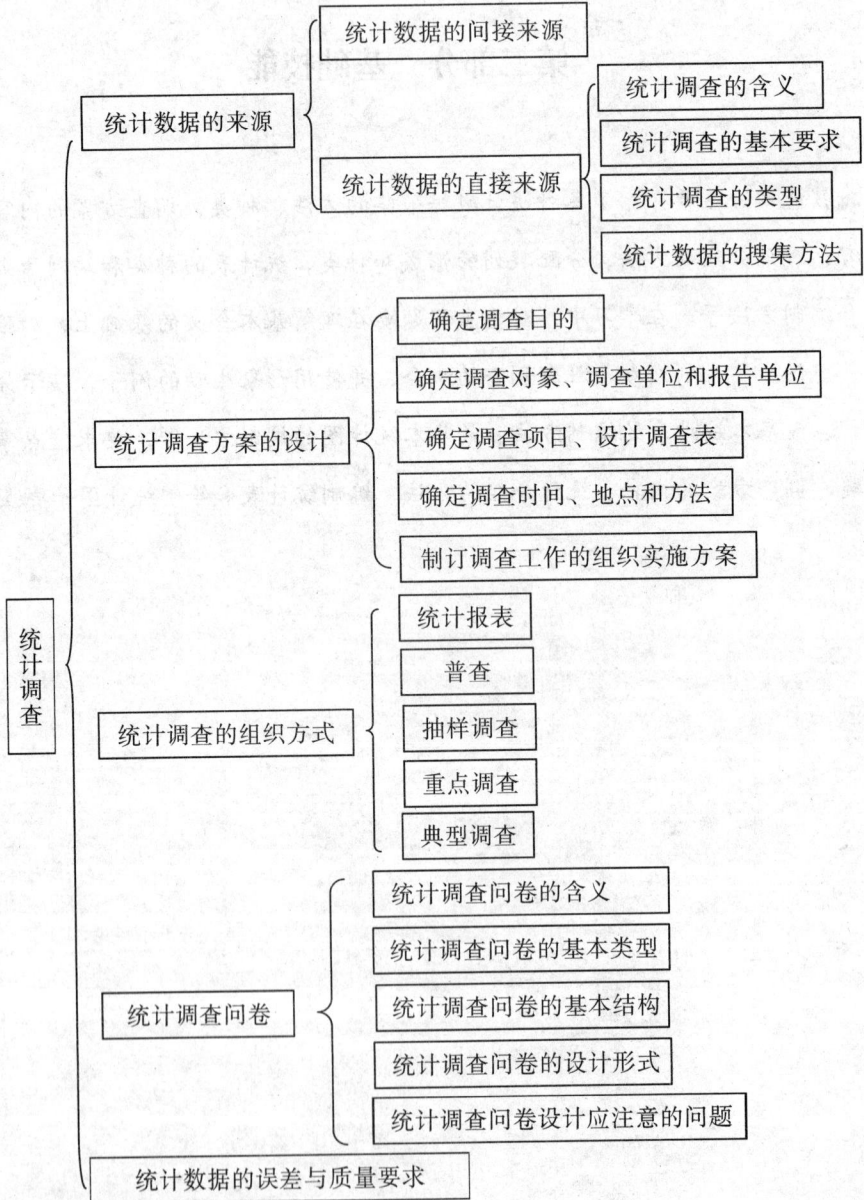

学习目标

【知识目标】

1. 了解统计调查的概念和作用；
2. 掌握统计调查方案的内容；
3. 理解统计调查的不同分类方法。

【能力目标】

1. 能够根据不同的调查目的编写统计调查方案；
2. 能够运用不同的调查方法对社会经济现象进行调查。

项目导入

20/20 节目的调查：事实还是假象

"你是否注意到，不管对当今某个社会热点问题持何种态度，你总能找到统计数据或者调查结果来支持自己的观点。你可能会考虑：是否需要摄入维生素？日托是否会伤害小孩？哪种食物对你有利或者不利？有无穷无尽的信息可以帮助你做出决定，但这些信息是否精确无误呢？约翰·斯托塞尔决定找出这个问题的答案。你也许会惊讶地发现，事实与你所看到的并不相同。"

以上是 ABC 电视台黄金时段节目 20/20 主持人芭芭拉·奥尔特斯的开场白。节目的主题是"真相还是谎言——揭露所谓的调查"。ABC 电视台的记者斯托塞尔考察了其中一项调查，反映的是当代教师在教学中面临的问题与 20 世纪 40 年代的差异，结果显示：20 世纪 40 年代，教师最担心的是学生上课说话、嚼口香糖以及在教室走廊上嬉戏打闹；而今天，他们最担心的是学生遭到袭击。这个结果被很多媒体转载，并被许多公众人物在演讲时引用，包括美国前第一夫人芭芭拉·布什和前教育局局长威廉·贝内特。

"这个调查结果让我非常怀念以前那些简单、安宁的日子，但是过去真的是如此单纯的吗？"斯托塞尔提出："40 年代的青少年没有行为不良的情况出现吗？调查结果真实可信吗？"在耶鲁大学管理学院一位教授的帮助下，斯托塞尔找到了开展这项调查的人——得克萨斯州的石油工人科林·戴维斯。他惊讶地发现，这根本不是调查！而是戴维斯利用一份保守的时事通讯，简单归纳出当代老师遇到的一些学科问题，这些问题不是来自统计调查，而是来自戴维斯自己 20 世纪 40 年代在学校工作时对这些问题的感受以及如今对这些问题的理解。

斯托塞尔对这项教师调查的深入思考，使得人们开始寻找那些有误导性甚至不道德的调查结果，其中一些调查是由商业机构或者能够从调查结果中获利的结构所做的。

比如曾经有个调查称公司 CEO 的高尔夫球点数和公司股票业绩有很强的相关关系，即 CEO 的高尔夫球点数越高，其公司股票业绩越好。而实际该调查向全美排名前 300 名的大公司 CEO 寄去了调查表，只有 74 人透露了他们的高尔夫球点数，而排名靠前的公司 CEO 基本上未参与这项调查。

节目在最后采访了《污染的真相》的作者辛西娅·克罗森。作为许多具有误导性和迷惑性的调查的揭露者，克罗森提醒大家："如果大家滥用数字去恐吓人们做一些事情，那么数字就可能失去应有的效力。比如通过调查，我们知道吸烟有害心肺健康，正是这个调查结果使得人们延长了寿命。而我担心的是调查结果失去了让人们信服、帮助人们做出正确选择的效力。"

这个调查结果，引发了人们的关注。

（资料来源：道格拉斯·A. 林德，威廉·G. 马夏尔，塞缪尔·A. 沃森. 商务与经济统计学［M］. 沈阳：东北财经大学出版社，2017）

统计名家

雅各布·伯努利

雅各布·伯努利（Jacob Bernoulli，1654—1705年）是瑞士著名的数学家和数理统计学家。雅各布·伯努利1654年12月27日生于瑞士巴塞尔，是有名的伯努利家族的重要成员。这个瑞士的数学家族，是当时的数学中心之一。

伯努利家族是瑞士的一个贵族家族，也是人类历史上最伟大的数学家族，三代人中出现了8位数学家或科学家。其中最著名的是雅各布·伯努利、约翰·伯努利和丹尼尔·伯努利。

雅各布·伯努利是老尼古拉·伯努利的长子，他非常喜欢数学，但是他的父亲不同意他学习数学。虽然父亲百般阻止，雅各布还是偷偷学习了数学，成为数学家。雅各布喜欢研究曲线，他的成就有最速降线问题（也就是悬链线问题）、曲率半径公式、伯努利微分方程、伯努利分布、等周问题、对数螺线以及伯努利数等。

任务一　统计数据的来源

在统计研究中首先遇到的问题是如何获取"好"的数据。那什么是"好"的数据呢？所谓"好"的数据是指那些能够更加客观地反映实际背景的数据，而要获取"好"的数据则要依赖于"好"的方法。根据数据的不同，方法主要分两大类：一是通过调查收集数据，二是通过实验制造数据。从统计数据本身来源看，最初都是来源于直接的调查或实验。但从使用者的角度看，数据主要来源于两种渠道：一是来源于直接的调查和科学实验，对使用者来说这是数据的直接来源，我们称之为一手数据或者原始数据；二是来源于别人的调查或实验的数据，对使用者来说这是数据的间接来源，我们称之为二手数据或次级数据。我们主要从使用者的角度讲述统计数据的收集方法。

一、统计数据的间接来源

对大多数使用者来说，亲自去做调查往往是不可能的，因此所使用的数据大多数是别人的调查或实验的数据，这些数据称为二手数据，也叫次级数据。二手数据主要是公开出版的或公开报道的数据，当然有些是尚未公开出版的数据。在我国，公开出版或公开报道的社会经济统计数据主要来自国家和地方的统计部门以及各种报刊媒介。例如，公开出版的有中国市场统计年鉴以及各省、市、地区的统计年鉴等。提供世界各国社会和经济数据的出版刊物也有很多，如《世界经济年鉴》《国外经济统计资料》和民办银行各年度的世界发展报告等。联合国的有关部门及世界各国也定期出版各种统计数据。

除了公开出版的统计数据，还可以通过其他渠道使用一些尚未公开发布的统计数据，以及广泛分布于各种报纸、杂志、图书、广播、电视传媒中的各种数据资料。现在，随着计算机网络技术的发展，也可以在网络上获取所需的各种数据资料。利用二手数据对使用者来说既经济又方便，但使用时应注意统计数据的含义、计算口径和计算方法，以避免误用或滥用。同时，在引用二手数据时，一定要注明数据的来源，以尊重他人的劳动。

二、统计数据的直接来源

统计数据的直接来源主要有两个渠道：一是通过调查收集数据，二是通过试验制造数据。调查是取得社会经济数据的重要手段，其中有统计部门进行的统计调查，也有其他部门或机构为特定目的而进行的调查，如市场调查等。实验是取得自然科学数据的主要手段。下面将着重介绍统计调查的含义、基本要求、类型及统计数据的搜集方法。

（一）统计调查的含义

统计调查是根据统计研究的目的、要求和任务，采用科学的调查方法，有计划、有组织地搜集统计资料的工作过程。

统计调查是整个统计工作过程的基础环节。首先，通过统计调查，搜集所需的资料，是统计定量认识的开始。没有统计调查，统计工作也就成了无源之水、无本之木。其次，统计调查搜集到的资料质量如何，直接影响着统计工作的最终结果。如果统计调查做得不好，得到的材料残缺不全或有错误，将会影响整个统计工作。

（二）统计调查的基本要求

为了夯实统计调查这个基础，保证统计工作的质量，维护统计工作的生命，要求统计调查所搜集的资料必须具备准确性、及时性和完整性。

（1）准确性。统计调查得到的资料应真实可靠、符合客观实际，按事物的本来面貌如实反映情况，不受个人的主观偏见和错误意识的影响。准确性是统计工作的生命，如果统计资料不真实，必将给统计工作带来不良的影响。统计调查的准确性不仅是技术性问题，而且是坚持统计制度、统计法规的原则问题。我国统计立法的核心就是保障统计资料的准确性、客观性。

（2）及时性。统计调查要按时完成资料的搜集和上报任务，以充分发挥统计资料的时间价值。如果统计资料不及时，就成了"雨后送伞"，失去价值。统计资料的及时性也是一个全局的问题。任何一个调查单位不按规定时间提供资料，都会影响全面的统计工作。

（3）完整性。在收集资料的过程中要确保调查单位的完整性，不重复、不遗漏，以反映社会经济现象的全貌；还要确保调查项目齐全，调查项目不仅富有层次性，而且紧密衔接、有逻辑，齐全的调查项目才能实现调查研究的目的，正确地反映社会经济现象的全貌。

（三）统计调查的类型

由于社会经济现象错综复杂，调查对象千差万别，统计研究的任务多种多样，在组织统计调查时，应根据调查对象和调查目的，从不同的角度灵活采用调查方式。

1. 经常性调查和一次性调查

统计调查按调查登记的时间是否连续，可分为经常性调查和一次性调查。

经常性调查也称连续性调查，它是依据研究现象的不断变化而连续不断地进行调查登记或观察，以反映事物在一定时期内的全部发展过程和结果。例如，对企业产品的生产数量、原材料的消耗量方面的调查必须在观察期内连续不断地登记，然后汇总起来。

一次性调查也称非连续性调查，它是对社会经济现象在某一时刻（或瞬间）的状况进行一次性登记，以反映现象在一定时点上的具体水平。例如，对人口总数、企业的固定资产总量、耕地面积等的调查都是每隔一段时间登记一次，是非连续性的。

2. 统计报表和专门调查

统计调查按调查的组织形式不同，可分为统计报表和专门调查。

统计报表是依照国家法规统一的表式、内容、上报时间和程序等要求，自上而下地统一布置，自下而上地逐级提供统计资料的一种统计调查方式。统计报表在我国统计工作中占有重要的地位。

专门调查是为研究某些专门问题，而专门组织的调查方式，包括普查、重点调查、抽样调查和典型调查等。

3. 全面调查和非全面调查

统计调查按调查对象包含的范围不同，可分为全面调查和非全面调查。

全面调查是对调查对象中的全部单位进行登记或观察，包括全面性的统计报表和普查两种。例如人口普查要调查登记全国每一个人的情况；工业的定期统计报表要求全国每个工业企业都要定期地向指定机关上报等。全面调查能够掌握调查对象全面的、完整的统计资料，说明所要研究问题的全貌。但需要花费较多的人力、物力和财力，做起来比较困难。又由于调查单位多，参加调查工作的人员多，容易发生调查工作性误差，因而调查内容只能限于最重要的、最基本的项目。

非全面调查是对调查总体中的部分单位进行登记或观察。由于调查单位少，可以花费较少的人力、物力和财力搜集到深入、细致的调查资料，例如全社会商品零售价格抽样调查。非全面调查也有缺点，只能获得部分单位的资料，有些虽可推算总体，但存在推算误差。

上述各种调查方法既相互联系又交叉融合。例如，普查既是全面调查，又是一次性调查，也是专门调查。

（四）统计数据的搜集方法

实践中，为研究某些特定的社会经济问题，需要进行特制的调查，如市场调查，这些调查是获得统计数据的重要手段。特别是随着市场经济的发展，市场调查越来越被人们所重视，一些企业把市场调查作为获取企业所需生产和经营信息的重要手段。

不论采用哪种方式组织调查，都要运用具体的数据搜集方法去采集统计数据。归纳起来，数据搜集方法有询问调查法、观察与实验法两大类。

1. 询问调查法

询问调查法是调查者与被调查者直接或间接接触以获得数据的一种方法，具体包括访问调查、邮寄调查（问卷调查法）、电话调查、座谈会、个别深度访问、互联网调查等。

（1）访问调查。访问调查又称派员调查，它是调查者与被调查者通过面对面地交谈从而得到所需资料的调查方法。访问调查的方式有标准式访问和非标准式访问两种。标准式访问又称结构式访问，它是按照事先设计好的、有固定格式的标准化问卷，由调查者有顺序地依次提问，并由被调查者做出回答，例如人口普查中的人口登记；非标准式访问又称非结构式访问，它事先不制作统一的问卷或表格，没有统一的提问顺序，调查者只是给一个题目或提纲，由调查者和被调查者自由交谈，以获得所需的资料。

（2）邮寄调查（问卷调查法）。邮寄调查是通过邮寄或其他方式将调查问卷送至被调查者，由被调查者填写，然后将问卷寄回或投放到指定收集点的一种调查方法。邮寄调查（问卷调查法）是一种标准化调查，其特点是调查者和被调查者没有直接的语言交流，信息的传递完全依赖于问卷。邮寄调查（问卷调查法）的问卷发放方式有邮寄、宣传媒介传送、专门场所分发三种。

邮寄调查的基本程序是：在精心设计问卷的基础上，事先在小范围内进行预调查，检查问卷设计中是否存在问题，以便纠正。然后选择一定的方式将问卷发放下去进行正式的调查，再将问卷按预定的方式收回，并对问卷进行处理和分析，例如企业产品品牌问卷调查。

（3）电话调查。电话调查是调查者利用电话同被调查者进行沟通，从而获得信息的一种调查方式。电话调查具有时效快、费用低等特点。电话调查可以按照事先设计的问卷进行，也可以针对某一专门问题进行。用于电话调查的问题要明确、问题数量不宜过多。

（4）座谈会。座谈会也称为集体访谈法，它是将一组被调查者集中在调查现场，让他们对调查的主题（如一种产品、一项服务或其他话题等）发表意见，从而获取调查资料的一种方法。通过座谈会，调查者可以从一组被调查者那里获得所需的定性资料，这些被调查者与研究主题有某种程度上的关系。为获得此类资料，调查者通过严格的甄别程序选取少数被调查者，围绕研究主题以一种非正式的、比较自由的方式进行讨论。这种方法适用于搜集与研究课题有密切关系的少数人员的倾向和意见。

参加座谈会的人数不宜太多，通常为 6～10 人，并且是有关方面的专家或有经验的人。讨论方式主要取决于主持人的习惯和爱好。通过小组讨论，能获取访问调查无法取得的资料。而且，在彼此间交流的环境里，各个被调查者之间相互影响、相互启发、相互补充，并在座谈过程中不断修正自己的观点，从而有利于取得较为广泛、深入的想法和意见。座谈会的另一个优点是不会因为问卷过长而遭到拒访。当然，这种调查方法一般要求主持人受过心理学或行为科学方面的训练，具有很强的组织能力，足以控制一群不同背景的陌生人，并尽可能多地引导被调查者说出他们的真实意见或想法。

（5）个别深度访问。个别深度访问是一次只有一名被调查者参加的特殊的定性研究。深度访谈这一术语也暗示着要不断深入被调查者的思想当中，努力发掘其行为的真实动机。深度访谈是一种无结构的个人访问，调查者运用大量的追问技巧，尽可能让被调查者自由发挥，表达其想法和感受。

个别深度访问常用于动机研究，如研究消费者购买某种产品的动机等，以发掘被调查者非表面化的深层意见。这一方法最宜于研究较隐秘的问题，如个人隐私问题，或较敏感的问题，如政治性的问题。对于不同人之间观点差异较大的问题，采用个别深度访问也比较合适。

座谈会和个别深度访问属于定性方法，它通常围绕一个特定的主题取得有关定性资料。在此类研究中，从挑选的少数被调查者中取得有关意见。这种方法和定量方法是有区别的：定量方法是从总体中按随机方式抽取样本取得资料，其研究结果或结论可以进行推论；而定性方法着重于问题的性质和对未来趋势的把握，不是对研究总体数量特征的推断。

（6）互联网调查。互联网是一个极有优势的信息传递平台，通过各种网络工具，可使调查活动形成许多前所未有的便利，其优点具体表现为：

①速度快。由于省略了印制、邮寄和数据录入的过程，问卷的制作、发放及数据的回收速度均得以提高，可以短时间内完成问卷并统计结果，体现网络数据传输的即时性。

②费用低。印刷、邮寄、录入及调查者的费用都可以节省下来，而调研费用的增加有限。因此，进行大规模调研时相比其他调研方法（如邮寄调查或电话调查）可以省下可观的费用。

③易获得连续性数据。随着网上固定样本调研的出现，调查者能够通过跟踪被调查者的态度、行为和时间进行纵向调研。复杂的跟踪软件能够做到根据上一次被调查者的回答情况进行本次问卷的筛选，而且还能填补落选项目。

④调研内容设置灵活。打一个电话却只提两三个问题在费用上是不值得的，但在网上，调研内容可以很容易地包含在市场、商贸或其他一般站点上。例如，如果有人上了银行主页，打开"信用卡"链接，在进入正式网页之前，他可以被询问几个有关被认为是最重要的信用卡特性问题。

⑤调研群体大。互联网的受众有限多，目前很难想象还有什么媒体可以提供这么大的调研群体。

⑥可视性强。互联网调查还有一个独一无二的优点，它们在视觉效果上能够吸引人。互联网的图文及超文本特征可以用来展示产品或介绍服务内容，声音及播放功能还可以加入到问卷中。数据处理的智能化也是其他调研方式无法比拟的。

当然，互联网调查也有缺点，主要表现在：

①代表性问题。互联网调查在目前来说还有不少缺点，最大的一点恐怕就是上网的人不能代表所有人口。因为网络使用者多为有一定教育水平，有相关技术，较年轻和收入较高的群体，不过，这种情形正在改变，越来越多的人开始接触互联网。

②安全性问题。现在很多网络使用者为私人信息的安全性担忧，加上媒体的报道及针对使用者的各种欺骗性行为，更使人忧心忡忡。因此提高安全性仍是互联网有待解决的重要问题。

③无限制样本问题。由于网上的任何人都能填写问卷，很有可能填写问卷的除了网民外并不代表任何人。如果只是同一个人重复填写问卷的话，这个问卷调查就达不到该有的效果。

2. 观察与实验法

观察与实验法是调查者通过直接的观察或实验获得数据的一种方法。

（1）观察法。是由调查者亲自到现场对被调查者进行观察记录和计量，以获取第一手资料的调查方法。运用这种方法，训练有素的调查者需要到重要地点，利用感觉器官或设置一定的仪器，观测和记录人们的行为和举动。采用观察法时，由于调查者不是强行介入，被调查者能做出自然的反应，因而常常能在被调查者无察觉的情况下获得真实有用的信息资料。

（2）实验法。实验法是调查者根据研究目的，在特定的实验场所，对被调查者进行实验观察与分析以取得所需资料的一种调查方法。根据场所不同，实验法可分为室内实验法和市场实验法。室内实验法可用于广告认知的实验等，例如，在同一日期的同种报纸上，分别刊登 A、B 两种版面大小相同的广告，然后将其散发给读者，以测定广告效果。市场实验法可用于消费者需求调查等，例如，企业让消费者免费使用一种新产品，以得到消费者对新产品看法的资料。

实验法一般适用于对新设计、新配方、新广告等社会经济现象的实践效果资料的收集。

数据采集是统计工作的基础环节。数据采集工作的好坏，直接影响统计数据质量。以企业填报方式为例，被调查企业按照调查制度中各报表的要求和指标，解释计算数据，填写报表，按时向当地统计局报送。目前的报送方式分为：联网直报和逐级上报两种。大中型企业或重点企业采用联网直报方式，由企业直接登录国家统计局的数据采集局域网络系统，填报报表并直接传送到国家统计局。小型企业由于量大面广，目前还难以做到联网直报，因此采用的是逐级上报方式，数据通过县、市、省统计局逐级上报，最后达到国家统计局。

任务二　统计调查方案的设计

统计调查涉及面广，是一项复杂的系统工程，为了在调查工作过程中统一认识、统一内容、统一方法、统一步调，以便顺利完成统计调查任务，必须根据需要和可能，做好各项准备工作，制订切实可行的统计调查方案。统计调查方案是统计设计在调查阶段的具体化，是统计设计的一项重要内容。只有正确制订统计调查方案，才能保证统计调查有计划、有组织地进行。同时正确的统计调查方案也是准确、及时、完整地取得调查资料的必要条件。

一份完整的统计调查方案，应包括以下基本内容：确定调查目的，确定调查对象、调查单位和报告单位，确定调查项目、设计调查表，确定调查时间、地点和方法，制订调查工作的组织实施方案。

一、确定调查目的

调查目的，是一项统计调查工作预期所要获得的结果。根据《国务院办公厅关于开展2015年全国1%人口抽样调查的通知》，制订方案指出：这次调查的目的是了解2010年以来我国人口在数量、素质、结构、分布以及居住等方面的变化情况，为制订国民经济和社会发展规划提供科学准确的统计信息支持。不同的调查目的和任务，决定着不同的调查对象、内容和范围。目的不明确，任务不清楚，就不知道向谁做调查，调查什么，怎样调查，整个工作就会陷入混乱状态，造成人力、物力和财力的浪费，延误调查工作。因此，统计调查方案必须首先明确规定调查目的，并且调查目的应该明确具体、中心突出。统计调查目的和任务，应根据党的方针政策、各级领导提出的任务要求以及实际工作的需要，结合调查对象本身的特点来确定。

二、确定调查对象、调查单位和报告单位

调查对象和调查单位，是统计总体和总体单位在统计调查阶段的新称谓。调查对象（即调查范围）是根据调查目的确定的研究总体，例如，第六次人口普查的对象确定为"在中华人民共和国境内居住的自然人以及在中华人民共和国境外但未定居的中国公民，不包括在中华人民共和国境内短期停留的境外人员"。

调查对象就是在某项调查中需要调查研究的社会经济现象的全体，它是由性质相同的许多个别单位组成的，即统计总体。确定调查对象，首先要根据调查目的，在对现象进行认真分析、掌握其主要特征的基础上，科学地规定调查对象的含义；其次要明确规定调查对象的总体范围，划清它与其他社会经济现象的界限。只有调查对象的含义确切、界限清楚，才能避免资料的重复或遗漏，保证统计资料的准确性。例如，对某市失业人口的状况进行调查，就应把"失业人口"与"非失业人口"的界限划清，以保证统计数据的准确性。

调查单位是在某项调查中要登记其具体特征的单位，构成调查对象的每一个单位，是调查项目（内容）的承担者，例如在失业人口的全面调查中，每一个在失业人口范围内的人都是调查单位。调查单位回答的是向谁做调查，或者说要登记的资料在谁身上。调查单位的确定取决于调查目的和调查对象，例如调查目的在于了解城市职工家庭收支基本情况，那么全部城市职工家庭就是调查对象，这要明确城市职工家庭的含义，划清城市职工

家庭和非城市职工家庭的界限。调查对象确定后，调查单位自然就明确了，即每一户城市职工家庭就是调查单位。

明确调查单位还要把它和报告单位区别开来。报告单位也叫填报单位，它是负责向上级报告调查资料时填写的单位。根据调查目的的不同，调查单位和报告单位在实际调查工作中有时一致，有时不一致。例如，在工业企业设备状况普查中，报告单位是具体的每个工业企业，而调查单位则是各种单台设备。而在企业经营管理水平调查中，具体的每个企业既是调查单位，也是报告单位。明确报告单位的关键在于明确资料的报送责任。

三、确定调查项目、设计调查表

调查项目就是调查中所要登记的调查单位的标志。确定调查项目所要解决的问题是明确向调查单位搜集什么资料。调查项目是调查方案的核心内容，应以"少而精"为原则，确定调查项目时要注意：首先，所确定的项目要本着需要与可能的原则，需要就是实现研究目的，可能就是能够取得确切资料；其次，调查项目的含义要确切、明了和具体，以免产生歧义，避免由于理解不一，致使资料不准确和无法汇总；再次，调查项目之间应尽可能地保持有机联系，便于核对和检查；最后，尽量保持现行调查项目与过去同类调查项目之间的可比性，以便于动态对比，分析和研究现象的发展变化趋势与规律。

调查项目确定之后要编制成调查表，调查表是将拟定的调查项目，按一定的顺序排列在某一表格上，用于填写和登记调查单位的具体特征和情况。调查表从内容上看一般是由表头、表体和表脚三部分组成。

（1）表头，由核对项目构成。包括调查表的名称、填报单位的名称、性质、隶属关系及表号等。这类项目不是我们所要研究的项目，是我们对资料进行核实和复查时需要的项目。

（2）表体，由调查项目所构成，是调查表的主体。包括调查项目的名称、计量单位及其将来登记的标志表现等。

（3）表脚，由调查者项目构成，包括调查、审核人员签名，填表单位等。这类项目也不是统计研究的项目，它是明确调查责任的项目。

调查表分为单一表和一览表两种。

单一表是每张（份）调查表上只登记一个调查单位的表格，它可以容纳较多的调查项目，内容较详细。例如我国的工业企业定期统计报表、学生登记表、常见的市场调查问卷等均属于单一表。

一览表是指每张（份）调查表上登记若干个调查单位的表格，它适用于登记项目相对较少，可以对多个单位集中登记的情况。例如我国的人口普查调查长（短）表、学生成绩登记册等均属于一览表。

调查表设计好之后，需要编写填表说明，其内容包括调查表中有关项目的含义、所属范围、计算方法及填表时应该注意的事项等。填表说明要简明、清晰、易于理解。

四、确定调查时间、地点和方法

调查时间包括调查登记资料所属的时间和调查工作的期限。

调查资料所属的时间有时期和时点两种。如果所调查的是时期现象，就要明确规定所登记资料的起止时间，例如，调查企业产品产量，要明确是月产量、季产量还是年产量，以及具体时期的产量。如果调查的是时点现象，应明确规定统一的标准时点，例如，调查某企业的商品库存额，就要明确调查的标准时点是月末、季末还是年末库存，以及具体时点的库存额。

调查期限是整个调查工作的起止时间，包括调查前期准备、搜集资料、报送资料、数据处理、分析发布资料等整个工作流程所需要的时间。统计调查工作及时性的要求就是要求遵守调查期限。为保证资料的时效性，对调查期限的规定要尽可能短。此外，有的调查还需要确定复查时间、抽查时间等。

调查地点是指直接登记调查内容、填写调查表的场所。调查地点和调查单位所在地经常是相同的，我国执行统计报表制度的企事业单位就是在它们的所在地填报统计调查资料；对于专门组织的统计调查，调查单位所在地有变化时，就要专门指出调查地点，例如人口普查，对居民是按常住地来登记的，某些居民暂时（规定一年以内）离开常住地，则以其户籍所在地进行登记。显然，在调查组织安排中严格规定调查地点，是提高搜集资料准确性和完整性，避免重复和遗漏的重要保证。

调查方法包括调查的组织形式和搜集资料的具体方法，它要根据调查目的的要求和调查对象的特点而定。

五、制订调查工作的组织实施方案

为了保证整个统计调查工作的顺利进行，在统计调查方案中还应该有一个周密考虑的组织实施方案。其主要内容应包括调查工作的组织机构、调查人员的组成、调查的方式方法、调查的工作地点、调查资料的报送办法、调查前的准备工作。调查前的准备工作具体包括宣传教育、干部及人员培训、调查文件的准备、调查经费的预算和开支计划、试点及其他工作等。

对规模大又缺乏经验的统计调查，事先需要进行试点调查。通过试点以检验、修订统计调查方案。

【经典案例】

A 大学学生使用手机品牌市场调查

A 大学学生众多，几乎人人都有手机。某手机品牌想要扩大在 A 大学的市场占有率，于是对该大学学生的手机使用情况进行了统计调查，调查方案如下：

一、调查目的

·全面摸清企业品牌在消费者中的知名度、渗透率、美誉度和忠诚度。

· 全面了解本品牌及主要竞争品牌在 A 大学的销售现状。

· 了解 A 大学在校学生对手机消费的观点、习惯。

· 了解 A 大学在校学生的人口统计学资料，预测手机市场容量及潜力。

二、调查对象

A 大学全体在校学生都是调查对象。为了准确、快速地得出调查结果，此次调查决定从住公寓的学生和住普通宿舍的学生（住宿条件基本上能反映学生的家庭经济条件）中进行随机抽样。具体调查对象共 300 名，其中住公寓的学生和住普通宿舍的学生数量各占 50%。

三、调查项目

以发放问卷的方式进行调查，问卷中包含的调查项目主要包括：

· 手机的购买形态，包括手机的品牌、价格以及购买时间和地点等。

· 对各品牌手机的了解程度，包括手机的功能、特点、价格、包装等。

· 对本品牌及竞争品牌的满意度。

· 学生本人平均月开支及手机消费所占比例。

· 对理想手机的描述。

四、调查期限

2016 年 5 月 18 日至 22 日。

五、组织与实施计划

本次统计调查需要 15 名调查人员，负责人把调查问卷平均分发给各调查人员，统一选择午餐或晚餐后这段时间开始进行调查（因为此时学生们大多在宿舍里，便于集中调查，能够节约时间和成本）。调查人员在进入各宿舍时需说明来意，并特别声明在调查结束后将赠送精美礼物一份以吸引学生的积极参与、得到正确有效的调查结果。调查过程中，调查人员应耐心等待，切不可督促。记得一定要要求学生在调查问卷上写明其姓名、年级、联系方式，方便以后的问卷复核。调查人员可以当场收回问卷，也可以第二天收回。问卷的复核比例为全部问卷数量的 30%，方式为电话回访，时间为问卷回收后的 24 小时内。

请思考：该统计调查方案包含哪些内容？试着列出一个统计调查问卷。

任务三　统计调查的组织方式

《中华人民共和国统计法》规定："统计调查应当以周期性普查为基础，以经常性抽样调查为主体，以必要的统计报表、重点调查、综合分析等为补充，搜集、整理基本统计资料。"统计实际工作中有时为了深入研究问题，还要进行必要的典型调查。各种调查方式各有特点，在统计调查中，应根据调查对象的特点和人力、物力、财力等条件的不同而灵活地运用。一般来说，凡是抽样调查、重点调查可以满足需要的，就不必进行全面调查；一次性调查可以满足需要的，就不必进行定期统计报表调查。

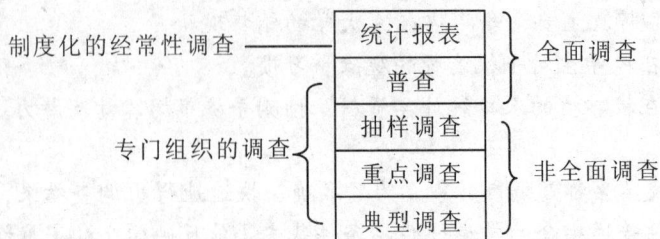

```
制度化的经常性调查 ──────── ┌─ 统计报表 ─┐
                          │   普查    │─ 全面调查
                          ├─ 抽样调查 ─┐
    专门组织的调查 ┤       │   重点调查 │─ 非全面调查
                          └─ 典型调查 ─┘
```

一、统计报表

（一）统计报表的特点

统计报表是依照国家有关法规的规定，利用国家统计系统自上而下地统一布置，以一定的原始记录为依据，按照统一的表式、统一的指标、统一的报送时间和报送程序，自下而上地逐级定期提供基本统计资料的一种调查方式。统计报表有以下显著的特点：

（1）统计报表根据研究任务可以事先布置到基层单位，基层单位可以根据报表的要求，从原始记录到统计报表，中间还要经过统计台账（统计台账是基层单位根据核算和填制统计报表的需要，按时间顺序登记原始记录的一种账册。它是为积累和整理资料而设置的，是从原始记录到统计报表的中间环节）和企业内部报表。基层单位建立健全各种原始记录［原始记录是基层单位通过一定的表格形式，对生产经营活动的具体内容和状况进行的最初的数字和文字记载，例如商品销售的交款单据、原材料的出（入）库单据等］，使统计报表的资料来源有可靠的基础，以保证统计资料的准确、及时、完整。基层单位也可利用统计报表资料，对生产、经营活动进行科学的管理。

（2）由于统计报表采取逐级上报、汇总的形式，各级领导部门都能得到管辖范围内的统计报表资料，可以经常了解本地区、本部门的经济和社会发展情况。

（3）由于统计报表属于经常性调查，内容相对稳定，有利于积累资料、进行纵向和横向的对比，研究经济建设和社会发展变化的规律性。

统计报表是依靠行政手段执行的报表制度，要求各基层单位严格按照规定的时间和程序上报，这样可以完整地积累资料，便于进行历史对比，也便于系统地分析研究社会发展变化的规律。但是，统计报表也有缺点，例如，需要花费较多的人力、物力，中间环节多，占用时间长，容易产生调查误差等。因此，不能把统计报表看成万能工具，尤其要避免报表过多、报表相互重复、滥发报表的现象。

（二）统计报表的内容

统计报表的内容主要包括表式和填表说明。

1. 表式

表式是统计报表的主体，统计调查资料就是通过这些表式的填报而取得的。表式的主要内容包括：主栏项目、宾栏指标和补充资料项目，以及表名、填报单位、报送日期、报送单位负责人和填报人的签名等。

2. 填表说明

填表说明主要包括以下内容：

填报范围即实施范围。规定每种统计报表由哪些单位填报，由哪些主管部门和统计部门综合汇总等。这样，一则可以避免报告单位的遗漏，保证取得全面的统计资料；二则遇到填报范围有变动时，易于对统计资料进行调整。

指标解释即对列入表式的统计指标的概念、计算方法、计算范围及其他有关问题的具体说明，便于填报单位按统一的指标解释准确填报。

分类目录即统计报表主栏一览表，例如，工业企业填报产品产量表时，要根据"主要产品目录"填报。

对其他有关事项的规定，包括报送日期、收表机关和报送份数等。

【经典案例】

一、表式

2016 年民营科技企业年报统计报表

企业法人代码：_____

法人单位名称（盖章）：

指标名称	计量单位	代码	本年	指标名称	计量单位	代码	本年
一、经济情况				初级职称	人	17	
工业总产值（当年价格）	万元	1		其中：博士学历	人	18	
其中：新产品产值	万元	2		硕士学历	人	19	
年末资产合计	万元	3		本科学历	人	20	
年末负债合计	万元	4		三、科技活动概况			
注册资本	万元	5		从事科技活动人员数合计	人	21	
总收入	万元	6		其中：研究与试验发展人员数	人	22	
其中：技术性收入	万元	7		科技活动经费	万元	23	
净利润	万元	8		其中：科学研究与试验发展经费	万元	24	
出口创汇总额	万元	9		科技项目情况			
其中：主要产（服务）出口创汇额	万元	10		全部科技项目数	项	25	
上缴税金总额	万元	11		科技项目经费内部支出	万元	26	
其中：所得税	万元	12		自主知识产权情况			
利润总额	万元	13		当年专利申请数	件	27	
二、人员概况				其中：发明专利	件	28	

（续上表）

年末从业人员数	人	14		当年专利授权数	件	29
其中：高级职称	人	15		其中：发明专利授权数	件	30
中级职称	人	16		累计拥有有效专利数	件	31

填报人：_____ 调查员：_____ 填报日期：_____年_____月_____日

二、填表说明

（一）填报范围

1. 企事业单位、社会团体利用国有资产创办的民营科技企业。

2. 集体所有制科技企业。

3. 个体合作科技企业或个人科技机构。

4. 私营科技企业。

5. 有限责任公司、股份有限公司类型的科技企业。

6. 股份合作制科技企业。

7. 联合经营的科技企业。

8. 与外商合资、合作创办的科技企业。

9. 港、澳、台投资的科技企业。

10. 其他科技企业。

上述科技企业必须同时具备以下条件：①主要从事技术开发、技术转让、技术咨询、技术服务以及科技产品的开发、生产和销售；②自筹资金、自愿组合、自主经营、自负盈亏；③经科技主管部门审定；④经工商行政管理部门登记注册。医疗卫生等特殊行业无须经工商行政管理部门登记注册的，根据国家有关规定经主管部门批准、科技主管部门认可。

（二）填报要求

1. 本表特报内容必须由企业负责人对数据进行确认、签名及盖章后，报注册地所在区县科委留存备查。

2. 本表数字用阿拉伯数字，文字用汉字。

3. 本表数字一律取整数，如数字取整后为零，须填写"0"；如某项指标值没有，须填写"0"；如某项指标是负值，要在数字前冠以"－"号。

（三）指标解释

年末从业人员数：指报告年末在本企业工作并取得劳动报酬或收入的实有人员数。所有单位均应填写本项。从业人员包括在本企业工作的外方人员和港、澳、台人员，兼职人员，再就业的离退休人员，借用的外单位人员和第二职业者，但不包括离开本单位仍保留劳动关系的职工。

从事科技活动人员数合计：指报告年度企业内部直接参加科技项目的人员以及项目的管理人员和服务人员，不包括全年累计从事科技活动时间不足制度工作时间10%的人员。

研究与试验发展人员数：指企业科技活动人员中从事基础研究、应用研究和试验发展三类活动的人员，包括直接参加上述三类项目活动的人员及这些项目的管理和服务人员。

46

研究与试验发展项目的管理和服务人员，可按研究与试验发展项目人员占全部科技项目人员的比重计算。该数字按实际投入的工作量填写。

科技活动经费：指在报告期内本企业实际用于基础研究、应用研究、试验发展、科学研究与试验发展成果应用以及相关科技服务活动的经费支出。

科学研究与试验发展经费：指在报告期内本企业实际用于科学技术活动（统称研究与发展活动）的经费总额。

全部科技项目数：指企业有组织地从事科研和技术开发活动的专项工作，包括企业在报告年度当年立项并开展研制工作的科技项目、以前年份立项仍继续进行研制的科技项目，以及当年完成和年内研制工作已告失败的科技项目，但不包括委托外单位进行研制的科技项目。

二、普查

普查是为了某种特定目的而专门组织的、对全部总体单位进行的一次性全面调查。主要用来搜集那些不能够或者不适宜用定期全面统计报表搜集的统计资料；一般用来调查在一定时点的社会经济现象数量特征的综合总量；世界各国对重大国情、国力的调查都采用普查的方式完成。

普查的组织形式有两种：一是组织专门的普查机构，配备一定的普查人员，对调查单位进行直接登记，如人口普查；二是发放一定的调查表格给调查单位，利用调查单位的原始记录和核算资料，由调查单位填报，如库存物资普查。

为了保证普查工作的顺利进行，实现普查的调查目的，普查工作必须统一领导、统一要求和统一行动。在组织普查时必须注意以下几点：

（1）如果搜集的是时点数据资料，必须规定一个标准时点，以避免由于现象时空变动而使调查资料出现重复或遗漏。

（2）普查工作在规定的调查范围内要同时进行，步调要一致，尽可能在最短的时间内完成，以便减少误差，保证资料的时效性。

（3）普查项目要统一规定，不能随意改变和增减，以免影响资料的汇总和综合，降低资料的质量。

（4）普查应尽可能按一定的周期进行，便于在历次普查资料对比中研究现象发展变化的趋势和规律。

（5）历次普查的调查项目要尽可能保持相对稳定，有利于进行动态对比。

【知识链接】

普查作为获取有关基本国情与国力资料的重要统计方法，在我国已纳入规范化、法制化的轨道，我国政府制定了以周期性普查为基础的整体统计调查方法体系。已有的重大普查工作的统筹安排为：人口普查、农业普查每十年进行一次，分别在个位逢0、6的年份实施；2004年将原定于2003年底进行的第二次全国第三产业普查推迟，与计划在2005年开展的第四次全国工业普查和2006年开展的第三次全国基本单位普查合并，同时将建筑业纳入普查范围，在 2004 年开展了第一次全国经济普查，以后全国经济普查每十年进行两次，在个位逢 3、8 的年份实施。

【经典案例】

第六次全国人口普查方案

一、人口普查的目的

开展第六次全国人口普查的目的是查清 2000 年以来我国人口数量、结构、分布和居住环境等方面的变化情况，为科学制订国民经济和社会发展规划，统筹安排人民的物质和文化生活，实现可持续发展战略，构建社会主义和谐社会，提供真实准确、完整及时的人口统计信息支持。

二、人口普查的标准时点

人口普查的标准时点是 2010 年 11 月 1 日零时。

三、人口普查的对象

（1）人口普查的对象是在中华人民共和国境内居住的自然人以及在中华人民共和国境外但未定居的中国公民，不包括在中华人民共和国境内短期停留的境外人员。

（2）人口普查采用按现住地登记的原则。每个人必须在现住地进行登记。普查对象不在户口登记地居住的，户口登记地要采集相应信息。

（3）人口普查以户为单位，户分为家庭户和集体户。以家庭成员关系为主，居住一处共同生活的人口作为一个家庭户；单身居住独自生活的人口，也作为一个家庭户。相互之间没有家庭成员关系、集体居住共同生活的人口，作为集体户。

四、人口普查的调查项目

人口普查的调查项目包括：姓名、性别、年龄、民族、国籍、受教育程度、行业、职业、迁移流动、社会保障、婚姻、生育、死亡、住房情况等。

五、人口普查的调查表

人口普查的调查表分为《第六次全国人口普查表短表》和《第六次全国人口普查表长表》两种形式。《第六次全国人口普查表长表》抽取百分之十的户填报；《第六次全国人口普查表短表》由其余的户填报。

2009 年 11 月 1 日至 2010 年 10 月 31 日期间有死亡人口的户，同时填报《第六次全国人口普查死亡人口调查表》。

人口普查的普查表由国务院第六次全国人口普查领导小组办公室和国家统计局统一制定，各省自治区、直辖市人口普查办公室负责印发。

六、人口普查的调查时限

人口普查的登记工作，从 2010 年 11 月 1 日开始到 11 月 10 日以前结束。

七、人口普查的调查方法

人口普查的调查方法，采用普查员入户查点询问、当场填报的方式进行。普查员应当按照普查表列出的项目逐户逐人询问清楚，逐项进行填写，做到不重不漏、准确无误。

普查员调查完一户，应将填写的内容，向本户申报人当面宣读，进行核对。

（资料来源：国家统计局）

三、抽样调查

抽样调查是按照随机原则,从总体中抽取部分单位(称为样本)进行调查,并根据获取的资料对总体数量特征做出估计和推断的一种非全面调查方法。比如,根据部分产品的质量去推断全部产品的质量。事实上,抽样调查已成为日常生活的一部分,大到国家编制物价和生活费用指数,小到人们生病后到医院抽血化验都属于抽样调查。

抽样调查是目前国际公认、世界各国普遍采用的一种科学而有效的统计调查方法。抽样调查具有以下特点:①按随机原则抽取样本单位,总体中每一个单位都有一定的概率被抽中;②用样本指标推断总体的数量特征;③可以用一定的概率来保证将误差控制在规定的范围之内。

四、重点调查

重点调查是在调查对象的全部单位中选取一部分重点单位进行的非全面调查。重点单位是指在全部调查单位中尽管数量不多,但其标志值在所研究的标志总量中占绝大比重的单位。重点调查的目的是了解和掌握研究现象总体的基本情况。例如,就全国范围而言,只要调查鞍钢、首钢、宝钢等为数不多的几家大型钢铁企业的钢铁量,就可以了解我国钢铁生产的基本情况,因为这几家钢铁企业的钢铁量占全国钢铁量的绝大比重。

重点调查的组织方式有两种:一种是专门组织的一次性调查;另一种是利用定期统计报表经常性地对一些重点单位进行调查。其优点是花费较少的人力、物力,在较短时间内及时获得总体的基本情况。

五、典型调查

典型调查是根据调查的目的和任务,在研究现象总体中选取部分典型单位进行深入细致的观察,以认识事物的本质及规律的一种专门组织的非全面调查方法。

典型单位是在本质与发展规律上能够代表同类事物的单位。典型单位是调查者在对被研究现象进行初步全面分析的基础上有意识地选择出来的。因此,调查者的能力、水平和经验的不同,对同一个调查对象选择的典型单位就可能不同。

典型调查的优点是灵活机动,通过少数典型单位即可取得深入、翔实的统计资料;缺点是受"有意识地选出若干有代表性"的限制,易受人们主观认识的影响,必须同其他调查结合起来使用,才能避免出现片面性。

典型调查主要包括以下三种形式:

1. 划类选典式

划类选典式是把总体划分成若干类型,按各个类型单位在总体中所占的比重,从每一类型中选出若干典型单位进行调查。该方法适用于了解总体的概况,而总体的结构又比较复杂的情形。

2. 解剖麻雀式

解剖麻雀式是选择总体中的中等水平单位作为典型单位，然后通过细致分析典型单位以认识总体的一般水平、内部结构和发展变化的规律，以解释事物的本质。该方法适用于只是为了了解总体的一般状况的情形。

3. 突出选典式

突出选典式是选择总体中的先进单位、后进单位或新生事物作为典型单位，并进行深入细致的调查研究。该方法适用于为了总结成功经验，找出失败教训，观察新生事物的情况。

任务四 统计调查问卷

一、统计调查问卷的含义

统计调查问卷，是调查者依据调查的目的和要求，将一系列问题、调查项目、备选答案及说明等按一定格式有序排列而成的调查表，用以向被调查者收集资料。统计调查问卷广泛运用于民意调查和现代市场调查，是收集资料的最重要工具。

统计调查问卷的特点：调查内容标准化、系统化，便于资料的整理和分析；调查范围广，涉及内容多，在现实经济生活中，常常利用报纸、刊物、网络等媒介发布统计调查问卷，直接传播到千家万户；直接了解群众的意见和要求，有利于决策的科学化、民主化。

二、统计调查问卷的基本类型

统计调查问卷按填写方式的不同，可分为自填式问卷和访问式问卷。

1. 自填式问卷

自填式问卷是调查者通过邮寄或分发的方法将问卷送至被调查者手上，由被调查者自己填写问卷。这种问卷方式，被调查者可以不受外界因素的干扰，如实表达自己的意见，尤其是对敏感性问题的调查，自填式问卷往往可以得到较为可靠的资料。缺点是如果被调查者填写的答案含糊不清，或对某些问题拒绝回答，是难以补救的；无法知道被调查者是否独立完成问卷及其填写问卷的环境，以致影响对问卷质量的判断。

2. 访问式问卷

访问式问卷是由调查者通过现场询问，根据被调查者口头回答由调查者代为填写答案的问卷。这类问卷的应答率高、可控性强，从而保证应答的完整性。同时，调查者还可以观察被调查者的态度及其回答问题的环境，有利于进一步分析、判断相关问题。缺点是调查费用较高；易受调查者的影响，匿名性较差；当被调查者对调查者的举止有偏见或不理解时，会导致差错、说谎或拒答；调查者有时没有正确理解或正确记录被调查者的答案。

三、统计调查问卷的基本结构

一份完整的统计调查问卷，通常由题目、说明信、被调查者的基本情况、调查事项的问题和答案、填写说明和解释五个基本部分组成。

1. 题目

题目是统计调查问卷的主体。俗话说"题好一半文"，统计调查问卷与文章一样，题目的设置非常重要。题目应力求准确、醒目、突出；要准确地概括统计调查问卷的性质和内容；观点新颖，句式构成上富有吸引力和感染力；注意不能给被调查者以不良的心理刺激。

2. 说明信（又称封面信）

说明信一般设在统计调查问卷的开头，这是调查者与被调查者的沟通媒介，目的是让被调查者了解调查的意义，引起被调查者足够的重视和兴趣，争取他们的支持与合作。说明信要说明调查者的身份，调查的中心内容及要达到的目的和意义，选样原则和方法，调查结果的使用和依法保密的措施与承诺等，有时还需要叙述清楚奖励的方式、方法等有关问题。说明信必须态度诚恳、口吻亲切，以打消被调查者的疑虑，取得真实资料。访问式问卷与自填式问卷的说明信有所区别，前者还应有对调查者的具体要求。写好说明信，取得被调查者的合作与支持，是问卷调查取得成功的重要保证。

3. 被调查者的基本情况

被调查者的基本情况是对调查资料进行分类研究的基本依据。一般而言，被调查者包括两大类：一是个人，二是单位。如果被调查者是个人，其基本情况包括姓名、性别、民族、年龄、文化程度、职业、职务或技术职称等项目；如果被调查者是单位，其基本情况包括单位名称、经济类型、行业类型、职工人数、规模、资产等项目。若采用不记名调查，被调查者的姓名或单位名称须在基本情况中省略。

4. 调查事项的问题和答案

调查事项的问题和答案是统计调查问卷最基本的组成部分，调查资料的收集主要是通过这一部分来完成的，它也是使用统计调查问卷的目的所在。这一部分的设计，关系到该项调查有无价值和价值的大小。通常在这一部分既提出问题，又给出回答方式。问题的设计从形式上看，有开放式和封闭式两种。

开放式问题提出问题时，不提供任何答案，被调查者自由地围绕提出的问题，填写情况和意见。其优点是被调查者不受任何定式的约束，自由发表意见，对问题的探讨比较深入，获得的资料往往丰富而生动。其缺点是答案五花八门，复杂多样，有时甚至出现答非所问的情况；描述性问题的回答较多，难以定量处理；受被调查者表述能力的影响较大，由此会造成一些登记性误差。

封闭式问题提出问题时，对每一个问题都预先设计了若干个答案，由被调查者在其中选择符合自己实际情况的答案。其优点是问题明确具体，被调查者容易回答，材料可信度较高；答案标准，整齐划一，填写方便，容易整理，适于定量分析。其缺点是由于事先设计了预选答案，被调查者的创新性受到约束，不利于发现新问题；被调查者在对于预选答案不理解、不满意或随便选择的情况下，会影响调查结果的正确性。

为了使用计算机对问卷进行定量分析，往往需要对调查事项的问题和答案进行编码，即用事先确定的代码来表示某些事物及其不同状态的信息。开放式问题一般是在问卷回收后再进行编码；封闭式问题一般采用预编码，即在问卷设计的同时进行编码。

5. 填写说明和解释

填写说明和解释（又称指导语）包括填写统计调查问卷的要求、调查项目的含义、被调查者应注意的事项等，其目的在于明确填写统计调查问卷的要求和方法。

除了上述五个基本部分外，统计调查问卷的最后也可以写上几句短语，表示对被调查者的感谢，或征求被调查者对问卷设计和问卷调查的意见和感受。如果是访问式问卷还可以加上资料证明的记载，其主要内容包括调查者姓名、调查时间和问卷完成情况，这可以明确调查者的责任，并有利于检查、修正调查资料。

四、统计调查问卷的设计形式

统计调查问卷是以书面的形式记录和反映被调查者的看法和要求，问卷设计的好坏对调查的结果影响很大。因此，统计调查问卷的设计应主题明确、重点突出、通俗易懂、便于回答，同时还应便于计算机对统计调查问卷的汇总和处理。统计调查问卷的设计一般有五种基本形式：

1. 自由询问式

自由询问式是只提问题不设答案，由被调查者自由回答。它适用于对所有问题的提问，被调查者对这类问题的回答可以不拘形式，任意发挥。但有些被调查者不愿或不便用文字形式表达自己的看法，因而影响了调查结果的全面性与准确性。此外，由于这种统计调查问卷的回答内容五花八门，不利于资料的整理和统计。

2. 二项选择式

二项选择式只让被调查者在两个可能答案中选择一个，如"是"与"不是"，"有"与"没有"等。此类方式易于发问，也易于回答，且方便统计汇总，但不便于调查者了解形成答案的原因。

3. 多项选择式

多项选择式是设置了多种答案供被调查者选择。这种方式能较全面地反映被调查者的看法，又较自由询问式易于统计和整理。但在设计时应注意，供选择的答案不宜过多，只要能概括各种可能情况即可。

4. 顺位式

顺位式是让被调查者依据自己的爱好和认识程度对调查项目中所列答案定出先后顺序。一般分为两种类型：一种是预先给出多个答案，由被调查者定出先后顺序；一种是不预先给出答案，被调查者按先后顺序自己填写。

5. 赋值评价式

赋值评价式是通过打分或定级来评价事物的好坏或优劣的方法。打分时，一般用百分制或十分制；定级时，其等级一般分为 1～5 级或 1～10 级。这种方法简便易行，评价的活动余地较大，而且便于统计处理和比较。缺点是分数的多少和等级的高低不易掌握，且因人而异，差异较大。因此，采用这种方法时，应当对打分或定级的标准做出统一的规定，以便被调查者有所参考。

以上的五种设计形式，第 1 种可用于开放式问题，第 2、3、5 种可用于封闭式问题，第 4 种既可用于封闭式问题，也可用于开放式问题。

五、统计调查问卷设计应注意的问题

在统计调查问卷设计中，为保证问卷的回收率及调查质量，必须注意以下五个问题：

（1）问卷中问题的表述要客观、准确、具体，避免抽象、笼统和有多重含义，不能带诱导性和倾向性。例如"您认为今年市场供应和物价怎样"这种问题既笼统又在一个问题中涉及两件事，存在多重含义，使被调查者难以回答。

（2）对于敏感性问题，不要直接提问，可采用假定法、转移法等。例如"假定对人口生育不加限制，您认为多子女和独生子女哪种情况更有利于培养子女成才"这个问题采用了假定法，会比直接提问更有利于被调查者回答。

（3）问卷中问题答案的设计要遵循互斥性和完备性原则。互斥性原则是同一问题的若干答案之间的关系是相互排斥的，不能有重叠、交叉和包含等情况；完备性原则是所列问题的答案应包括问题的全部表现，不能有遗漏。

（4）问卷中所设计的一系列问题，要讲究排序，一般先易后难，且符合逻辑，给被调查者一种轻松、方便、流畅的感觉，从而顺利完成调查工作。

（5）问卷设计一定要通过小规模访谈进行修改。

【经典案例】

大学生理财观念与行为调查问卷

亲爱的同学：

感谢您参与本次调查！本问卷仅用作研究大学生理财观念与行为的情况，了解大学生对于理财方面的态度及观念等，不涉及您的个人隐私，请放心填写。谢谢合作！

1. 您的性别是（　　　）。
   A. 男　　　　　　　　B. 女
2. 您每个月生活费用为多少？（　　　）
   A. 800～1 000 元　　B. 1 000～1 500 元　　C. 1 500 元以上
3. 您是否有记账的习惯？（　　　）
   A. 有　　　　　　　　B. 没有　　　　　　　C. 大概知道钱的去向
4. 您觉得记账的习惯有没有必要？（　　　）
   A. 有　　　　　　　　B. 没有　　　　　　　C. 无所谓
5. 您的消费项目主要是（　　　）。（可多选）
   A. 伙食　　　　　　　B. 恋爱　　　　　　　C. 服饰、饰品、化妆品

53

D. 学习费用、购书　　　　E. 娱乐、交际　　　F. 上网消费

G. 交通、通信　　　　　　H. 其他＿＿＿＿＿＿＿＿＿

6. 假如您每个月的生活费有盈余，一般会如何处理？（　　　）（可多选）

A. 存入银行　　　　　　B. 购物　　　　　　C. 请客

D. 进行娱乐活动　　　　E. 进行投资

7. 您觉得以下哪几种原因导致您的生活费没有盈余或超支？（　　　）（可多选）

A. 花销不节制　　　　B. 出现计划外的事　　C. 觉得没必要盈余或者无所谓超支

D. 家里提供生活费较少　　　　E. 其他

8. 您最主要的经济来源是（　　　）。

A. 父母提供　　　　　　B. 勤工助学　　　　　C. 奖学金

D. 课余做兼职　　　　　E. 银行贷款

9. 您对理财方面的知识了解多少？（　　　）

A. 十分了解　　　　　　B. 一般了解　　　　　C. 略懂皮毛　　　　D. 不了解

10. 您觉得理财的目的是什么？（　　　）

A. 盈利　　　　　　　　　　　　　B. 养成良好的理财习惯

C. 为了花钱更合理　　　　　　　　D. 其他

11. 您平时会关注一些理财方面的知识吗？（　　　）

A. 个人爱好，非常喜欢

B. 偶尔看看

C. 几乎不关心

12. 您觉得理财知识对大学生管理好自己的钱财能起很大作用吗？（　　　）

A. 十分重大的作用　　　　　　　　B. 作用不大

C. 习惯比理财知识更有作用　　　　D. 不清楚

13. 假如学校里面有关于理财方面的知识讲座，您会去听吗？（　　　）

A. 非常有兴趣　　　　B. 兴趣不大　　　　C. 没兴趣　　　　　D. 看时间安排

14. 如果您不进行任何形式的投资，最主要的原因是（　　　）。

A. 缺乏资金，每月所剩生活费很少或没有

B. 缺乏投资知识，不知道怎样投资

C. 缺乏时间，投资影响学业

D. 对投资不感兴趣

15. 如果各方面条件允许，您比较倾向以下哪种理财产品？（　　　）

A. 国债　　　　　　　　B. 股票　　　　　　C. 购买基金等理财产品

D. 储蓄　　　　　　　　E. 保险　　　　　　F. 其他

16. 您购买理财产品的时候着重考虑哪点？（　　　）

A. 收益多风险大　　　　　　　　　B. 收益小风险小

C. 专业性强，价格贵　　　　　　　D. 发展前景好，但目前收益少

17. 您希望通过哪种途径了解理财产品？（　　　）

A. 理财方面的书籍　　　　　　　　B. 学校开展关于理财方面的讲座

54

C. 网络媒体等媒介　　　　　　　　　D. 亲自去银行或证券行等场所了解

18. 如果学校有个金融公益推广计划，您最希望从中得到什么？（　　　）

    A. 理财方法与知识

    B. 财富故事，传奇见闻

    C. 理财能力的提升

19. 关于大学生理财，您有什么看法或建议？（　　　）（可多选）

    A. 开设专门的大学生理财门户网站，提升大学生理财能力

    B. 给自己一个目标，每月定时存钱，可以适当做一些投资或存在银行里

    C. 生存条件先满足，再满足发展条件

    D. 如何有效理财是关键，守住有限的"源头"，同时要利用好固定的"泉水"

    E. 大学生培养投资意识和方法都很重要

    F. 以学习和建立意识为主，适当可以加以实践

    G. 合理花钱，注重节俭

    H. 其他＿＿＿＿＿＿＿＿＿＿

任务五　统计数据的误差与质量要求

统计调查资料是统计调查工作成果的反映。准确可靠的统计调查资料，是整个统计工作质量的基础。为了取得准确的统计调查资料，必须采取各种措施，把误差缩小到最小限度。

一、统计数据的误差

统计调查误差是调查所得的统计数据与客观现实之间的差距，通常有登记性误差和代表性误差两类。

登记性误差是由调查者和被调查者的人为因素所造成的误差，比如计量错误、记录错误、汇总错误、调查者虚报瞒报等理论上可以消除在全面调查和非全面调查中都会产生的登记性误差；代表性误差是用样本数据进行推断时所产生的误差，通常无法消除，但事先可以控制和计算。只有在非全面调查中才会产生代表性误差。

二、统计数据的质量要求

首先要制订科学的统计调查方案，并确保调查人员或填报人员贯彻执行，对统计数据的质量要求具体体现在以下几个方面：

（1）精度：要求最低的抽样误差或随机误差，减少代表性误差。

（2）准确性：最小的非抽样误差和偏差，减少登记性误差。

（3）关联性：满足用户决策、管理和研究的需要。

（4）及时性：在最短的时间里取得调查结果并公布数据。

（5）一致性：保持时间序列的可比性。

（6）最低成本：以最经济的方式取得数据。

项目总结

本项目主要讲述了统计数据的间接来源和直接来源、统计调查方案的设计、统计调查的组织方式、统计调查问卷以及统计数据的误差与质量要求等要点。

统计数据的搜集方法主要有询问调查法、观察与实验法两大类。询问调查法包括：访问调查、邮寄调查、电话调查、座谈会、个别深度访问、互联网调查等。

统计调查是根据统计研究的目的、要求和任务，采用科学的调查方法，有计划、有组织地搜集统计资料的工作过程。统计调查搜集的资料主要是原始资料。统计调查是整个统计工作的基础，要求满足准确性、及时性、完整性。

统计调查的类型较多，按调查登记的时间是否连续可分为经常性调查和一次性调查，按调查的组织形式不同可分为统计报表和专门调查，按调查对象包括的范围不同可分为全面调查和非全面调查。实际工作中，应根据调查对象的特点、调查的目的、任务和要求，结合具体情况选择运用调查方式，或根据需要将多种调查方式结合运用。

统计调查方案是统计调查的工作计划，它包括确定调查目的，确定调查对象、调查单位和报告单位，确定调查项目、设计调查表，确定调查时间、地点和方法，制订调查工作的组织实施方案等内容。

统计调查的组织方式有很多，在我国主要有统计报表、普查、抽样调查、重点调查、典型调查等。

统计调查误差是调查所得的统计数据与客观现实之间的差距。它可以分为登记性误差与代表性误差。

技能训练

一、单选题

1. 全面调查与非全面调查中的"全面"是指（　　）。

    A. 调查内容全   B. 调查单位全   C. 调查时间全   D. 调查地点全

2. 下列调查方式中属于全面调查的是（　　）。

    A. 普查   B. 重点调查   C. 典型调查   D. 抽样调查

3. 规定普查的标准时点旨在保证统计调查资料的（　　）。

    A. 准确性   B. 时效性   C. 周期性   D. 全面性

4. 调查几个铁路枢纽站，就可以了解我国铁路货运量的基本情况和问题，这种调查属于（　　）。

    A. 普查   B. 重点调查   C. 典型调查   D. 抽样调查

5. 对于生产过程中产品质量的检查和控制宜采用（　　）。

    A. 普查   B. 重点调查   C. 典型调查   D. 抽样调查

6. 下列调查中，调查单位与报告单位一致的是（　　　）。

    A. 企业设备调查   B. 人口普查

    C. 农村耕地调查   D. 工业企业现状调查

7. 某市工业企业 2016 年生产经营成果年报呈报时间规定为 2017 年 1 月 31 日，其调查期限为（　　　）。

    A. 一天   B. 一个月   C. 一年   D. 一年零一个月

8. 在统计调查中，调查单位和报告单位之间（　　　）。

    A. 是一致的   B. 是毫无区别的

    C. 是无关联的两个范畴   D. 一般是有区别的，但有时又是一致的

9. 调查鞍钢、武钢、首钢、宝钢、包钢、马钢、攀钢、太钢、本钢等大型钢厂，以了解我国钢铁生产的基本情况，这种调查方式属于（　　　）。

    A. 普查   B. 重点调查   C. 典型调查   D. 抽样调查

10. 了解某工业企业的产品质量，调查人员到现场进行观察、检验，这种搜集统计资料的方法是（　　　）。

    A. 直接观察法   B. 采访法   C. 报告法   D. 通信法

二、多选题

1. 下列调查方式中，属于专门调查的有（　　　）。

    A. 统计报表   B. 普查   C. 重点调查   D. 典型调查

    E. 抽样调查

2. 下列调查方式中，属于全面调查的有（　　　）。

    A. 统计报表   B. 普查   C. 重点调查   D. 典型调查

    E. 抽样调查

3. 下列调查方式中，属于代表性调查的有（　　　）。

    A. 统计报表   B. 普查   C. 重点调查   D. 典型调查

    E. 抽样调查

4. 普查是一种（　　　）。

    A. 全面调查   B. 非全面调查   C. 专门调查   D. 经常性调查

    E. 一次性调查

5. 对某大学在校学生的学习情况进行调查，下列说法正确的有（　　　）。

    A. 调查对象是该大学   B. 调查对象是该校所有在校学生

    C. 调查对象是该校每一位学生   D. 调查单位是该校每一位学生

    E. 报告单位是该大学

三、判断题

1. 全面调查是指对调查单位的所有问题都进行调查。（　　　）

2. 一次性调查是指只调查一次，以后不再进行的调查。（　　　）

3. 一般来说，掌握了重点单位的基本情况，就可以了解总体的基本情况及其变化趋势。（　　　）

4. 调查单位和报告单位始终是一致的。（　　　）

5. 调查时间是指一项调查工作从开始到结束所占用的时间。（　　）

6. 对于工业企业的产品产量适宜采用连续登记。（　　）

7. 重点调查中的重点单位是指这些单位是工作中的重点。（　　）

8. 通过调查年产量最大的几家棉纺厂来了解某市第二季度棉布生产的基本情况，这种调查属于重点调查。（　　）

9. 为了了解某工业企业的产品质量，调查人员深入现场进行观察、检验，这种搜集资料的方法是直接观察法。（　　）

四、思考题

1. 什么是统计调查？统计调查在统计工作中的地位如何？

2. 统计调查的基本要求有哪些？如何理解？

3. 统计调查的种类有哪些？

4. 一份完整的统计调查方案，应包括哪些内容？

5. 调查表的内容有哪些？调查表有几种？

6. 统计调查的组织方式有哪些？

7. 统计报表与普查有何异同？

8. 重点调查与典型调查有何异同？

9. 统计调查的方法有哪些？各有什么优缺点？

10. 统计调查问卷的结构怎样？统计调查问卷的设计形式有哪些？

五、能力拓展题

资料如下：

（1）调查者：目前学习统计学的本班学生，分成两个调查组。

（2）被调查者：本系两个以上专业的上一级或上两级学生，每个专业被调查者人数大于等于30人。

（3）调查项目：姓名，性别，专业，是否对统计学感兴趣，学习统计学的过程中是否经常参阅有关资料，课后用于统计学的学习时间，入学时的数学成绩，统计学的考试成绩，相关专业课的考试成绩（依据不同专业的教学计划来确定）。

要求：

（1）依据上述资料设计一个统计调查方案。

（2）采用询问调查法搜集资料。

拓展阅读

大数据与数据挖掘

如今，许多的商业机构每天都可以获取大量的基础数据，即使某一个触摸屏或是某一个显示终端处理过的订单、会计业务，我们都不能忽视其数据的意义。对于大型的零售公司网络的销售卖家等商业机构来说，搜集数据的目的不仅是利用这些数据来改善商业目标，还包括如何有效地使用这些数据。

数据挖掘是研究如何从非常大的数据库中开发出有用的决策信息的方法。一般是指从大量的数据中自动搜索隐藏于其中的有着特殊联系的信息的过程，并通过统计在线分析处理、情报检索和模式识别等诸多方法来实现上述目标。

Google 成功预测了冬季流感年。2009 年 Google 通过分析 5 000 万条美国人最频繁检索的词汇，并将其和美国疾病中心在 2003 年到 2008 年间季节性流感传播时期的数据进行比较，建立了一个特定的数学模型。最终成功预测了 2009 年冬季流感的传播，甚至可以具体到特定的地区和州。

大数据与乔布斯癌症治疗。乔布斯是世界上第一个对自身所有 DNA 和肿瘤 DNA 进行排序的人。为此，他支付了高达几十万美元的费用，他得到的不是样本，而是包括整个基因的数据文档。医生按照所有基因按需下药，最终这种方式帮助乔布斯延长了好几年的生命。

微软大数据成功预测了奥斯卡 21 项大奖。2013 年，微软纽约研究院的经济学家 David 利用大数据成功预测了 24 个奥斯卡奖项中的 19 个，这成为人们津津乐道的话题。2014 年他再接再厉，成功预测了第 86 届奥斯卡金像奖颁奖典礼 24 个奖项中的 21 个，继续向人们展示了现代科技的神奇魔力。

通过这些有趣的数据挖掘案例，你会发现数据其实就在我们的身边。对数据进行挖掘分析正在颠覆每一种类型的企业的认知。位于纽约长岛的文艺复兴科技公司所管理的对冲基金有 150 亿美元的资产，这家公司或许是 20 年来业绩最佳的对冲基金，而领导这家公司的是两名来自 IBM 人工智能实验室的科学家，他们开发了许多数学模型用来进行分析和交易，这些模型都是建立在海量数据基础上的，具有可靠性并可进行实际预测，而最后的结果往往与他们预想的一样。

数据挖掘是一门非常依赖于统计方法的科学，它创造性地综合了所有计算机技术，包括人工智能、机器学习等，从而使数据挖掘更有效。当然，数据挖掘不仅仅局限于此，它还有更为广阔、复杂的应用领域，有待于科学家不断探索。

（资料来源：维克托·迈尔，肯尼思·库克耶．大数据时代：生活、工作与思维的大变革［M］．盛杨燕，周涛，译．杭州：浙江人民出版社，2013）

项目三 统计整理

知识结构图

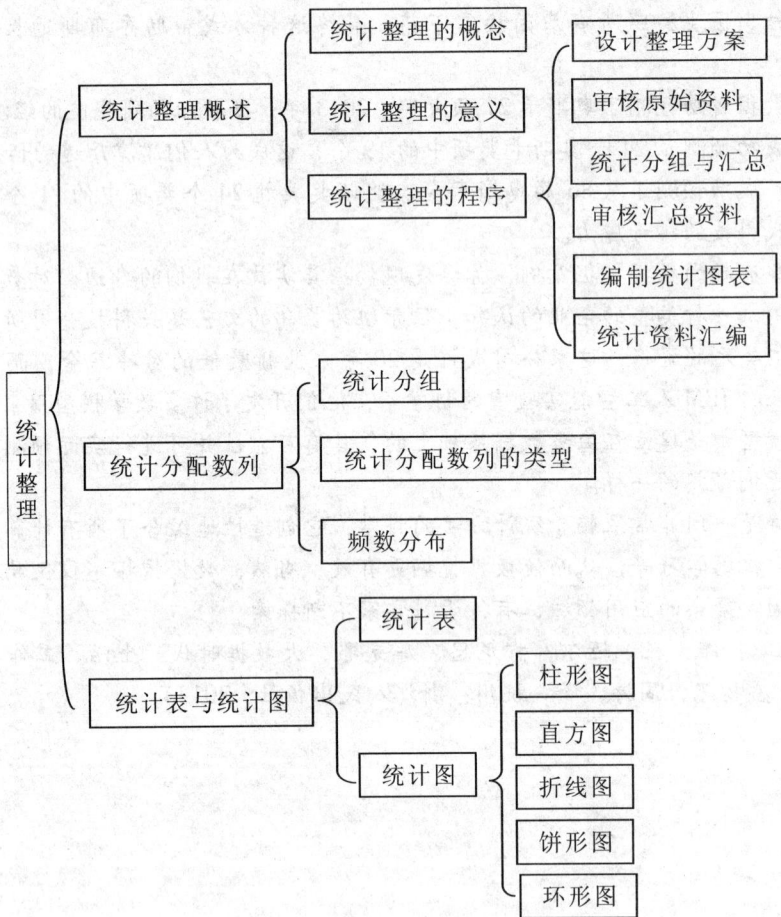

学习目标

【知识目标】

1. 了解统计整理的意义；

2. 了解统计分组的种类；

3. 理解权数及其作用；

4. 掌握统计分组的作用和分组方法。

【能力目标】

1. 熟练运用统计汇总的技术对统计调查资料进行分组；

2. 熟练运用次数分布判断总体单位分布特征；

3. 掌握统计表编制方法。

项目导入

电影行业数据统计

电影业是一个充满竞争的行业。全球 50 多个电影制片厂每年生产出 300～400 部新电影，每部电影在商业上取得的成绩差异巨大。首周的票房收入、总票房收入、放映的剧院数以及排名前 60 名的周数是衡量一部电影是否成功最常用的一些指标，随机抽样调查 10 部电影的成绩数据如下表。请思考这些数据是怎么形成的，以及如何理解。本项目主要介绍利用现代统计方法将收集的原始统计数据进行整理、汇总，并加工成统计表或者统计图，使得统计信息的表达浅显易懂，让非统计人员也能了解我们所要分析表达的情况，从而深入分析探讨这些指标在解释一部电影成功的作用。除了需熟悉统计分析技巧、方法外，最重要的就是为统计加入新的创意点子，跟上现代的脚步，注意社会的脉动，符合时代潮流，这样才能使统计为社会做出最大的贡献。

10 部电影的成绩数据统计表

上映影片	首周票房收入（百万美元）	总票房收入（百万美元）	放映的剧院数	排名前60的周数
卡特教练	29.17	67.25	2 574	16
等爱的女孩	0.15	6.65	119	22
蝙蝠侠：侠影之谜	48.75	205.28	3 858	18
猛虎出笼	10.90	24.47	1 962	8
美丽坏宝贝	0.06	0.23	24	4
极度狂热	12.40	42.01	3 275	14
哈利·波特与火焰杯	102.69	287.18	3 858	13
怪兽婆婆	23.11	82.89	3 424	16
鬼讯号	24.11	55.85	2 279	7
史密斯夫妇	50.34	186.22	3 451	21

阿道夫·凯特勒

阿道夫·凯特勒（Lambert Adolphe Jacques Quetelet, 1796—1874 年），国际统计会议之父、近代统计学之父、数理统计学派创始人。

凯特勒出身于比利时甘特市一个小商人家庭，1819 年（23 岁）在甘得大学获得博士学位。1823 年建议政府建立天文台，为了筹建工作，他被派往法国学习。由此，与皮埃尔-西蒙·拉普拉斯、普阿松、傅立叶等人相识，并向拉普拉斯学习概率论。1841 年成立比利时中央统计委员会，他任终身主席。凯特勒学识渊博，不但是统计学家，还是数学家、天文学家、物理学家。其最大的贡献就是将法国的古典概率引入统计学，用纯数学的方法对社会现象进行研究。凯特勒不仅把概率统计的方法引入人口、领土、政治、农业、工业、商业、道德等社会领域，还把概率统计的方法引入天文、气象、地理、动物、植物等自然领域。他的这种关于概率统计的方法是应用于任何事物数量研究的最一般方法的思想，对以后统计学的发展具有重大意义。

凯特勒运用概率论的方法进一步研究了社会道德中的大量统计资料，发现了以下基本原则："在我们对于多数人进行观察的时候，人的意志就平均化起来，并且不留任何显著的痕迹。所有部分意志的作用，和纯粹受偶然原因所制约的各种现象一样，它们即被中和或抵消了。"这就是凯特勒著名的"平均人"思想，曾经在历史上影响很大，马克思在其《资本论》一书中也曾运用过这种思想。

任务一　统计整理概述

学者不能离开统计而研究；政治家不能离开统计而施政；企业家不能离开统计而执业。

——经济学家、教育家、人口学家，原北京大学校长马寅初

通过统计调查或从现成的调查中获取统计数据后，紧接着的工作就是对这些数据进行加工整理，使其系统化、条理化，以符合统计分析的需要。统计调查得到的数据，只是一些个别单位的、分散的、不系统的原始数据，所反映的问题常常是事物的表面现象，不能深刻揭示事物的本质，更不能从量的方面反映事物发展变化的规律性。只有根据统计研究的目的，运用科学的统计整理方法，对数据进行加工整理，同时用图表形式将数据展示出

来，才能发现社会经济现象的数量规律性，以便于我们进一步理解和分析。

一、统计整理的概念

统计整理是指根据统计研究的目的与要求，对统计调查所获得的大量原始资料进行科学的分类和汇总，使其系统化、条理化、科学化，为统计分析提供反映现象总体综合数量特征的统计资料的工作过程。

统计整理的目的是通过对大量原始资料的加工整理，得到反映总体综合数量特征的统计资料；通过对事物个性的研究达到对事物共性的认识，揭示事物的发展规律。

二、统计整理的意义

1. 统计整理是获得系统化资料的重要环节

统计调查取得的第一手资料，是分散的、零碎的、表面的，要揭示总体的内在特征，还需要对这些资料进行加工整理，使之系统化、条理化，以便通过综合指标对总体做出概括性说明。

2. 统计整理是整个统计工作和研究过程的中间环节，起着承前启后的作用

统计整理是统计调查的继续和深化，又是统计分析的基础和前提。统计调查搜集到的原始资料，只有经过科学的审核、分类、汇总等整理工作，才能使统计在认识社会的过程中，实现由个别到全体、由特殊到一般、由现象到本质、由感性到理性的转化，才能从整体上反映现象总体综合数量特征。

3. 统计整理是积累历史资料的必要手段

统计研究中经常要用时间序列进行分析，这就需要有长期累积的历史资料。根据积累资料的要求，对已有的统计资料进行筛选，以及按历史的口径对现有的统计资料重新调整、分类和汇总等，都必须通过统计整理工作来完成。

三、统计整理的程序

统计整理的程序包括设计整理方案、审核原始资料、统计分组与汇总、审核汇总资料、编制统计图表和统计资料汇编。

（一）设计整理方案

设计整理方案是保证统计整理有计划、有组织进行的第一步。一般来说，统计整理方案包括以下内容：

（1）明确统计整理方案的任务。统计整理方案的任务必须与统计调查方案的任务保持一致，这意味着统计整理方案的指标体系、调查项目等必须与统计调查方案一致，不能出现与统计调查方案相矛盾或超越统计调查方案范围的情况。

（2）确定统计资料的审核内容和审核方法，即选择适当的方法对相关的原始资料进行

审核。

（3）明确统计分组方式、汇总统计指标，即把审核过的资料进行分组，并相应地汇总统计指标。

（4）确定统计图表的格式，汇编所有的统计资料。

（二）审核原始资料

审核原始资料是指在数据处理前按照一定的要求对原始资料进行审核，发现其中的问题，并及时纠正。

数据审核是对采集上来的统计数据采取经验、逻辑等判断方法，最大限度地消除计量、计算、记录和抄录工作中出现的误差。数据采集回来之后，必须对调查对象的原始资料进行审核，以保证原始数据的完整性和正确性，对错误的数据要通知调查对象更正后重新报送。数据整理是对零散的个体数据进行的初步加工，审核无误后的数据经过分组分类进行汇总和必要的加工计算，编织成统计汇总表，这样才能进入下一阶段的工作。以农村住户调查为例，首先经过人工审核，辅助调查员把账本收来以后，就会根据住户的实际情况进行人工审核，比如有外出打工人员，则需要有外出打工收入。在县调查队、省调查总队以及国家这一级别，优先使用程序审核方法。每一级审核的任务不同，省和国家这两个级别是从汇总数据开始审核，审核汇总数据的结构是否合理，如果发现问题则针对不合理结构的具体情况再从基础数据、分户数据去核实解决问题。

1. 审核要求

对原始资料的审核要求包括准确性、完整性和及时性。

①准确性是指原始资料要正确、可靠，反映客观实际，这是审核的重点。准确性包括两个方面，一是从理论或常识的角度看，原始资料的内容完全符合逻辑、符合常理；二是原始资料中数字的计算公式、计算方法没有错误，计量单位符合要求。

②完整性是指原始资料完整齐全、不存在缺页漏项的现象，主要包括调查单位和项目完备、调查表的问题都有答案等。

③及时性是指调查单位严格按规定的时间上报统计资料，并无拖延。

2. 审核方法

审核方法主要包括验算、对比和复盘。

（1）验算是指运用相应的计算公式和相关原始资料之间的逻辑关系，对原始资料进行验算，以验证原始资料是否客观、可靠。

【经典案例】

假定某材料计量单位为平方米，某月入库5批，入库数量分别为：100、110、105、112、103。该月入库总量应当为5批入库数量合计，即530。经过验算，无误，可以初步确定该月各批材料入库数量和入库总量客观、可靠。

假定历史资料表明，该材料单位采购成本为100元左右。而该月采购总成本为56 413.50元，即平均单位采购成本为106.44元。这显然是一个疑点。

于是，核对各批入库材料单位采购成本，分别为：100元、101元、101.5元、100.5

元和 130 元；核对各批入库材料采购总成本，分别为：10 000 元、11 110 元、10 657.5 元、11 256 元、13 390 元，均属实。经过验算，无误。

因此，可以确定该月该材料各批入库数量和该月入库总量，各批入库采购总成本和该月入库采购总成本客观、可靠。

（2）对比是指将存在逻辑关系的各项原始资料进行对比，验证相关原始资料是否客观、可靠。

【知识链接】

某生产企业审核统计资料时，用到对比审核法的情况包括：

①对比付款的内容、金额与收款方开具的收款证明的内容、金额是否相同，付款日期与收款日期是否符合逻辑。

②对比采购的内容、数量与验收的内容、数量之间是否符合逻辑，退货的内容、数量与销售的内容、数量之间是否符合逻辑。

③对比退货的内容、数量与验收的内容、数量是否相同，采购的内容、数量与运费金额之间是否符合逻辑。

④对比领料的品种、规格或型号、数量与投产产品的品种、批量和工序之间是否符合逻辑。

⑤对比清偿债务与负债记录之间是否符合逻辑，租赁内容、租期与租金之间是否符合逻辑。

⑥对比差旅目的、路径、日期与差旅费内容、单价、金额之间是否符合逻辑。

（3）复盘是指对存在疑点且无法采用验算和对比证实的原始资料，重新进行调查。

（三）统计分组与汇总

统计分组是指根据统计研究任务的要求和现象总体的内在特点，将统计总体按照一定的分组标志划分为若干组成部分的一种统计分析方法。

汇总是指根据统计工作目的和任务对原始资料进行分组汇总，并计算反映现象总体综合数量特征的统计指标。

【经典案例】

一、统计任务
研究某企业某年某月某材料单位采购成本总体情况。

二、统计原始资料
假定某材料计量单位为平方米，某月入库 10 批，各批采购入库数量分别为 101、110、105、112、103、100、110、105、112、102。

各批入库材料单位采购成本分别为：98 元、101 元、99 元、109 元、111 元、109 元、121 元、124 元、130 元和 129 元。

三、统计分组

为了掌握该月该材料入库单位采购成本总体情况，假定按照 100 以下（含 100）、100～110（含 110）、110～120（含 120）、120 以上分为 4 组。分组结果如下表所示。

某企业某材料单位采购成本

按单位采购成本分组	批数	批次	单位采购成本（元）	采购入库数量（平方米）	比重（%）
100 以下（含 100）	2	1	98	101	
		3	99	105	
		小计		206	19.43
100～110（含 110）	3	2	101	110	
		4	109	112	
		6	109	100	
		小计		322	30.38
110～120（含 120）	1	5	111	103	9.72
120 以上	4	7	121	110	
		8	124	105	
		9	130	112	
		10	129	102	
		小计		429	40.47
合计	10			1 060	100.00

四、汇总

上表中（采购入库）批数合计和采购入库数量合计是计算得到的总量指标。

（四）审核汇总资料

审核汇总资料的目的是为了发现汇总过程中出现的差错，并加以纠正，从而保证汇总工作的质量。审核汇总资料的方法包括：

（1）复计审核：指重复计算每个指标数值，验证数值是否正确。

（2）表表审核：指核对不同统计表上重复出现的指标数值是否相同、互有联系的指标数值是否相互衔接。

（3）表实审核：指审核统计汇总得到的指标数值与实际情况是否一致。

（4）对照审核：指审核统计、会计、业务等不同核算途径得到的指标数值是否一致。

（五）编制统计图表

编制统计图表是指采用图表的形式描述汇总的统计指标，以便简明扼要地表示现象总体综合数量特征。

（六）统计资料汇编

统计资料汇编是收集统计图表，系统地积累统计资料，以便纵向对比，有利于社会经济发展变化规律的研究。

任务二　统计分配数列

一、统计分组

统计分组是指根据统计研究任务的要求和现象总体的内在特点，将统计总体按照一定的分组标志划分为若干组成部分的一种统计分析方法。从个体的角度讲，统计分组是将性质相同的个体合为一组。本质上，统计分组的目的是通过分组的形式，突出组与组之间的差异，抽象掉组内各单位之间的差异，使数据变得条理化，便于进一步分析研究。

统计分组有两方面含义：①对总体而言是"分"，即将总体区分为性质相异的若干部分。②对个体而言是"合"，即将性质相同的个体组合起来。总体的这些组成部分称为"组"。

（一）统计分组的作用和原则

统计分组的作用包括反映总体的内部结构和深入认识事物的特征。

1. 反映总体的内部结构

统计分组的过程就是区分统计单位和统计总体结构的过程。以人口为例，人口数原本只是一个抽象的数字，没有办法反映总体特征。而对人口数进行一系列的分组后，各分组就可以反映人口性别构成、年龄构成、文化程度构成等。例如，下表反映了2016年末广东省常住人口数及其构成。

2016年末广东省常住人口数及其构成

指标	年末常住人口数（万人）	比重（%）
常住人口	10 999.00	100
其中：城镇	7 611.31	69.20
乡村	3 387.69	30.80
其中：男性	5 763.48	52.40
女性	5 235.52	47.60

（资料来源：《2016年广东国民经济和社会发展统计公报》）

从上表可以看出，2016 年末广东省常住人口 10 999.00 万人，其中城镇人口 7 611.31 万人，占全省常住人口的 69.20%；男性常住人口为 5 763.48 万人，占全省常住人口的 52.40%。

2. 深入认识事物的特征

对统计总体进行分组后，通过计算各组单位数占总体单位数的比重或各组标志值占总体标志总量的比重，对比不同时间上各组数值，可以分析各组成部分在总体中地位的变化，进而认识现象的性质、特征、发展变化过程和发展变化趋势。例如，下表反映了 2015 年与 2016 年广东省分区域 GDP 的变化情况。

2015 年与 2016 年广东省分区域 GDP 统计表

区域	GDP（亿元）		2016 年与 2015 年相比	
	2015 年	2016 年	增加额（元）	增长率（%）
珠三角	62 267.47	67 905.33	5 637.86	9.05
粤东西北	16 396.08	17 788.37	1 392.29	8.49
其中：东翼	5 410.18	5 918.47	508.29	9.40
西翼	6 075.67	6 540.85	465.18	7.66
北部山区	4 910.23	5 329.05	418.82	8.53

（资料来源：《2016 年广东国民经济和社会发展统计公报》）

从上表可以看出，从 2015 年到 2016 年，广东省分区域 GDP 增加额最多的是珠三角地区，增长率最高的是粤东地区，增加额最少的是粤北地区，增长率最低的是粤西地区；总的来看，越靠近珠三角东部沿海地区，GDP 增加额越多。

统计分组时，必须遵循以下原则：

（1）坚持组内资料的同质性和组间资料的差异性，这是统计分组的基本原则。

（2）坚持穷举性和互斥性原则。穷举性是指每一个总体单位都能归到某一组，无一遗漏。互斥性是指每个总体单位只能归到一个组。

（二）统计分组的方法

统计分组的关键在于选择分组标志和划分各组界限。

1. 选择分组标志的方法

分组标志是分组的依据，选择分组标志即确定划分组别的标准。选择分组标志的方法主要有：

（1）根据统计研究目的选择分组标志，例如，了解我国国民经济产业构成，可将国民经济各部门分为第一产业、第二产业、第三产业。

（2）选择最能反映总体本质特征的标志，例如，研究我国人民生活水平状况，反映人民生活水平状况的标志有城镇职工的人均工资、农村居民的人均纯收入、城乡居民人均消费额，其中城乡居民人均消费额最能反映人民生活水平的本质特征。

（3）考虑现象发展的历史条件选择分组标志。社会现象是随着时间、地点、条件的变化而不断发展变化的。例如，研究 1949 年以前我国人口状况时，较多的是按阶级（阶层）分组。这是因为当时阶级对立是主要矛盾，这一历史条件决定了以"阶级"为分组标志。由于历史条件和经济条件的变化，现在在研究我国人口状况时，"阶级"不再作为主要标志，而以"职业""文化程度""收入水平"等标志反映人口状况。

2. 划分各组界限的方法

划分各组界限就是要在分组标志的变化范围内，划定各相邻组间的性质界限和数量界限。在不同标志分组的情况下，划分各组界限的方法也有所不同。

（1）按品质标志分组时，主要有以下两种情况：一是品质标志的具体表现就是客观事实，客观事实的具体表现就是各组的名称，例如，对人口按性别分组，分为男、女两组。二是品质标志的具体表现是人们对某一现象的认识或看法，例如，国民经济部门分类、产品分类、职业分类等。国家对此类现象的分类都有统一的分类标准，明确了各组间的界限，并附有详细的说明。

（2）按数量标志分组时，应当先确定总体在已选定标志下有多少种性质不同的组成部分，然后再确定各组成部分的数量界限，使各组的数量界限能够区分不同组之间性质上的差异。例如，某局决定对未完成企业利税计划的企业追加罚款，罚款额依利税计划完成程度不同而有所区别，对完成 60% ~ 70% 的企业追加 2 000 元罚款，对完成 70% ~ 80% 的企业追加 3 000 元罚款，依此类推。确定各组界限后，该局按计划完成程度对企业进行了分组，结果如下表所示。

某局所属企业利税计划完成情况

按计划完成程度分组（%）	企业数（个）	比重（%）
60 ~ 70	2	7.14
70 ~ 80	4	14.29
80 ~ 90	16	57.14
90 ~ 100	6	21.43
合计	28	100.00

（三）统计分组的体系

1. 平行分组体系

简单分组是指总体按一个标志进行分组。平行分组体系是指对同一个总体选择两个或两个以上的标志分别进行简单分组后形成的所有分组。例如，为了认识人口总体的自然构成，可以分别选择性别、年龄、文化程度三个分组标志进行分组，得到平行分组体系，如下图所示。

按性别分组 { 男生组
            女生组

按年龄分组 { 1～10 岁
            10～20 岁
            20～30 岁
            30～40 岁
            40～50 岁

按文化程度分组 { 大学
               高中
               初中
               小学

(a)   (b)   (c)

平行分组体系

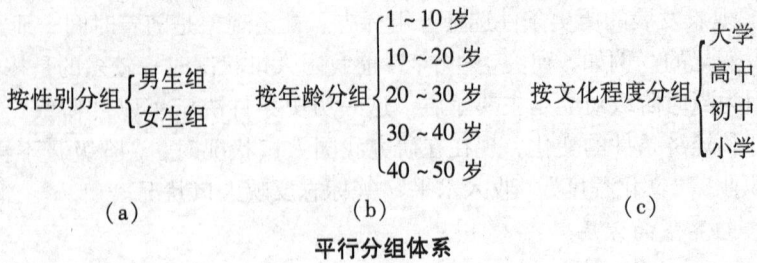

2. 复合分组体系

复合分组是指对同一总体选择两个或两个以上标志重叠分组。复合分组体系是指复合分组后形成的所有分组。例如，为了认识我国高等院校学生的基本状况，可以同时选择学科、学历、性别三个分组标志进行复合分组，得到复合分组体系，如下图所示。

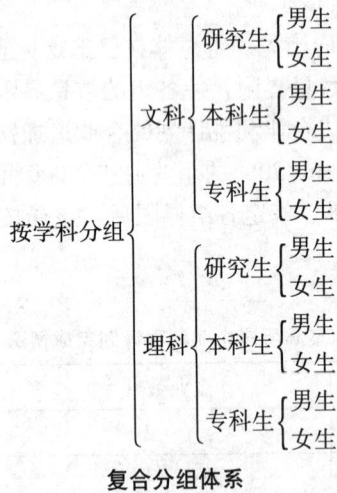

按学科分组 {
  文科 {
    研究生 { 男生 / 女生 }
    本科生 { 男生 / 女生 }
    专科生 { 男生 / 女生 }
  }
  理科 {
    研究生 { 男生 / 女生 }
    本科生 { 男生 / 女生 }
    专科生 { 男生 / 女生 }
  }
}

复合分组体系

二、统计分配数列的类型

统计分配数列是指统计分组后获得的反映总体中所有单位在各组间的分布状态和分布特征的数列。其中，各组的名称称为组别，分配在各组的总单位数称为次数或频数，而各组单位数与总体单位数之比称为比率或频率，如下表所示。

某企业产品质量分配数列

按质量分组	产量（件）	比率（％）
合格品	130	91.5
不合格品	12	8.5
总计	142	100.00
（组别）	（次数或频数）	（比率或频率）

70

根据分组标志不同，统计分配数列可分为品质数列和变量数列。

（一）品质数列

品质数列就是按照品质标志分组形成的分配数列，主要用于反映社会经济现象总体综合数量性特征的结构、比率等分布规律。例如上表用品质数列反映某企业产品质量的分布，该企业日产量的合格品数为 130 件，合格率为 91.5%。

（二）变量数列

变量数列就是按照数量标志分组形成的分配数列，主要用于反映社会经济现象总体综合数量特征的分布规律。根据分组标志的性质不同，变量数列可分为单项数列和组距数列。

1. 单项数列

单项数列是以一个变量值作为一组并按变量值的大小顺序排列形成的变量数列。一般而言，当数量标志值变动幅度较小，变量值的个数较少，且为离散性变量（离散性变量是指取值只能取整数的变量）时，适宜编制单项数列。例如下表用单项数列反映某公司某种商品的销售量与售货员数量情况。

某公司某种商品的销售量与售货员数量情况

按日销售量分组	销售员（人）	占总销售员的比率（%）
1	5	10
2	13	26
3	22	44
4	6	12
5	4	8
合计	50	100

2. 组距数列

组距数列是以一定范围的变量值为一组并按变量值的大小顺序排列形成的变量数列。一般而言，当整个数列中数量标志值的变动幅度较大，变量值的个数较多，且为连续性变量（连续性变量是指可以在一定区间内任意取值的变量）时，适宜把整个数列按变量值顺序划分为几个区间，一个区间内的所有变量值归为一组，形成组距数列，用于描述被研究总体单位分布的规律性。例如下表用组距数列反映我国直辖市按人均住房建筑面积分的家庭户数构成情况。

全国直辖市按人均住房建筑面积分的家庭户数统计表

人均住房建筑面积（平方米）	北京（户）	天津（户）	上海（户）	重庆（户）
8 以下	917 309	217 078	1 295 888	480 875
9～12	617 318	239 919	826 881	282 162
13～16	538 331	380 507	843 886	490 960
17～19	373 758	324 041	485 193	343 957
20～29	1 329 133	994 637	1 632 012	1 938 863
30～39	966 020	678 627	1 126 436	1 844 212
40～49	620 024	347 505	759 922	1 416 959
50～59	393 780	183 620	382 424	774 199
60～69	288 229	112 985	294 293	786 638
70 以上	636 650	183 073	606 322	1 642 140

（资料来源：2010 年全国人口普查资料）

组距数列中常用到以下概念：

（1）上限和下限：在组距数列中，每个组的最大值称为上限，每个组的最小值称为下限，如上表中 9～12 分组中，上限为 12 平方米，下限为 9 平方米。

（2）组距：指每组上、下限之间的距离或差数，组距 = 上限 − 下限，如上表中 13～16 分组中，组距为 3 平方米。

（3）组中值：指每组上限与下限之间的中点数值，组中值 =（上限 + 下限）÷2，如上表中 17～19 分组中，组中值为 18 平方米。

（4）开口组和闭口组：开口组指组距不确定的数列，开口组常使用"××以下"和"××以上"等表示；闭口组指组距确定的数列。如上表中"8 以下"和"70 以上"为开口组，其他则为闭口组。

（5）等距数列和异距数列：等距数列指各组的组距均相等的数列，等距数列能清楚地反映总体的分布特征；异距数列指各组的组距并不都相等的数列，异距数列能比较准确地反映总体内部各组成部分的性质差异。如上表中的数列为异距数列。

【知识链接】

组中值如何计算？

◇闭口组组中值 =（上限 + 下限）÷2
◇只有上限的开口组组中值 = 上限 − 1/2 邻组组距
◇只有下限的开口组组中值 = 下限 + 1/2 邻组组距

（三）统计数列的编制方法

统计数列的编制一般采用如下步骤：

（1）将原始资料按数值大小依次排列。

（2）确定组数（k）和组距（h）。

编制等距数列时，先确定组距，然后用数据中最大值和最小值之差除以组距，即得组数，即 $k=$（最大值－最小值）$/h$。编制异距数列时，要视具体情况自行确定组距或组数。

（3）确定组限。组限的确定主要考虑以下几点：

①确定最小组的上限时，要略高于资料中的最小变量值；确定最大组的下限时，要略低于资料中的最大变量值。此外，各组所分配的次数不能为零。

②组限的确定应当有利于表现总体单位分布的规律性，尽可能区分出组与组性质上的差异。

③对于等距数列，如果组距是 5，10，100，…则每组下限最好是它们的倍数。

④对于连续性变量，划分组限时相邻组的组限必须重合；对于离散性变量，划分组限时相邻组的组限可以间断。

⑤当上、下限重叠时，组内包括的数值皆以下限为起点，以上限为极限，但组内不包括上限出现的次数。

【经典案例】

（1）根据抽样调查，某月某市 50 户居民购买消费品支出资料如下（单位：元）：

830、880、1 230、1 100、1 180、1 580、1 210、1 460、1 170、1 080、1 050、1 100、1 070、1 370、1 200、1 630、1 250、1 360、1 270、1 420、1 180、1 030、870、1 150、1 410、1 170、1 230、1 260、1 380、1 510、1 010、860、810、1 130、1 140、1 190、1 260、1 350、930、1 420、1 080、1 010、1 050、1 250、1 160、1 320、1 380、1 310、1 270、1 250。

对上述资料采用等距分组，分为 8 组，组距为 100，以 800 为第一组下限。经过整理，得出计算结果如下表。表中第 1 列是变量；第 2 列是各组出现的次数，即频数，各组频数之和等于总体单位数；第 3 列是频率，频率反映了各组频数的大小对总体所起的作用的相对强度，它是各组频数与总体单位数之比。

某市 50 户居民某月购买消费品支出情况表

按户月消费品支出额分组（x_i）	频数（f_i）	频率（$\dfrac{f_i}{\sum f_i}$）
800～900 元	5	0.10
900～1 000 元	1	0.02
1 000～1 100 元	8	0.16
1 100～1 200 元	11	0.22
1 200～1 300 元	11	0.22
1 300～1 400 元	7	0.14
1 400～1 500 元	4	0.08
1 500 元以上	3	0.06
合计	50	1.00

通过对总体各单位进行分组而形成变量数列，显示了各单位标志值在各组间的分布状况，从而使杂乱无章的原始数据显示出一定的规律性。从上表可以看出，月消费品支出额在1 000～1 300元的居民户占全部户数的60%，而低支出和高支出居民户所占比重较小，呈现出一种近似"两头小，中间大"的钟形分布特征。

2. 2017年某局所属16家外贸出口企业的出口额分别如下（单位：万美元）：

451、490、543、560、568、570、578、585、600、610、620、624、638、647、690、698。

有人根据上述资料，利用分组法把其编制成组距数列，如下表所示：

2017年某局所属外贸出口企业出口额分组表1

按出口额分组（万美元）	企业数（个）	频率（%）
400～500	2	12.5
500～600	6	37.5
600～700	8	50.0
合　计	16	100.0

根据这个分布数列得出高创汇企业占一半，而创汇额低的企业数量较少的结论。

然而，根据观察可以看出：16家外贸企业的出口额中，有11家集中在550万美元到650万美元之间，低于550万美元的有3家，高于650万美元的有2家。这符合事物的发展规律，即中间大两头小，最高的和最低的均占少数，中间水平占多数。因此，该局所属的这16家外贸企业按出口额分组，下表的形式较为合理。

2017年某局所属外贸出口企业出口额分组表2

按出口额分组（万美元）	企业数（个）	频率（%）
450～550	3	18.75
550～650	11	68.75
650以上	2	12.50
合　计	16	100.0

在实际工作中，要恰当地编制组距数列，最好结合现象本身的特点绘制变量分布图来进行。必要时，可编制多种分组进行比较选择。

（四）累计频数

1. 向上累计和向下累计

累计频数（或频率）可以是向上累计频数（或频率），也可以是向下累计频数（或频率）。

（1）向上累计频数（或频率）分布，即先列出各组的上限，然后由标志值低的组向标志值高的组依次累计频数（或频率）。某组向上累计频数表明该组上限以下的各组单位数之和是多少，某组向上累计频率表明该组上限以下的各组单位数之和占总体单位数的比重。

（2）向下累计频数（或频率）分布，即先列出各组的下限，然后由标志值高的组向标志值低的组依次累计频数（或频率）。某组向下累计频数表明该组下限以上的各组单位数之和是多少，某组向下累计频率表明该组下限以上的各组单位数之和占总体单位数的比重。

现以某市 50 户居民某月消费品支出额的资料为例，分别进行向上和向下累计，其结果如下表所示。

某市 50 户居民某月消费品支出额累计表

居民月消费品支出额分组上限（元）	向上累计				居民月消费品支出额分组下限（元）	向下累计			
	频数	累计频数	频率（%）	累计频率（%）		频数	累计频数	频率（%）	累计频率（%）
900	5	5	10	10	800	2	50	4	100
1 000	2	7	4	14	900	1	48	2	96
1 100	8	15	16	30	1 000	8	47	16	94
1 200	10	25	20	50	1 100	10	39	20	78
1 300	12	37	24	74	1 200	13	29	26	58
1 400	6	43	12	86	1 300	9	16	18	32
1 500	4	47	8	94	1 400	4	7	8	14
1 600	2	49	4	98	1 500	2	3	4	6
1 700	1	50	2	100	1 600	1	1	2	2
合计	50	—	100	—	合计	50	—	100	—

居民月消费品支出额在 1 000 元以下的有 7 人，占总数 14%；月消费品支出额在 1 200 元以下的有 25 人，占总数 50%。以此类推。

居民月消费品支出额在 1 000 元以上的有 47 人，占总数 94%；月消费品支出额在 1 200 元以上的有 29 人，占总数 58% 等。以此类推。

累计频数（频率）分布具有以下两个特点：第一组的累计频数（频率）等于第一组本身的频数（频率）；最后一组的累计频数等于总体单位数，最后一组的累计频率等于 1。

2. 累计频数（频率）分布图

累计频数（频率）分布图，分为向上累计频数（频率）分布图和向下累计频数（频率）分布图。不论是向上累计或向下累计，它们均以分组变量为横轴，以累计频数（频率）为纵轴。

在直角坐标系上将各组组距的上限与其相应的累计频数（频率）构成坐标点，依次用折线（或光滑曲线）相连，即是向上累计分布图；在直角坐标系上将各组组距的下限与其相应的累计频数（频率）构成坐标点，依次用折线（或光滑曲线）相连，即是向下累计分布图。

如下图，从图中可以看出，居民月消费品支出额在1 100元以下的有15人，占30%；在1 100元以上的有39人，占78%。居民月消费品支出额在1 400元以下的有43人，占86%；1 400以上的有7人，占14%。

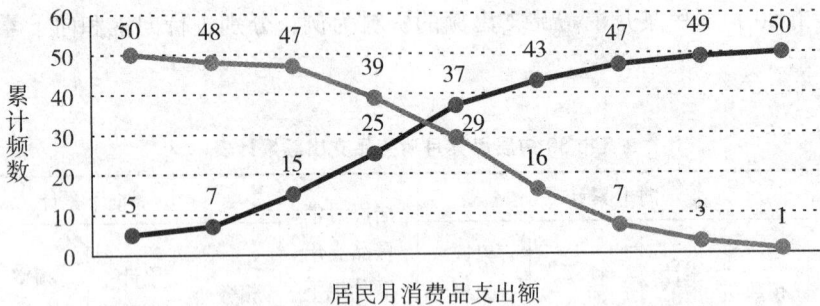

居民月消费品支出额向上（向下）累计频率分布

由此可见，累计频数和累计频率可以概括地反映总体各单位的分布特征。向上累计分布曲线呈上升状，向下累计分布曲线呈下降状。组的次数（或频率）较少，曲线显得平缓；组的次数（或频率）较密集，曲线显得较陡峭。

三、频数分布（frequency distribution）

（一）频数分布的类型

社会经济现象的复杂性，决定了在分组基础上形成的频数分布的类型也不一样，概括起来主要有钟形分布、U形分布和J形分布三种。

1. 钟形分布

钟形分布的特征是"两头小，中间大"，这类分布是以平均值为中心，越接近中心，分配的次数越多，越远离中心，分配的次数越少，其曲线就像一口钟。许多现象的分配数列的分布都属于钟形分布，例如股票回报的正态分布就是典型的钟形分布，如下图所示。

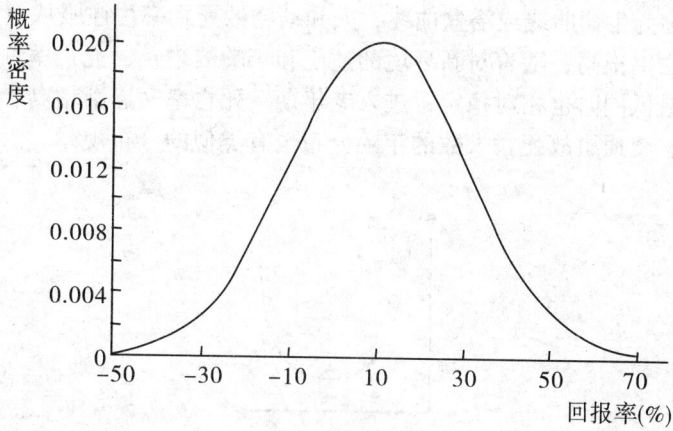
钟形分布示意图

　　经济学中经常使用一种理想化的钟形分布——左右对称的钟形分布，称为正态分布，这是客观事物数量特征表现最多的一种频数曲线。学生的考试成绩、农作物的单位面积产量、零件的公差、纤维强度等都服从正态分布。

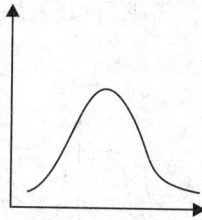
正态分布示意图

　　偏态曲线根据长尾的方向又可分为正偏（或右偏）和负偏（或左偏）两种曲线。例如人均收入分配的曲线就是正偏曲线，即低收入的人数较多，而高收入的人数较少，二者的收入水平差距较大。

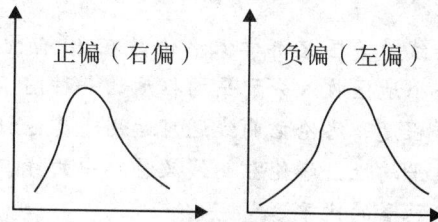
偏态分布示意图

2. U 形分布

　　U 形分布的特征是"两头大，中间小"，呈现 U 字形，与钟形分布正好相反。这类分布是以平均值为中心的，越接近中心，分配的次数越少，越远离中心，分配的次数越多。

U 形曲线又称为生命曲线或浴盆曲线，人和动物的死亡率往往服从 U 形分布。婴儿由于抵抗力弱，死亡率很高，随着对新环境的适应和年龄的增长，死亡率逐渐降低；到了中年时期，死亡率最低同时也相对稳定；进入老年期，死亡率又逐渐增高，即形成一个浴盆形状的分布曲线。交通事故死亡人数的年龄分布也有类似的分布规律。

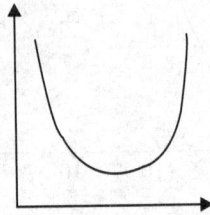

U 形分布示意图

3. J 形分布

J 形分布的特征是"一边小，一边大"，形如字母"J"。J 形分布有正 J 形和反 J 形两种分布，如下图。应用较广的分别是西方经济学中的供给曲线和需求曲线。正 J 形分布的次数是随着变量值的增大而增多，如供给曲线，表现为随着价格（横轴）的提高，供给量（纵轴）以较快的速度增加，呈现正 J 形；反 J 形分布的次数是随着变量值的增大而减少，如需求曲线，表现为随着价格的提高，需求量以较快的速度减少，呈现反 J 形。供给和需求曲线的交叉点即供求平衡点。

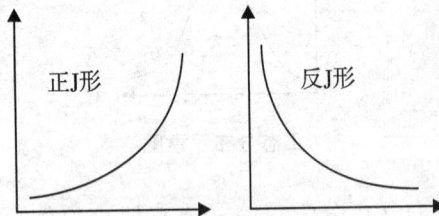

正 J 形　　反 J 形

J 形分布示意图

【知识链接】

洛伦兹分布：洛伦兹曲线是美国经济学家洛伦兹在 20 世纪初提出的、应用累积频数分布曲线描述一个国家或一个地区收入分配平均程度的一种图示方法。洛伦兹曲线专门用以检定社会收入分配的平等程度。洛伦兹曲线还可运用于其他社会经济现象，研究总体各单位标志分布的集中状况或平均性。洛伦兹曲线又称集中曲线，其运作的条件是现象总体各组频率与相应的各组标志总量的比重。

任务三　统计表与统计图

统计资料的表现形式主要有统计表、统计图和统计分析报告。相比而言，统计资料最清晰的表示方式是统计表；统计资料最形象的表示方式是统计图。

一、统计表

统计表是显示统计资料的表格。其作用包括：第一，统计表能够条理化、标准化地汇总大量统计资料，使资料一目了然；第二，统计表能反映总体特征及各部分之间的关系，便于对比和计算；第三，统计表是积累、保存和分析统计资料的主要手段。

（一）统计表的构成

1. 从形式上看

从形式上看，统计表由总标题、横行标题、纵栏标题、指标数值和备注组成，如下图所示。

2015 年我国固定资产投资完成情况——→总标题

按经济类型分	投资额（亿元）	比上年增长（%）
国有及其他经济	26 401	12.8
城乡集体经济	5 189	8.1
城乡居民个人	5 308	12.7
	36 898	12.1

（主词）　　　　　　　　　　　（宾词）

总标题：指统计表的名称，用以概括统计表中全部统计资料的内容，一般放在表的上端中央。

横行标题：指各组的名称，表示表内所要说明的对象，一般置于表的左方竖行。

纵栏标题：指统计指标的名称，表示汇总项目，一般置于表的上方。

指标数值：指各组、各汇总项目的数值，表示总体或各组数量特征，一般置于横行标题与纵栏标题的交叉处。

备注：有的统计表需加备注，用以说明资料的来源和填表应注意的事项等。

2. 从内容上看

从内容上看，统计表由主词和宾词两部分构成，如上图所示。

主词用来表示统计表所要说明的对象，它可以是统计单位的名称或统计分组的名称，形式上表现为横行标题。

宾词用来表示主词的指标名称和指标数值，形式上表现为纵栏标题和指标数值。有时为了编排合理和阅读方便，主词和宾词的位置可以互换。

（二）统计表的分类

1. 按照总体分组情况分类

根据总体分组情况的不同，统计表可分为简单表、分组表和复合表。

简单表是对统计总体未经任何分组的统计表，通常用以表现三种数列资料，即时间数列、空间数列和指标数列，如下表。

1990 年以来全国公共图书馆统计表

年份	1990	2000	2010	2015	2016
公共图书馆（个）	2 527	2 675	2 884	3 139	3 153

（资料来源：国家统计局）

分组表是对统计总体按照一个标志进行分组的统计表，能综合说明总体的数量特征，如下表。

2016 年某国对外贸易出口额资料

按贸易方式分组	贸易额（亿美元）	比上年增长（%）
一般贸易	1 119	6.4
加工贸易	1 475	7.1
其 他	68	−4.2
合 计	2 662	6.8

（资料来源：国家统计局）

复合表是对统计总体按照两个或两个以上标志进行分组的统计表，能综合说明总体按多个标志分组后的较详细的数量特征，如下表。

某高校按性别分组的各年级在校学生人数表

（单位：人）

性别	小计	一年级	二年级	三年级	四年级
男生	7 859	2 400	2 130	1 728	1 601
女生	3 431	1 006	867	798	760
合计	11 290	3 406	2 997	2 526	2 361

2. 按用途分类

根据用途不同，统计表可分为调查表、汇总表和分析表。

调查表：在统计调查中用于登记、收集原始资料的表格。

汇总表：在统计汇总或整理过程中用于表现汇总整理结果的表格。汇总表能综合说明总体的数量特征，是呈现资料的基本表式。

分析表：在统计分析中用于对统计资料进行定量分析的表格。它是汇总表的延续，可以更加深刻地揭示现象的本质和特征。

（三）统计表的设计要求

统计表的设计应遵循科学实用的原则，并考虑简练、美观的要求。具体编制统计表时，应注意以下几个要求：

（1）统计表的设计内容应紧凑，重点突出，富有表现力，反映的问题一目了然，便于分析和比较。

（2）统计表的各种标题，特别是总标题的表达要十分简明、确切，要概括地反映出统计表的基本内容。总标题还应说明资料所属的时间和空间范围。

（3）统计表的上、下两端的端线称为基线（上基线和下基线），应以粗线或双线绘制，在一些明显的分隔部分也应用粗线或双线，其他则用细线绘制，统计表的左右两端不封口。

（4）统计表中各主词项目之间和宾词项目之间的顺序，应根据时间的先后、数量的大小、空间位置的顺序等合理编排。

（5）统计表的横行合计一般列在最后一栏，而纵栏合计一般列在最前一列。

（6）如果统计表的栏数较多，通常为了方便阅读与核对指标之间的关系，可以按栏的顺序编号。在主词和计量单位栏用（甲）（乙）等文字标明；在宾词指标各栏用（1）（2）等数字编号，各栏之间如有计算关系还可用等式表示。

（7）统计表中必须注明数字资料的计量单位。当全表只有一个计量单位时，通常在表的右上方统一注明。如果需要分别注明不同的计量单位时，横行的计量单位可以专设"计量单位"一栏；纵栏的计量单位，可用括号括起来与指标名称写在一起。

（8）统计表中各栏数字要对位整齐，同类数字要保持有效的统一位数。表中如有相同的数字时，应全部重写一遍，不能用"同上""同左"等字样表示；表中数字为0或小得可以忽略不计时应填写0；当缺乏某项资料时用符号"……"表示；不存在的数字用符号"—"表示；免于填报的数字用"×"表示。总之，表中不应留有空格。

（9）必要时，统计表的资料来源及表中有需要说明的问题，可以在表的下端加以备注或说明。

（10）制表完毕经审核后，应加盖公章，由填表人签名，主管负责人亦应签名。若有数据必须修改，修改处应加盖修改人员印章，以示负责。

二、统计图

统计图是采用点、线、面、体和事物的形象等形式绘制的，用以反映社会经济数量方面的各种图形。其特点是通俗易懂、简明生动，给人以具体的形象，使人一目了然。统计图的种类繁多，常用的有以下几种：

（一）柱形图

柱形图是以相同宽度的柱形的高低来比较统计指标数值大小的图形。在柱形图中，变量值大小用柱形高度表示，与宽度无关。一般用来表示离散性变量的分布特征。将下表的数据资料绘制成柱形图，如下图所示。

2006—2015 年我国境内上市（A、B 股）公司数统计表

年份	2006	2007	2008	2009	2010	2011	2012	2013	2014	2015
境内上市公司数（家）	1 434	1 550	1 625	1 718	2 063	2 342	2 494	2 489	2 613	2 827

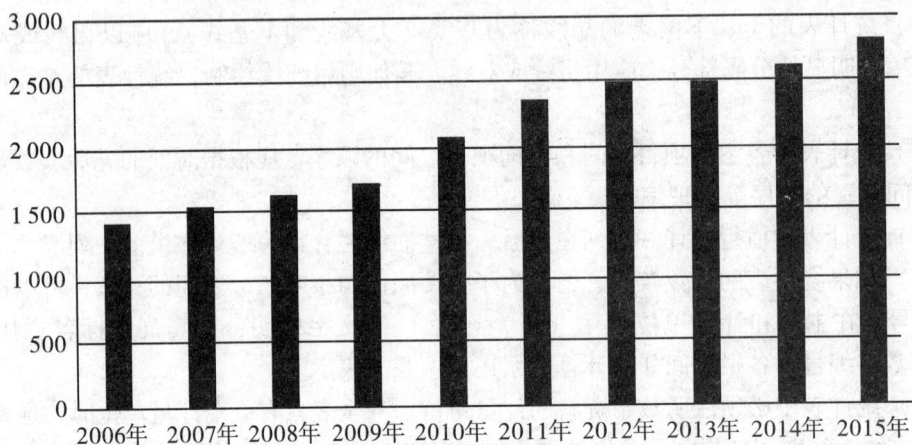

2006—2015 年我国境内上市（A、B 股）公司数柱形图

（二）直方图

直方图是以组距为宽度，以长方形面积代表各组的频数所绘制的频数分布图形。当各组组距相等时，各长方形的高度与频数就成比例关系。由于各组是连续的，所以每个长方形是彼此连接在一起的，其间不留空隙。将下表的数据资料绘制成直方图，如下图所示。

200 只灯泡使用寿命频数分布表

按灯泡使用寿命分组（小时）	灯泡数（个）
43 ~ 48	2
48 ~ 53	1
53 ~ 58	2
58 ~ 63	21
63 ~ 68	28
68 ~ 73	28
73 ~ 78	33
78 ~ 83	26

按灯泡使用寿命分组（小时）	灯泡数（个）
83~88	21
88~93	19
93~98	10
98~103	6
103~108	2
108~113	0
113~118	1

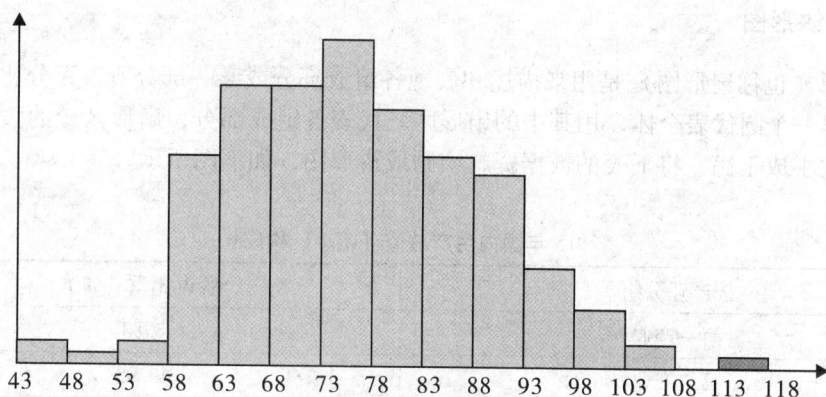

200 只灯泡使用寿命频数分布直方图

（三）折线图

折线图是在直方图的基础上，用折线将每个长方形的顶端中点连接起来而形成的图形。将下表的数据资料绘制成折线图，如下图所示。

2006—2015 年全社会住宅投资统计表

年份	2006	2007	2008	2009	2010	2011	2012	2013	2014	2015
全社会住宅投资（亿元）	19 333	25 005	30 881	36 428	45 027	57 824	64 413	74 871	80 615	80 248

（资料来源：国家统计局）

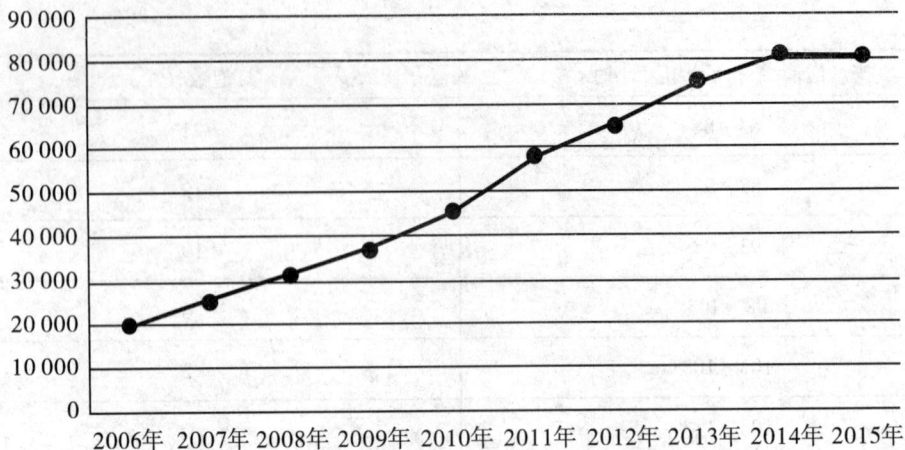

2006—2015 年全社会住宅投资折线图

（四）饼形图

饼形图（也称扇形图）是用来描述和表现各组成部分或某一部分所占百分比的一种图形。它是以一个圆代表全体，用其中的扇形区域代表各组成部分，扇形区域的大小与该组成部分的大小成正比。将下表的数据资料绘制成饼形图，如下图所示。

2015 年国内生产总值（GDP）构成

按产业分组	所占比重（%）
第一产业	8.83
第二产业	40.93
第三产业	50.24
合计	100.00

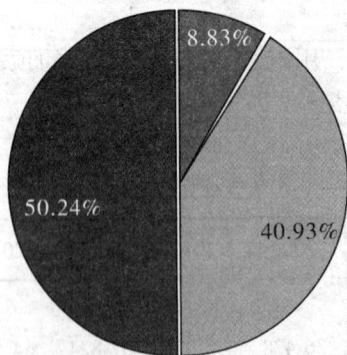

■第一产业 ■第二产业 ■第三产业

2015 年国内生产总值（GDP）构成饼形图

84

（五）环形图

环形图与饼形图有一定区别：环形图中间有一个空洞，总体中的每一部分数据用环中的一段表示；饼形图只能显示总体各组成部分所占的比例，环形图可以显示多个总体各组成部分所占的相应比例，有利于进行比较研究。

例如：在一项有关住房问题的研究中，调查人员在 A、B 两个城市各抽样调查 200 户家庭，其中一个问题是："您对您家庭目前的住房状况是否满意？"备选答案有：

1 非常不满意；2 不满意；3 一般；4 满意；5 非常满意。

调查结果如下表：

A、B 两个城市家庭对住房状况的评价情况

回答类别	A 城市家庭		B 城市家庭	
	户数	比例（%）	户数	比例（%）
1 非常不满意	12	6.0	18	9.0
2 不满意	28	14.0	24	12.0
3 一般	75	37.5	80	40.0
4 满意	56	28.0	53	26.5
5 非常满意	29	14.5	25	12.5
合计	200	100	200	100

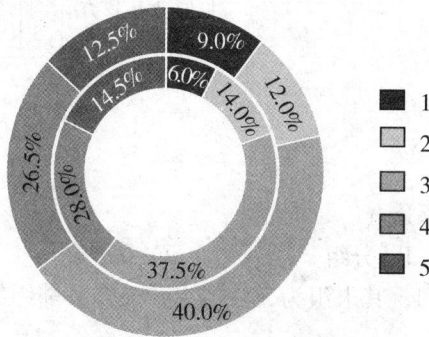

A、B 两个城市家庭对住房状况的评价情况环形图

项目总结

本项目重点介绍了统计整理的程序、统计分配数列、统计表与统计图的基础知识和方法技能。

统计分组是指根据统计研究任务的要求和现象总体的内在特点，将统计总体按照一定的分组标志划分为若干组成部分的一种统计分析方法。统计分组的作用包括反映总体的内部结构和深入认识事物的特征。统计分组的关键在于选择分组标志和划分各组界限。

在统计分组的基础上，将总体中的所有单位按组归类整理，并按一定顺序排列，形成总体单位数在各组间的分布，称为分配数列。分配数列由组别和总体单位数两个要素组成，其中分布在各组的总体单位数表现为绝对数，称为次数或频数；各组单位数与总体单位数之比，称为比率或频率。

分配数列分为品质数列和变量数列。品质数列，是按品质标志分组形成的分配数列。变量数列，是按数量标志分组形成的分配数列。变量数列可分为单项数列和组距数列。单项数列就是数列中的每个组只用一个变量值表示的数列；组距数列就是数列中的每个组用表示一定范围的一组变量值表示的数列。分配数列有钟形分布、U形分布和J形分布三种类型。

统计表从形式上看，由总标题、横行标题、纵栏标题、指标数值、备注五部分构成；从内容上看，由主词和宾词两部分构成。统计表根据总体分组情况的不同可分为简单表、分组表和复合表。根据用途不同，统计表可分为调查表、汇总表和分析表。

统计图是采用点、线、面、体和事物的形象等形式绘制的，用以反映社会经济数量方面的各种图形。常用的统计图有柱形图、直方图、折线图、饼形图（扇形图）、环形图。

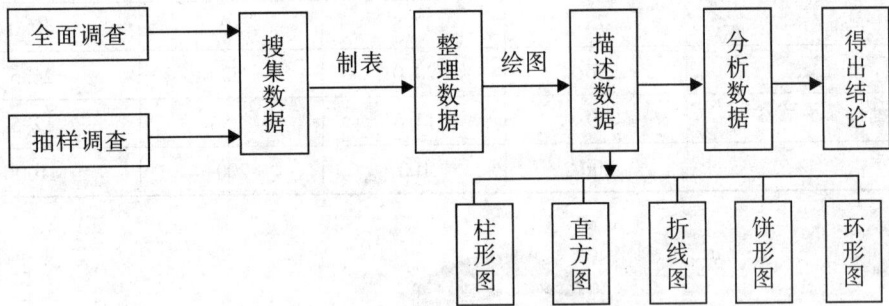

技能训练

一、单选题

1. 统计整理的核心问题是（　　　）。

　　A. 审核　　　　　　　B. 分组　　　　　　　C. 编码　　　　　　　D. 汇总

2. 某连续变量组距数列，其末组为500以上，又知其邻组组中值为480，则其末组组中值为（　　　）。

　　A. 510　　　　　　　B. 520　　　　　　　C. 500　　　　　　　D. 490

3. 对某一总体同时选择三个标志进行复合分组，各个标志所分组数分别为2、4、3，则最后所得组数为（　　　）。

　　A. 3　　　　　　　　B. 9　　　　　　　　C. 24　　　　　　　　D. 27

4. 下面属于变量数列的是（　　　）。

　　A. 学生按班级分组

　　B. 电站按发电能力分组

　　C. 商业企业按所有制类型分组

D. 企业按经济部门分组

5. 一单项数列中，若某组向上累计频数为80，则说明总体中（　　）。

    A. 小于该组标志值的单位有80个

    B. 等于该组标志值的单位有80个

    C. 大于该组标志值的单位有80个

    D. 小于和等于该组标志值的单位有80个

6. 成年男性按身高分组后一般呈（　　）。

    A. 钟形分布   B. U形分布   C. J形分布   D. 反J形分布

7. 人口死亡率按年龄分组后一般呈（　　）。

    A. 钟形分布   B. U形分布   C. J形分布   D. 反J形分布

二、多选题

1. 统计整理的一般程序包括（　　）。

    A. 设计整理方案   B. 审核原始资料   C. 统计分组   D. 统计汇总

    E. 表现统计资料

2. 统计资料表现或陈示的形式有（　　）。

    A. 统计表   B. 统计图   C. 问卷   D. 统计指标

    E. 统计报告

3. 统计分组的作用包括（　　）。

    A. 划分现象的类型   B. 揭示现象的结构

    C. 说明总体的特征   D. 说明总体单位的特征

    E. 分析现象间的依存关系

4. 品质数列的编制步骤包括（　　）。

    A. 选择分组标志   B. 划分各组界限   C. 决定数列的形式   D. 统计汇总

    E. 编制统计表

5. 编制变量数列的关键有（　　）。

    A. 确定组数   B. 确定组限   C. 确定组距   D. 确定组中值

    E. 计算各组频数和频率

6. 从形式上看，统计表的构成要素包括（　　）。

    A. 总标题   B. 横行标题   C. 纵栏标题   D. 指标数值

    E. 填表说明

7. 统计分组的关键有（　　）。

    A. 选择分组标志   B. 确定组距   C. 确定组中值   D. 划分各组界限

    E. 确定组数

8. 统计分组的含义包括（　　）。

    A. 对个体来说是分   B. 对个体来说是合

    C. 对总体来说是分   D. 对总体来说是合

    E. 对个体来说有分有合

9. 下列属于按品质标志分组的有（　　）。

A. 职工按工龄分组　　　　　　B. 人口按民族分组

C. 人口按地区分组　　　　　　D. 企业按所有制分组

E. 专业技术人员按职称分组

10. 下列属于按数量标志分组的有（　　　）。

A. 工人按产量分组　　　　　　B. 职工按工龄分组

C. 学生按健康状况分组　　　　D. 企业按隶属关系分组

E. 专业技术人员按职称分组

三、判断题

1. 统计分组就是将统计标志分成若干组。（　　　）

2. 分配数列中，各组频率的和恒等于 1 或 100%。（　　　）

3. 一般来说，离散性变量组距数列，相邻组的组限必须重叠。（　　　）

4. "下限在内，上限不在内"的分组原则适用于所有现象。（　　　）

5. 对于连续性变量一般只能编制组距数列。（　　　）

6. 主词是指统计表中表明总体数量特征的统计指标。（　　　）

7. 将企业按国民经济部门分组后，可形成变量数列。（　　　）

8. 区分简单分组和复合分组的唯一依据是分组标志的多少。（　　　）

9. 单项数列中，某组的较小累计频数（次数）是 80，这说明总体中小于该组标志值的单位有 80 个。（　　　）

10. 统计分组对总体和总体单位来讲都是分。（　　　）

四、思考题

1. 什么是统计整理？

2. 统计整理的基本步骤有哪些？

3. 什么是统计分组？统计分组的关键是什么？

4. 简述简单分组与平行分组体系、复合分组与复合分组体系。

5. 什么叫统计分配数列？分配数列有哪几个部分构成？

6. 分配数列有哪两种？如何划分？

7. 在什么情况下编制单项数列？在什么情况下编制组距数列？

8. 什么叫组限、组距、组中值、开口组？

9. 如何计算组中值？

10. 组距和组数的关系如何？

11. 在编制组距数列时，如何确定组限？

12. 频数分布有几种类型？

13. 什么是统计表？从形式和内容上看其由哪几部分构成？

14. 什么是统计图？有哪几种？

五、能力拓展题

【实训 1】某工业局所属各企业工人数如下：

555　506　220　735　338　420　332　369　416　548　422　547　567　288　447

484　417　731　483　560　343　312　623　798　631　621　587　294　489　445

试根据上述资料，要求：

（1）分别编制等距及不等距的分配数列。

（2）根据等距数列编制向上和向下累计频数和频率数列。

【实训2】某班40名学生统计学考试成绩（分）分别为：

57 89 49 84 86 87 75 73 72 68 75 82 97 81 67 81 54 79 87 95
76 71 60 90 65 76 72 70 86 85 89 89 64 57 83 81 78 87 72 61

学校规定：60分以下为不及格，60～70分为及格，70～80分为中，80～90分为良，90～100分为优。要求：

（1）将该班学生分为不及格、及格、中、良、优五组，编制一张频数分配表。

（2）指出分组标志及类型，并分析该班学生考试情况。

【实训3】某银行30名职工的月工资（元）资料如下，请根据这些资料编制变量数列。

1 060 840 1 100 910 1 090 910 1 110 1 070 990 940 1 190 870 1 180
970 1 030 1 060 850 1 060 1 010 1 050 960 1 050 1 070 1 210 1 050 950
1 060 1 280 1 110 1 010

请思考：如果想要考察银行30名职工月工资分布特点，应该怎么做？

拓展阅读

统计思维与大数据

统计思维类似于数学中的数感、符号感，美术中的美感，以及人们对于音乐的乐感、节奏感等，是一种对给定数据以及与数据有关的量、表、图的潜意识的反映，面对与数据信息有关的问题时能本能地从统计的角度进行思考，也就是当遇到问题时能想到收集相关数据，利用统计方法分析数据。例如，在观看NBA球赛时，火箭队和篮网队的球迷们会推测中意的球队是否会赢，如果仅仅根据个人喜好作判断，就不具备统计观念；如果能够意识到判断前需要收集相关的数据，比如双方队员的抢篮板次数、接球后的投球次数、罚球次数、三分球命中率、历次比赛成绩等数据，然后将这些数据进行整理和分析，在深入了解球队信息的基础上对双方球队的输赢进行判断才是可靠的，这就说明其具备了一定的统计观念。

在一个数据创造价值的时代，数据对于统计学者来讲，重要性不言而喻。数据是米，模型是水，要想做出好吃的饭，还得用对统计思想这把火。大数据是一场新革命，未来将横扫一切领域，重构世界。不少国家已将大数据作为国家发展战略，商业领域更是将其视为下一个投资的宝库。毫无疑问，大数据时代已经来临，它正在悄悄地改变着人们的行为与思维。

这里，我们自然就想到了大量观察法与大数据这两个概念中的"大"的区别。对于传统的统计方法而言，大量观察法是基础，是收集数据的基本理论依据，其主要思想是要对足够量的个体进行观察调查，以确保足够的微观基础来消除或削弱个体差异对整体特征的影响，能够推断出总体的数量规律。所以，这里的"大"是足够的意思。大量观察法的极端情况就是普查，但由于各种因素条件限制不能经常进行，一般情况下只能进行抽样调查，这就需要精确计算最小的样本量。基于大量观察法获得的样本数据才符合大数法则或大数定律，才能用以推断总体。而大数据则是不限量的数据，是基于现代信息技术的一切可以记录的全体数据，其特征之一就是尽量多地包含数据，它与样本容量无关，只与信息来源的数量与储存容量有关。因此，这里的"大"是全体的意思。

可见，统计学的研究对象没有变，变的是数据的来源、体量、类型、速度与量化的方式。《大数据时代》提出了三个最显著的变化：一是样本等于总体，二是不再追求精确性，三是相关分析比因果分析更重要。这些观点具有很强的震撼力，迫使我们对现有的统计方法进行反思，统计思维也要跟着变化，否则统计研究的对象只是全部数据的5%，而且越来越少，那又怎么能说统计学是一门关于数据的科学？又如何完善和发展以数据分析为基础的统计方法呢？

（资料来源：http：//www.doc88.com）

第三部分 分析技能

统计工作的最后一个环节是统计分析，即对统计整理后的各种统计资料进行深入细致的分析，将定性分析和定量分析相结合，以揭示现象的特征、本质和规律。统计分析的方法很多，初步的分析方法有事物总量的分析、相对水平的分析、总体分布状况的分析（包括集中趋势、离散趋势、分布形状分析）等，在此基础上形成的进一步的分析方法有抽样估计、时间数列分析、指数分析、相关和回归分析等。它们之间互相联系，比如总量指标、相对指标、集中趋势指标是时间数列分析和指数分析的重要基础；总体分布的集中趋势分析和离中趋势分析是抽样估计的重要基础；总体分布分析和抽样估计是相关和回归分析的重要基础。学习时应充分利用这些联系，以提高学习效率。

从统计的数据、图表中我们应看到趋势，透过趋势的呈现我们可以做出最佳的决策。

项目四　统计描述

知识结构图

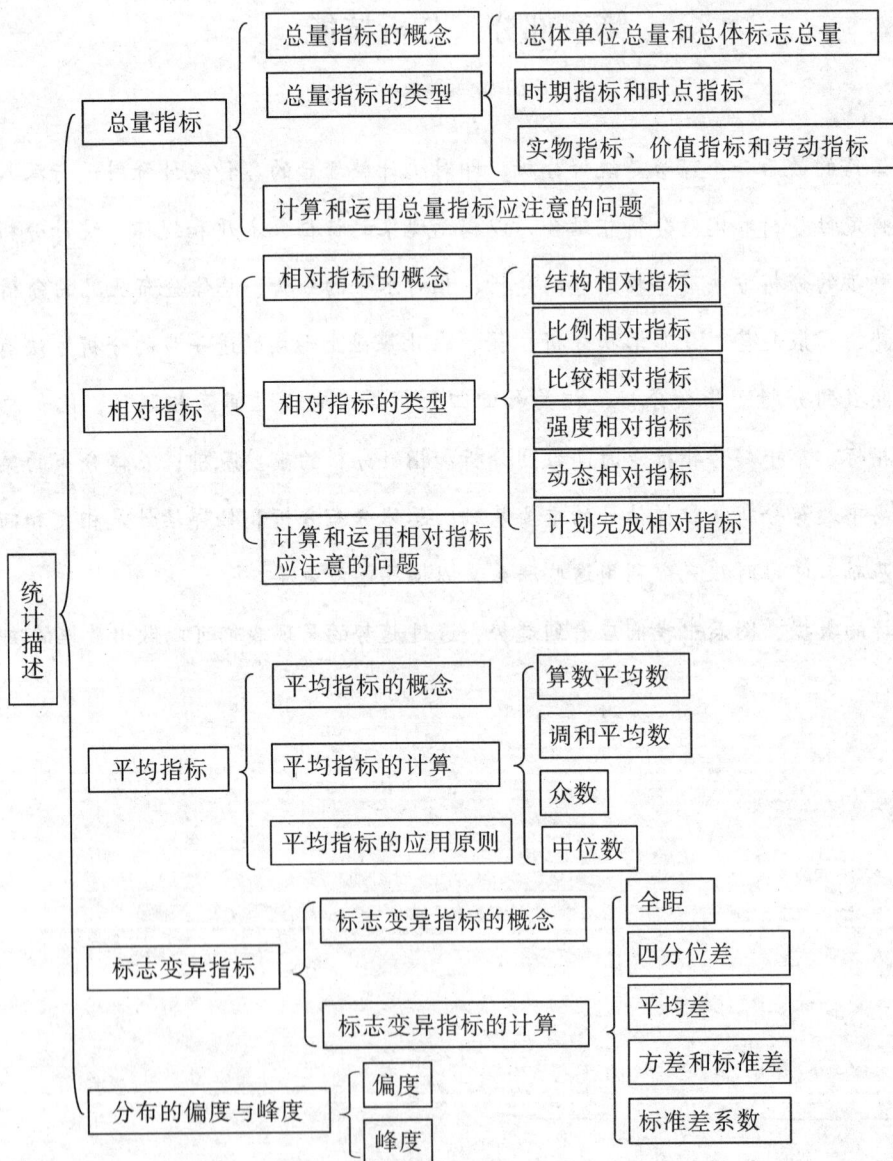

学习目标

【知识目标】

1. 了解总量指标和相对指标的概念和作用；
2. 掌握相对指标的种类和计算方法；
3. 了解应用相对指标应坚持的原则；
4. 了解平均指标和变异指标的概念和作用；
5. 掌握平均指标和变异指标的计算方法；
6. 了解偏度与峰度的概念和类型。

【能力目标】

1. 能够熟练运用相对指标进行现象之间的对比分析；
2. 能够综合运用总量指标和相对指标对宏观和微观经济现象进行分析判断；
3. 能够熟练运用平均指标进行现象之间的对比分析；
4. 能够综合运用平均指标和变异指标对社会经济现象进行分析判断。

项目导入

儿童安全座椅和交通事故死亡率

随着中国经济的腾飞，越来越多的家庭拥有私家车。但随着私家车的普及，交通事故已经成为儿童主要杀手之一！根据交通事故数据统计，发生车祸时，汽车内未安装安全座椅的儿童死亡率是安装安全座椅的8倍，受伤率是3倍。在我国，14岁以下儿童每年因车祸死亡高达1.85万人。如果儿童都使用安全座椅，伤亡比例将大大降低，其中死亡率可减少75%。中国儿童车祸死亡率是欧洲的2.5倍，是美国的2.6倍。交通事故已经成为14岁以下儿童出行的最大安全隐患，而这主要是由于不正确的乘车习惯所造成的。

抱着孩子乘车安全吗？在乘车时，许多家长习惯把孩子抱在怀里，这是很危险的！研究表明，一辆以时速48公里行驶的汽车，如果发生碰撞，一个9千克的孩子在瞬间会产生275千克的冲力，孩子会像子弹一样飞出，绝大多数的家长是抱不住孩子的，而儿童座椅在一定程度上能有效保护儿童免受伤害，其作用相当于成人的安全带。

通过使用实际数据进行全面的比较，可以将得到的结果与具体的利益联系起来，并且能够明确地显示出"现在最应该采取什么行动"这样一个战略性的目标。

这实际上并不能完全说是统计的力量。当然，像这样为了对主要因素进行比较而进行的收集统计，也是统计上非常重要的工具，但仅仅做到这些是远远不够的。我们若能深入了解统计方法的应用，也许枯燥无味的统计理论也可以变成趣味无穷的乐园。

统计名家

恩斯特·恩格尔

恩斯特·恩格尔（Ernst Engel，1821—1896年），19世纪德国统计学家和经济学家，以恩格尔曲线和恩格尔定律闻名。

恩格尔通过统计资料，根据消费结构的变化，得出一个规律：一个家庭收入越少，家庭收入中（或总支出中）用来购买食物的支出比例就越大；随着家庭收入的增加，家庭收入中（或总支出中）用来购买食物的支出比例则会下降。推而广之，一个国家越穷，每个国民的平均收入中（或平均支出中）用于购买食物的支出所占比例就越大，随着国家的富裕，这个比例呈下降趋势。这个就是恩格尔定律。而食品支出总额占个人消费支出总额的比重也即表示为恩格尔系数。

国际上常常用恩格尔系数来衡量一个国家和地区人民生活水平的状况。根据联合国粮农组织提出的标准，恩格尔系数在59%以上为贫困，50%～59%为温饱，40%～50%为小康，30%～40%为富裕，低于30%为最富裕。在我国运用这一标准进行国际和城乡对比时，要考虑到那些不可比的因素，如消费品价格比价不同、居民生活习惯的差异，以及由社会经济制度不同所产生的特殊因素。另外，在观察历史情况的变化时要注意，恩格尔系数反映的是一种长期的趋势，是在熨平短期的波动中求得长期的趋势。

任务一　总量指标

当人们对某个对象产生兴趣的时候，首先关心的是它的规模，其次还要研究现象之间的数量对比关系。比如政府在出台税收减免政策之前，财政部门要对每年的财政支出、通过税收渠道取得的财政收入以及财政收支平衡的总体水平进行匡算，这是问题的一个方面；另外，税收制度的政策性很强，税率水平既关系到政府的财政收入，也会对纳税人的税收负担产生影响。从税收的乘数效应来说，新的税收政策出台可能会使财政收入增加，也可能相反。要对上述问题做出令人满意的解释，保证政策的科学性，以维护国家经济的稳定和安全，就要掌握一些重要的包括总量指标、相对指标和平均指标在内的国民经济核算指标。

一、总量指标的概念

总量指标是反映社会经济现象在一定时间、地点、条件下的总规模和总水平的统计指标。它的表现形式是绝对数。例如，某年我国的人口数、土地面积、粮食产量、基本建设投资额、原煤产量、国内生产总值等，都是总量指标。

在社会经济统计实践中，总量指标的应用十分广泛，其主要作用为：

1. 总量指标是认识社会经济现象的起点

总量指标反映了社会经济现象总体的规模或水平等基本状况。例如2013年，我国普通本专科招生数 6 998 330 人，在校学生数 24 680 726 人，毕业生人数 6 387 210 人等，表明了我国普通高等教育学生人数的基本情况。

2. 总量指标是编制计划、实行经济管理的主要依据

经济管理的方式方法有很多，其中计划管理是经济管理的重要手段之一，而计划的基本指标常常是以总量指标的形式规定的。同时计划的执行情况和各项管理工作，也都是建立在对客观事实正确认识的基础上，并通过对事实资料的量化分析，制定出切实可行的方针、政策和管理措施。

3. 总量指标是计算相对指标和平均指标的基础

相对指标和平均指标是在总量指标的基础上计算出来的，可以看作是总量指标的派生指标。例如，人口性别比是男性人口与女性人口之比，单位面积产量是总产量与播种面积之比等。

二、总量指标的类型

（一）总体单位总量和总体标志总量

总量指标按反映现象总体的内容不同，可分为总体单位总量（简称单位总量）和总体标志总量（简称标志总量）。

总体单位总量是指总体内包含总体单位的总数目，总体标志总量是总体单位某数量标志的某标志值的总和。例如调查某地区所有工业企业的生产经营情况，该地区所有工业企业是总体，每个工业企业是总体单位，因此，工业企业总数是总体单位总量，工业总产值、职工总数是总体标志总量。

总体单位总量和总体标志总量并不是固定不变的，而是随着研究目的的变化而变化。如研究某企业职工的身体健康状况，则该企业的所有职工是总体，每个职工是总体单位，因此，职工总数是总体单位总量，身体健康状况是总体标志总量。而职工总数在前例中是总体标志总量，在这里变成了总体单位总量。就确定的总体而言，总体单位总量只有一个，而总体标志总量因为研究的目的不同可以有多个。

（二）时期指标和时点指标

总量指标按反映现象的时间状态不同，可以分为时期指标和时点指标。

时期指标是说明现象在一段时间内发展过程的累计总量的指标，如工业总产值、人口出生数、商品销售额、工资总额等都是时期指标。时点指标是说明现象在某一时刻（瞬间）上所表现的数量特征的总量指标，如人口数、商品库存额（量）、资金占用额和外汇储备额等都是时点指标。

时期指标和时点指标各有不同特点：时期指标数值的大小与时间长短有直接关系，各时期指标可以直接相加，累加结果表示更长一段时间内现象发展过程的总数量，其资料搜集是通过经常性调查取得；时点指标数值的大小与时点间隔的时间长短没有直接关系，各时点指标不能直接相加，其资料搜集是通过一次性调查取得的。

（三）实物指标、价值指标和劳动指标

总量指标按计量单位的不同，可分为实物指标、价值指标和劳动指标。

1. 实物指标

实物指标是根据事物的自然属性和物理属性单位计量的统计指标，用于表现经济现象总体的使用价值总量。按实物的计量单位不同可分为：

（1）自然单位，按照被研究现象的自然状态来度量其数量的单位，如人口按"人"计量，生猪按"头"计量等。

（2）度量衡单位，按照统一的度量衡制度的规定来计量事物数量的单位，如重量按"千克"计量，长度按"米"计量等。

（3）双重单位或复合单位，指两个或两个以上的单位结合使用的计量单位。双重单位如电机用"千瓦/台"表示，复合单位如货运周转量用"吨公里"表示。

（4）标准实物单位，按照统一的折算标准来度量被研究现象数量的一种单位，如各种型号的拖拉机以15马力为标准，则15马力就被称为标准实物单位。

实物指标可以直接反映产品的使用价值或现象的具体内容，但不同属性的实物指标不能直接相加，因此，无法用来反映非同类现象的总规模和总水平，缺乏广泛的综合能力。

2. 价值指标

价值指标是以货币单位计量的总量指标，计量单位有元、百元、千元、万元等。如工业总产值、国内生产总值、商品销售额、利润额等都是价值指标。价值指标具有较强的综合概括能力，但价值指标脱离了具体的物资内容，比较抽象。

3. 劳动指标

劳动指标是以劳动时间计量的总量指标，一般用工时、工日表示。一个工人做一个小时工，叫作一工时，八个工时等于一个工日。劳动指标主要在企业范围内使用，是评价企业员工劳动时间使用程度和计算劳动生产率的依据，也是企业编制和检查劳动生产计划的依据。不同类型、不同经营水平的企业的劳动指标是不能直接相比较的。

三、计算和运用总量指标应注意的问题

1. 总量指标要有明确的统计含义和合理的统计方法

总量指标的统计有些是较为简单的，如人口数、企业数；有些是较为复杂的，如国内生产总值。无论是简单的，还是复杂的，总量指标都应明确其统计含义，确定合理的统计方法。如统计国内生产总值，首先必须明确什么是国内生产总值，它与国民生产总值等指标有什么不同，其次是怎样计算国内生产总值，或者说使用什么方法统计国内生产总值。只有这样，才能使总量指标科学、准确。因此说，总量指标的统计并非是单纯的汇总技术问题，而是个非常重要的理论问题。

2. 计算实物指标时，要注意现象的同类性

只有同类性的现象才能计算实物总量，而同类性是由事物的性质所决定的。例如，钢

材和水泥的性质不同，就不能将它们混在一起计算实物总量，但原煤、原油、天然气等各种不同的燃料由于使用价值相同就可以折算为标准燃料计算总量。现象的同类性，还取决于现象所处的条件和统计研究的目的。如计算货物运输总量时，只要求计算运输货物的重量和里程，因此，可将各种货物的重量和里程直接汇总。

3. 要有统一的计量单位、计算口径、计算方法

在不同时间、地点对同一个总量指标进行计量时，其计量单位、计算口径、计算方法应当一致；不一致时，应进行换算，使之统一，以便于汇总、对比和分析。例如在不同地区或系统下，行政区划的变动或管理体制的改变，使人口、土地和各种社会经济指标的计算口径前后不一致时，需调整为统一口径，才能汇总计算，便于对比研究。

任务二　相对指标

总量指标虽然可以综合反映社会经济现象的总规模和总水平，但由于现象总体的复杂性，仅根据总量指标仍难以对客观事物做出正确的判断。如果要对事物做深入的了解，就需要对总体的组成和其各部分之间的数量关系进行分析、比较。相对指标就是在总量指标的基础上进行对比而产生的统计分析指标，有利于反映现象之间的联系状况。

一、相对指标的概念

相对指标又称相对数，是社会经济现象中两个有联系的统计指标的比值。相对指标有两个特点：一是抽象性，即它抽象掉了构成相对指标分子和分母的具体数值；二是相对指标的数值不随总体范围变化而变化。

相对指标反映了现象之间的数量对比关系和联系程度，在国民经济管理、企业经济活动分析和统计研究中应用很广。其主要作用为：

1. 反映社会经济现象之间的相对水平和联系程度

运用相对指标，可以观察某一总体的任务完成程度，内部的结构状况，指标之间的比例关系，一种事物在另一种事物中的普遍程度、强度和密度等，从而有利于分析同类现象在不同时空上的联系与区别，为揭示现象的本质和特点提供依据。例如，人们常用计划完成相对数判断一个企业计划任务的完成情况，用人均国民收入衡量一个国家的经济实力，用耐用消费品的平均拥有量评估一个地方的生活状况。

2. 提供了现象之间的比较基础

相对指标把总量指标之间的具体差异抽象掉了，从而使不可比的现象转化为可比现象。例如，要比较两个企业流通费用额的节约情况，如果仅以费用额的绝对节约额进行比较就难以说明问题，因为它们所完成的商品销售额可能是不同的；而费用额受商品销售额的影响，采用相对指标即流通费用率来分析流通费用额的节约情况，可做出正确的判断。因为流通费用率表明单位商品销售额所支付的费用额，排除了商品销售额的影响。这样，两个企业乃至多个企业就有了可以共同对比的基础。

相对指标的表现形式一般用无名数表示。无名数是一种抽象化的数值，常用倍数、系数、成数、番数、百分数、百分点和千分数来表示。

（1）倍数和系数。倍数和系数是将对比的基数抽象化为 1 来计算的相对数。当分子数值比分母数值大很多时，一般用倍数表示。当分子、分母数值差别不大时，常用系数表示，系数可以略大于 1，也可以小于 1。

（2）成数。成数是将对比的基数抽象化为 10 来计算的相对数，如某县粮食产量 2016 年比 2015 年增长一成，即增长十分之一。

（3）番数。番数是指两个相比较的数值中，一个数值是另一个数值的 2^m 倍时，则 m 是番数。例如，某地区 2011 年的工业增加值为 100 亿元，计划到 2015 年翻一番，则该地区 2015 的工业增加值应达到 200 亿元；若计划翻两番，即为 400 亿元；翻三番，即为 800 亿元。

（4）百分数、百分点、千分数。百分数（％）是将对比的基数抽象化为 100 来计算的相对数，百分数是相对指标中最常用到的表现形式。当分子、分母数值差别不大时可用百分数表示，如某企业计划完成程度为 102％，学生出勤率为 96％。

百分点是百分数的另一种表述形式，它以 1％ 为单位，即 1 百分点等于 1％。它在两个百分数相减的情况下应用。例如，原来银行活期储蓄利率为 2.1％，现在下调 1 百分点，说明现在银行活期储蓄利率为 1.1％。

千分数（‰）是将对比的基数抽象化为 1 000 来计算的相对数。一般在两个数值对比中，如果分子比分母的数值小很多时，则用千分数表示。如 2016 年我国人口出生率为 12.95‰，死亡率为 7.09‰，人口自然增长率为 5.86‰。

二、相对指标的类型

根据对比的基础不同，相对指标可以分为结构相对指标、比例相对指标、比较相对指标、强度相对指标、动态相对指标和计划完成程度相对指标六种。

（一）结构相对指标

结构相对指标是利用分组法，将总体区分为性质不同的各部分，各部分数值与总体全部数值对比得到的比重或比率称为结构相对指标或结构相对数。结构相对指标表明总体内部的构成状况，说明各部分在总体中的地位。一般用百分数来表示，其计算公式为：

$$结构相对指标 = \frac{总体某部分的数值}{总体全部数值} \times 100\%$$

结构相对指标的分子和分母，可以是总体单位总量，也可以是总体标志总量。结构相对指标有两个特点：一是它必须以分组法为基础，只有在被研究总体按一定标志进行科学分组的前提下，才能通过计算结构相对指标准确地反映现象总体内部的构成状况；二是结构相对指标各部分所占比重之和必须为 1（或 100％）。

在社会经济统计中结构相对指标应用广泛，它的主要作用包括：

（1）说明在一定时间、地点和条件下，社会经济现象总体结构的特征。例如，从下表的资料可以看出，2016 年我国对主要国家和地区货物进出口额构成的特点。

2016 年我国对主要国家和地区货物进出口额统计表

国家和地区	出口额（亿元）	占我国全部出口比重（%）	进口额（亿元）	占我国全部进口比重（%）
欧盟	22 369	16.2	13 747	13.1
美国	25 415	18.4	8 887	8.5
东盟	16 894	12.2	12 978	12.4
中国香港	19 009	13.7	1 107	1.1
日本	8 529	6.2	9 626	9.2
韩国	6 185	4.5	10 496	10.0
中国台湾	2 665	1.9	9 203	8.8
印度	3 850	2.8	777	0.7
俄罗斯	2 466	1.8	2 128	2.0

（资料来源：《2016 年国民经济和社会发展统计公报》）

（2）不同时期结构相对指标的变化可以反映事物性质的发展趋势，分析经济结构的演变规律。例如，从下表可以看出不同年份的世界农业人口在世界人口中所占的比重呈现出平稳下降趋势，这也是伴随经济发展、工业化程度提高和社会进步而产生的必然结果。

世界人口和农业人口的发展趋势表

	1960 年	1970 年	1980 年	1985 年	1990 年	2000 年	2010 年	2020 年	2025 年
世界人口（亿人）	30.2	36.9	44.5	48.5	52.9	62.5	71.9	80.6	84.7
农业人口（亿人）	17.6	17.6	21.9	22.9	23.9	25.7	26.6	26.5	26.2
占世界人口的比重（%）	58.3	47.7	49.2	47.2	45.2	41.1	37.0	32.9	30.9

（资料来源：《中国统计》）

（3）根据各构成部分所占比重大小，可以反映所研究现象总体的质量以及人力、财力、物力的利用情况。例如，文盲率、入学率、青年受高等教育人口比率等可从文化教育方面表明人口的质量；产品的合格率、优质品率、高新技术品率、商品损耗率等可表明企业的工作质量；出勤或缺勤率、设备利用率等，则可反映企业的人力、财力、物力的利用状况。

（4）利用结构相对指标，有助于分清主次，确定工作重点。例如在物资管理工作中，可采用 ABC 分析法，其基本原理就是对影响经济活动的因素进行分析，按各种因素的影响程度的大小分为 A、B、C 三类，实行分类管理。采用这种方法的依据，就是根据对统计资料的分析，计算结构相对指标，如下表。

某物资企业物资分类表

（单位:%）

类别	占资金的比重	占品种的比重
A	80	20
B	15	30
C	5	50

可见，应重点抓好 A 类物资的管理，且要注意 B 类物资的处理，这样可以控制 95% 的资金，收到较好的经济效果。

（二）比例相对指标

比例相对指标也称比例相对数，是指同一总体内不同部分指标数值对比得到的相对指标，用以分析总体内各部分之间的比例关系，计算公式为：

$$比例相对指标 = \frac{总体中某一部分数值}{总体中另一部分数值} \times 100\%$$

比例相对指标的数值，一般用百分数或比数的形式表示。统计分析中，有时还要求用连比形式表示总体中若干组成部分的比例关系，例如，2016 年国内生产总值中，第一、二、三产业增加值的比例为8.6 : 39.8 : 51.6。

【例1】某县有350 000人，其中男性180 000人，女性170 000人。求该县的人口性别比例。

$$该县的人口性别比例 = \frac{男性人口数}{女性人口数} \times 100\% = \frac{180\ 000}{170\ 000} \times 100\% = 105.9\%$$

如果以女性人口数 1 为基数，则该县的人口性别比例为1.06 : 1。

比例相对指标的特点：要与统计分组法结合运用，只有明确了总体内各部分之间内在的社会经济联系，才能据以计算有关的比例相对指标；根据研究目的的不同，用作比较的两个指标数值可以互为分子与分母。

比例相对指标与结构相对指标虽计算方法不同、说明问题的角度不同，但二者的本质是一样的，并且可以相互换算。

100

【知识链接】

恩格尔定律与恩格尔系数

19世纪德国统计学家恩格尔通过统计资料，根据消费结构的变化得出一个规律：一个家庭收入越少，家庭收入中（或总支出中）用来购买食物的支出所占的比例就越大；随着家庭收入的增加，家庭收入中（或总支出中）用来购买食物的支出所占的比例则会下降。推而广之，一个国家越穷，每个国民的平均收入中（或平均支出中）用于购买食物的支出所占比例就越大；随着国家的富裕，这个比例呈下降趋势。恩格尔定律的公式如下：

$$食物支出对总支出的比率（R1）= \frac{食物支出变动百分比}{总支出变动百分比}$$

或

$$食物支出对收入的比率（R2）= \frac{食物支出变动百分比}{收入变动百分比}$$

$R2$又称为食物支出的收入弹性。

恩格尔定律是根据经验数据提出的，它是在假定其他一切变量都是常数的前提下才可应用。因此，在考察食物支出在收入中所占比例的变动问题时，还应当考虑城市化程度、食品加工水平、饮食业和食物本身结构变化等因素。只有达到相当高的平均食物消费水平时，收入的进一步增加才不会对食物支出产生重要的影响。

恩格尔系数是根据恩格尔定律得出的比例数，是表示生活水平高低的一个指标。其计算公式如下：

$$恩格尔系数 = \frac{食物支出金额}{总支出金额} \times 100\%$$

2016年我国居民恩格尔系数为30.1%，比2012年下降2.9%，接近联合国划分的20%~30%的富足标准。

（资料来源：第一财经网）

（三）比较相对指标

比较相对指标也称比较相对数，是指同一时间、同类指标在不同空间之间对比得到的相对指标，它反映同一时间、同类事物在不同空间条件下的差异程度。其不同空间可以指不同国家、不同地区、不同部门、不同单位。比较相对指标一般用系数、倍数、百分数形式表示。其计算公式为：

$$比较相对指标 = \frac{某一条件下的某类指标数值}{另一条件下的同类指标数值} \times 100\%$$

【例2】 两个类型相同的工业企业，甲企业全年全员平均劳动生产率为 18 542 元/人，乙企业全年全员平均劳动生产率为 21 560 元/人，则两个企业全年全员平均劳动生产率的比较相对指标为：

$$比较相对指标 = \frac{某一条件下的某类指标数值}{另一条件下的同类指标数值} \times 100\% = \frac{18\ 542}{21\ 560} \times 100\% = 86\%$$

比较相对指标的特点：根据研究目的不同，分子和分母可以互换；对比的两个统计指标，可以是绝对数也可以是相对数或平均数。由于绝对数易受具体条件的影响，缺乏直接的可比性，因而在计算比较相对指标时多采用相对数或平均数。

（四）强度相对指标

强度相对指标也称强度相对数，指同一时期两个性质不同而又相互联系的总量指标对比得到的相对数，用来说明现象的强度、密度和普遍程度等。计算公式为：

$$强度相对指标 = \frac{某一总量指标数值}{另一性质不同而有联系的总量指标数值}$$

强度相对指标的分子和分母可以互换，形成强度相对指标的正指标和逆指标。

【例3】 我国土地面积为 960 万平方公里，第五次人口普查人口总数为 129 533 万人，则：

$$人口密度 = \frac{129\ 533}{960} = 134.93（人／平方公里）$$

而用铁路（公路）长度与土地面积进行对比，可以得出铁路（公路）密度。这些强度相对指标可用来反映现象的密集程度或普遍程度。

利用强度相对指标来说明社会经济现象的强弱程度时，广泛采用人均产量指标来反映一个国家的经济实力。例如，按全国人口数计算的人均钢产量、人均粮食产量等，这种强度相对指标的数值越大，表明一个国家的经济发展程度越高，经济实力越强。

有少数反映社会服务行业的负担情况或保证程度的强度相对指标，其分子和分母可以互换，例如：

$$商业网点密度（正指标） = \frac{零售商业机构数（个）}{地区人口数（千人）}$$

$$商业网点密度（逆指标） = \frac{地区人口数（千人）}{零售商业机构数（个）}$$

强度相对指标和其他相对指标比较，有两个明显的特点：

第一，有些指标数值是用有名数表示的，一般用双重单位，如上例中的"千人/个"；有些指标数值是用无名数表示的，如流通费用率用百分数表示。

第二，强度相对指标具有平均之意，如按全国人口分摊的人均国民收入、人均钢产量、人均粮食产量、人均煤产量等，表现形式类似于平均数，但两者存在本质区别。

【知识链接】

人口自然增长率

人口自然增长率为一定时期内人口自然增长数（出生人数减死亡人数）与该时期内平均人口数之比，通常以年为单位计算，用千分比来表示，计算公式为：

$$人口自然增长率 = \frac{年内出生人数 - 年内死亡人数}{年平均人口数} \times 1\,000‰$$

$$= 人口出生率 - 人口死亡率$$

2016年我国人口出生率为12.95‰，死亡率为7.09‰，人口自然增长率为5.86‰。（资料来源：《2016年国民经济和社会发展统计公报》）

（五）动态相对指标

动态相对指标也称动态相对数，是指同类现象在不同时间上的指标数值对比得到的相对数，用以说明现象的发展变化程度。计算公式为：

$$动态相对指标 = \frac{报告期指标数值}{基期指标数值} \times 100\%$$

（六）计划完成程度相对指标

1. 含义

计划完成程度相对指标（也称计划完成程度相对数）是实际完成数与计划规定数之比。它表明实际完成计划的程度，用来检查、监督计划的执行情况。计划完成程度相对指标一般用百分数表示，基本计算公式为：

$$计划完成程度相对指标 = \frac{实际完成数}{计划规定数} \times 100\%$$

【例4】2017年某企业产品计划产量为10 000件，实际完成11 200件，则产量计划完成程度相对指标为：

$$产量计划完成程度相对指标 = \frac{11\ 200}{10\ 000} \times 100\% = 112\%$$

2. 计算公式

在计算计划完成程度相对指标时，由于其表现形式有绝对数、相对数和平均数三种，故其计算方法在基本计算公式的要求下其具体形式也有所不同。

当计划规定数为绝对数和平均数时，其计算公式与基本计算公式一致。

在实际工作中，也有用提高或降低百分比来规定计划任务的。如劳动生产率计划提高百分之几，成本计划降低百分之几，此时计划规定数为相对数，用公式表示为：

$$计划完成程度相对指标 = \frac{实际达到的百分数}{计划规定的百分数} \times 100\%$$

$$= \frac{1 \pm 实际提高（降低）百分数}{1 \pm 计划提高（降低）百分数}$$

【例5】 2015 年某企业某产品产量计划增长 10%，同时该产品单位成本计划下降 5%，而实际产量增长了 12%，实际单位成本下降了 8%，则产品产量和单位成本的计划完成程度相对指标分别为：

$$产品产量计划完成程度相对指标 = \frac{100\% + 12\%}{100\% + 10\%} \times 100\% = 101.82\%$$

$$产品单位成本计划完成程度相对指标 = \frac{100\% - 8\%}{100\% - 5\%} \times 100\% = 96.84\%$$

3. 计划执行进度的检查

在实际工作中，为保证计划的实现，在计划执行过程中，要对计划执行的进度进行检查。其计算公式为：

$$计划执行进度指标 = \frac{期初至报告期实际累计完成数}{全期计划数} \times 100\%$$

【例6】 某商业企业计划 2017 年全年完成销售额 846 万元，在计划执行过程中，1—9 月份实际累计完成销售额 668.4 万元，则该商业企业销售额的计划执行进度指标为：

$$计划执行进度指标 = \frac{668.4}{846} \times 100\% = 79.01\%$$

4. 长期计划执行情况的检查

长期计划一般是指五年及以上的计划。依据长期计划任务数的规定方法不同，检查长期计划执行情况的方法可分为累计法和水平法。

（1）累计法。当计划任务数是以计划期内各年的总和规定的，用累计法检查长期计划执行情况。这类指标有基本建设投资额、造林面积、新增生产能力等，计算公式为：

$$计划完成程度相对指标 = \frac{计划期实际完成累计数}{计划期计划规定累计数} \times 100\%$$

【例7】某地区在"十二五"期间，计划五年固定资产投资总额为150亿元，实际各年投资情况如下表。

某地区"十二五"期间固定资产投资额完成情况

（单位：亿元）

年份	2010	2011	2012	2014	2015
实际固定资产投资额	29.4	32.6	39.1	48.9	60.0

则该地区"十二五"期间固定资产投资额的计划完成程度相对指标为：

$$计划完成程度相对指标 = \frac{29.4 + 32.6 + 39.1 + 48.9 + 60.0}{150} \times 100\% = 140\%$$

（2）水平法。若计划任务数是以计划期末应达到的水平规定的，则用水平法检查长期计划执行情况。这类指标比较普遍，如各种产品的产量、商品销售额、工业总产值等，计算公式为：

$$计划完成程度相对指标 = \frac{计划期末年实际达到的水平}{计划规定的末年水平} \times 100\%$$

【例8】某企业按五年计划规定，最后一年的产量应达到720万件，实际执行情况如下表所示。

某企业产量的五年计划完成情况

（单位：万件）

年份	第一年	第二年	第三年	第四年				第五年			
				一季度	二季度	三季度	四季度	一季度	二季度	三季度	四季度
产量	300	410	530	150	160	170	170	190	190	210	210

则该企业产量的计划完成程度相对指标为：

$$计划完成程度相对指标 = \frac{190 + 190 + 210 + 210}{720} \times 100\% = 111.11\%$$

则该企业产量超额 11.11% 完成了五年计划。

采用水平法计算，只要有连续一年时间（可以跨年度）实际完成水平达到最后一年计划水平，就算完成了计划，余下的时间就是提前完成计划时间。如上例中，该企业实际从五年计划的第四年第三季度到第五年第二季度连续一年时间的产量达到了计划产量 720 万件水平，完成了五年计划，那么第五年下半年的时间就是提前完成计划的时间。

三、计算和运用相对指标应注意的问题

1. 注意相对指标的可比性

相对指标是通过指标对比的方法来反映事物数量对比关系和联系程度的统计指标。所以，对比的事物是否具有可比性，是正确计算和运用相对指标的前提。如果作为比较的两个事物缺乏可比性，就会歪曲事实的真相，导致认识的严重错误。

可比性主要是指所要对比的现象在总体范围、指标口径、计算方法、计算价格、时间和空间等方面应该一致。尤其是进行国际统计资料的对比时，由于不同国家社会制度不尽相同，各种统计指标的口径不尽一致，所以更应严格加以分析，进行必要的核算和调整工作。

2. 注意相对指标与总量指标的结合运用

相对指标是通过两个指标的对比，用一个抽象化的比值来揭示现象的联系程度，把现象的具体规模或水平抽象掉了，掩盖了现象绝对量上的差别。

由此可见，计算和运用相对指标，不能只凭相对数的大小判断事物。因为大的相对数背后的绝对值可能很小，而小的相对数背后却可能隐藏着较大的绝对值。只有将二者结合起来应用，才能对问题的实质做出正确的判断。

3. 注意多种相对指标的结合运用

相对指标有多种，一种相对指标只能说明一个方面的情况，很难用某一个相对指标来说明问题的全部。因此，要全面、深刻地说明问题，就必须把各种相对指标结合起来使用。

例如，某企业 2015 年产值计划完成程度相对指标为 120%，说明该企业 2015 年产值超额 20% 完成了计划；该企业 2015 年产值为 2014 年的 90%，说明该企业 2015 年产值比上年减少了 10%。若把二者结合起来进行研究会发现，该企业 2015 年的计划产值定得过低，应进一步分析原因。

任务三　平均指标

一、平均指标的概念

平均指标是表明同类社会经济现象总体一般水平的统计指标，其数值表现为平均数。

平均指标是用来反映同质总体各单位某一数量标志值在一定时间、地点、条件下所达到的一般水平的统计指标，例如，学生某科考试的平均成绩，就是平均指标。

平均指标具有三个特点：①抽象性，平均指标的抽象性与相对指标的抽象性不同，平均指标是将总体内各单位标志值差异抽象化；②代表性，平均指标是总体各单位标志值的差异抽象后的数值，它可能不等于总体内任何一个单位的具体水平，但它是总体各单位标志值的一般水平，对总体具有代表性；③平均指标的数值不随总体范围的变化而变化。

平均指标在认识社会经济现象总体数量特征方面具有重要作用，主要表现为：

1. 反映总体各单位变量值分布的集中趋势

总体中各单位某一标志在数量上的变化是有差异的，变量值从小到大形成一定的分布，在社会经济现象的范围内，较多地表现为正态分布。标志值很小或很大的数值出现的次数较少，在平均数周围的标志值的数量则占较大比重，因而平均指标反映了标志值变动的集中趋势，代表着变量数列的一般水平。例如，某企业职工的工资，每月收入很少或很多的职工占少数，而收入在中等水平即平均工资周围的人有很多，因此，可用平均工资代表该企业的工资水平。

2. 用于同类现象在不同时空的对比

平均指标消除了总体单位数对总体标志总量的影响，反映现象的一般水平，因此，有利于比较现象在不同地区之间的差异，反映现象在不同时间上的发展变化情况。例如，评价两个同类商业企业营业员的劳动效率，就不能用销售总额比较，因为销售总额受营业员人数多少的影响，而平均指标即人均销售额，就可以客观评价两个同类商业企业营业员的劳动效率。如果把连续几年的人均销售额排在一起，还可以观察到营业员劳动效率的变化情况。

3. 通过平均指标可以分析现象之间的依存关系

在社会经济现象中，现象并不是孤立的，而是相互联系的，利用平均指标可以分析它们的依存关系。例如，把每亩施肥量与农作物的平均亩产量进行比较，可以发现这两者之间的相互依存关系，即在一定范围内，农作物的平均亩产量与每亩施肥量呈正比关系。

平均指标按计算方法不同，可分为算术平均数、调和平均数、众数和中位数。前两种是根据总体各单位所有标志值计算的，称为数值平均数；后两种是根据总体单位标志值所处的位置来确定的，称为位置平均数。

二、平均指标的计算

（一）算术平均数

算术平均数的基本形式是总体各单位某一数量标志值之和（总体标志总量）除以总体单位总量，其计算公式为：

$$算术平均数 = \frac{总体标志总量}{总体单位总量}$$

算术平均数适用于现象的总量是各单位标志值算术总和的社会经济现象，如工资总额是各个工人工资的总和，这类现象在社会经济现象中较为普遍。因此，算术平均数是平均数中最常用、最基本的平均指标。

计算和应用算术平均数时要特别注意，分子与分母必须同属一个总体，即分子与分母是一一对应的关系，有一个总体单位必有一个标志值与之相对应，否则就不是平均指标。这正是算术平均数与强度相对数之间的根本区别。强度相对数是两个性质不同但有联系的不同总体总量指标的对比，这两个总量指标之间没有依附关系，只是在经济内容上存在客观联系，可以说明现象的强度、密度和普遍程度；算术平均数则是一个总体内的标志总量与单位总量的对比，用来说明总体单位某一标志值的一般水平。

根据掌握的资料和计算上的复杂程度不同，算术平均数又可以分为简单算术平均数和加权算术平均数两种。

1. 简单算术平均数

如果没有直接掌握算术平均数基本计算公式所需的分子和分母资料，只是掌握了总体各单位的标志值，则可以用简单算术平均法计算平均指标。其计算公式为：

$$\bar{x} = \frac{x_1 + x_2 + \cdots + x_n}{n} = \frac{\sum_{i=1}^{n} x_i}{n}$$

式中，$\bar{x}$ 为简单算术平均数，x_i 为各单位标志值，n 为总体单位数，$\sum$ 为求和符号。简单算术平均数适用于未分组资料。简单算术平均数只受各单位标志值大小的影响。

【例1】据南方人才服务中心调查，从事家政行业的从业人员年薪为 40 000 ~ 55 000元，下表的数据是家政行业从业人员年薪的一个样本：

（单位：元）

49 100	48 600	49 950	48 800	47 200	49 900	51 350	54 600
49 300	51 200	51 000	49 400	51 400	51 800	49 600	53 400
48 700	50 300	49 000	49 800	48 900	48 650	51 300	51 900

要求计算家政行业从业人员的平均年薪。根据公式计算如下：

$$\bar{x} = \frac{\sum_{i=1}^{n} x_i}{n} = \frac{49\ 100 + 49\ 300 + \cdots + 53\ 400 + 51\ 900}{24} = 50\ 214.58(元)$$

2. 加权算术平均数

计算加权算术平均数时有两种情况：一是依据单项数列计算，二是依据组距数列计算。

在单项数列的情况下，已知各组的变量值（x_i）和各组的次数（f_i），且各组的次数又不相等，则采用加权算术平均法计算平均指标。其计算公式为：

$$\bar{x} = \frac{x_1 f_1 + x_2 f_2 + \cdots + x_n f_n}{f_1 + f_2 + \cdots + f_n} = \frac{\sum_{i=1}^{n} x_i f_i}{\sum_{i=1}^{n} f_i}$$

【例2】某服装加工厂对其员工年龄进行了一次统计，相关资料如下表所示。试求该服装加工厂员工的平均年龄。

员工年龄分组表

年龄（岁）x_i	员工数 f_i	$x_i f_i$
22	15	330
26	10	260
32	12	384
45	3	135
合　计	40	1 109

该服装加工厂员工的平均年龄为：

$$\bar{x} = \frac{\sum_{i=1}^{n} x_i f_i}{\sum_{i=1}^{n} f_i} = \frac{1\ 109}{40} = 27.725(岁)$$

加权算术平均数与简单算术平均数的区别在于：简单算术平均数只反映变量值的影响；而加权算术平均数则反映变量值 x_i 和次数 f_i 的共同影响。当标志值较大而次数也较多时，平均数就靠近或趋向于标志值大的一方；当标志值比较小而次数较多时，平均数就靠近或趋向于标志值小的一方。在变量值既定的情况下，次数对平均数的大小起着权衡轻重的作用，所以在计算加权算术平均数时，通常把次数称为权数。

当各组次数相同时，次数就失去了权数的作用，这时加权算术平均数就变成了简单算术平均数。简单算术平均数实际上是各变量值的次数均为 1 的一种特殊情况，或者说简单算术平均数是加权算术平均数的特例。

加权算术平均数的权数有两种表现形式：一种是绝对数 f_i，另一种是结构相对数 $\frac{f_i}{\sum_{i=1}^{n} f_i}$（比重）。但两种权数的性质相同，由此而计算的平均指标也相同。结构相对数权数 $\frac{f_i}{\sum_{i=1}^{n} f_i}$ 是根据绝对数计算出来的，反映权数在各个变量值之间的分配比例，能更好地体现权数作用的实质。以相对数权数计算平均指标的公式为：

$$\bar{x} = \frac{\sum_{i=1}^{n} x_i f_i}{\sum_{i=1}^{n} f_i} = \sum_{i=1}^{n} x_i \frac{f_i}{\sum_{i=1}^{n} f_i}$$

例如，根据上表计算可得下表。

员工年龄分组表

年龄（岁）x_i	员工数（f_i）	比重 $\dfrac{f_i}{\sum_{i=1}^{n} f_i}$（%）	$x_i \dfrac{f_i}{\sum_{i=1}^{n} f_i}$
22	15	37.5	8.25
26	10	25	6.5
32	12	30	9.6
45	3	7.5	3.375
合　计	40	100	27.725

平均年龄 $\bar{x} = \sum_{i=1}^{n} x_i \dfrac{f_i}{\sum_{i=1}^{n} f_i} = 27.725$（岁），利用两种形式的权数计算的工人平均年龄结果相同。

正确使用平均数的关键是如何正确选择平均数中的权数。通常有以下两个基本原则：

（1）选择的权数必须具有实际意义，这是选择权数应遵循的基本原则。

（2）选择的权数必须保证权数与标志值的乘积之和等于该现象平均数基本公式的分子资料，这是选择权数的技巧。

平均数中的权数一定是平均数基本公式中的分母资料。如平均工资中的权数是工人数，平均每个企业产值计划完成百分比中的权数是计划产值。

【例3】某季度某工业公司18个工业企业产值完成情况如下表，计算出平均产值计划完成程度。

某工业企业产值完成情况表

产值计划完成程度（%）	组中值（%）x_i	企业数（个）	计划产值（万元）f_i	实际产值（万元）$x_i f_i$
80～90	85	2	800	680
90～100	95	3	2 500	2 375
100～110	105	10	17 200	18 060
110～120	115	3	4 400	5 060
合计	—	18	24 900	26 175

$$\text{平均产值计划完成程度} = \frac{\text{实际完成产值}}{\text{计划产值}} = \frac{\sum_{i=1}^{n} x_i f_i}{\sum_{i=1}^{n} f_i} = \frac{26\ 175}{24\ 900} = 105.12\%$$

在实际工作中，有时需要根据组距数列计算平均数。它的计算方法与单项数列基本相同，区别是要先计算出各组的组中值，再以组中值作为某一组变量值的代表值来进行计算。

根据组距数列计算加权算术平均数，是假定各单位标志值在组内的分布是均匀的。实际上，分布要完全均匀一般是不可能的，由于各组组中值与组平均数会存在一定程度的误差，用组中值计算出来的加权算术平均数只是一个近似值。

（二）调和平均数

调和平均数（倒数平均数）是各个标志值倒数的算术平均数的倒数。调和平均数又可分为简单调和平均数和加权调和平均数两种形式。

1. 简单调和平均数

如果掌握的资料是未分组的各标志值，则用简单调和平均法计算平均指标，计算公式为：

$$H = \frac{n}{\frac{1}{x_1} + \frac{1}{x_2} + \cdots + \frac{1}{x_n}} = \frac{n}{\sum_{i=1}^{n} \frac{1}{x_i}}$$

【例4】某零件加工企业3名工人加工某件产品的时间分别为10分钟、15分钟、20分钟，试求平均每件产品的加工时间。

利用简单调和平均法可得平均每件产品的加工时间为：

$$H = \frac{n}{\sum_{i=1}^{n} \frac{1}{x_i}} = \frac{3}{\frac{1}{10} + \frac{1}{15} + \frac{1}{20}} = 13.8（分钟）$$

2. 加权调和平均数

如果掌握的资料是分组的资料，则用加权调和平均法计算平均指标，计算公式为：

$$H = \frac{m_1 + m_2 + \cdots + m_n}{\frac{m_1}{x_1} + \frac{m_2}{x_2} + \cdots + \frac{m_n}{x_n}} = \frac{\sum_{i=1}^{n} m_i}{\sum_{i=1}^{n} \frac{m_i}{x_i}}$$

【例5】假定A、B两家公司员工的月工资资料如下表，试分别计算两家公司员工的月平均工资。

两家公司员工月工资情况表

月工资（元）x_i	工资总额（元）m_i		员工人数（人）	
	A公司	B公司	A公司	B公司
8 000	480 000	400 000	60	50
10 000	700 000	400 000	70	40
16 000	320 000	400 000	20	25
合计	1 500 000	1 200 000	150	115

A公司员工的月平均工资：

$$H_A = \frac{\sum\limits_{i=1}^{3} m_i}{\sum\limits_{i=1}^{3} \dfrac{m_i}{x_i}} = \frac{480\ 000 + 700\ 000 + 320\ 000}{\dfrac{480\ 000}{8\ 000} + \dfrac{700\ 000}{10\ 000} + \dfrac{320\ 000}{16\ 000}}$$

$$= \frac{1\ 500\ 000}{150} = 10\ 000(\text{元})$$

对于 B 公司，固然也可以采用加权调和平均法来计算其员工的月平均工资：

$$H_B = \frac{\sum\limits_{i=1}^{3} m_i}{\sum\limits_{i=1}^{3} \dfrac{m_i}{x_i}} = \frac{400\ 000 + 400\ 000 + 400\ 000}{\dfrac{400\ 000}{8\ 000} + \dfrac{400\ 000}{10\ 000} + \dfrac{400\ 000}{16\ 000}}$$

$$= \frac{1\ 200\ 000}{115} \approx 10\ 434.78(\text{元})$$

然而在上例，由于 B 公司各组的权数（工资总额）相同，实际上并没有真正起到加权的作用。所以我们采用简单调和平均法来计算，可以得到完全相同的结果，而计算过程却大大简化了：

$$H_B = \frac{3}{\sum\limits_{i=1}^{3} \dfrac{1}{x_i}} = \frac{3}{\dfrac{1}{8\ 000} + \dfrac{1}{10\ 000} + \dfrac{1}{16\ 000}} \approx 10\ 434.78 \ (\text{元})$$

不论是算术平均数还是调和平均数，都是总体标志总量与总体单位总数之比，同一个资料其计算结果相同，二者的经济意义也完全一样。事实上，加权调和平均法与加权算术平均法并无本质区别，只是由于掌握的资料不同，而采用了不同的计算形式而已。在社会经济统计中，加权调和平均数实际上是作为加权算术平均数的变形来使用的。其变形关系如下：

$$H = \frac{\sum\limits_{i=1}^{n} m_i}{\sum\limits_{i=1}^{n} \dfrac{m_i}{x_i}} = \frac{\sum\limits_{i=1}^{n} x_i f_i}{\sum\limits_{i=1}^{n} \dfrac{x_i f_i}{x_i}} = \frac{\sum\limits_{i=1}^{n} x_i f_i}{\sum f_i}$$

（三）众数（mode）

1. 众数的概念

众数是指总体中出现次数最多的标志值，用 M_0 表示。众数可以表明社会经济现象的一般水平。比如，为了掌握市场上某种商品的价格水平，可不必全面登记该商品的价格和交易量来求其算术平均数，只需用该商品成交量最多的那个价格即众数作为代表值，就可以反映该商品价格的一般水平。

2. 众数的确定

确定众数，根据变量数列的类型不同而采用不同方法。

（1）根据单项数列确定众数。在单项数列情况下，确定众数比较简单，只需找出次数出现最多的那个标志值即可。

【例6】某制鞋厂要了解消费者最需要哪种型号的男皮鞋，调查了某百货商场某季度男皮鞋的销售情况，得到资料如下表。

某商场某季度男皮鞋销售情况表

男皮鞋号码（厘米）	销售量（双）
24.0	12
24.5	84
25.0	118
25.5	541
26.0	320
26.5	104
27.0	52
合计	1 231

从表格中可以看到，25.5厘米的鞋号销售量最多，鞋号25.5厘米就是众数。

（2）根据组距数列确定众数。根据组距数列确定众数，需采用插补法。一般步骤是先确定众数所在组，然后计算众数的近似值，计算公式为：

$$M_0 = L + \frac{\Delta_1}{\Delta_1 + \Delta_2} \times d$$

$$M_0 = U - \frac{\Delta_2}{\Delta_1 + \Delta_2} \times d$$

式中：L——众数所在组下限；U——众数所在组上限；Δ_1——众数所在组次数与其下限的邻组次数之差；Δ_2——众数所在组次数与其上限的邻组次数之差；d——众数所在组组距。

【例7】根据表中的数据，计算50名工人日加工零件数的众数。

按零件数分组（个）	组中值 x	频数 f	xf
105～110	107.5	3	322.5
110～115	112.5	5	562.5
115～120	117.5	8	940.0
120～125	122.5	14	1 715.0
125～130	127.5	10	1 275.0
130～135	132.5	6	795.0
135～140	137.5	4	550.0
合　计	—	50	6 160.0

从表中的数据可以看出，最大的频数值是 14，即众数组为 120～125 这一组，根据公式可得 50 名工人日加工零件数的众数为：

$$M_0 = 120 + \frac{14-8}{(14-8)+(14-10)} \times 5 = 123(\text{件})$$

$$\text{或：} M_0 = 125 - \frac{14-10}{(14-8)+(14-10)} \times 5 = 123(\text{件})$$

（3）众数的特点及应用众数需注意的问题。

① 由于众数是根据变量值出现次数的多少来确定的，不需要计算全部变量值，因此称为位置平均数，它不受极端变量值的影响。

② 在组距数列中，各组分布的次数受组距大小的影响。所以，根据组距数列确定众数时，要保证各组组距相等。

③ 当一个次数分布中有多个众数时，称为多重众数，说明总体内存在不同性质的事物。

④ 当数列没有明显的集中趋势而趋于均匀分布时，不存在众数。

（四）中位数（median）

1. 中位数的概念

中位数是指将总体各单位标志值按大小排列后处于中间位置的那个标志值，中位数用 M_e 表示。由于它的位置居中，有一半单位的标志值小于它，另一半单位的标志值大于它，所以其数值不受极端数值的影响。中位数也可以用来说明社会经济现象各单位标志值的一般水平。

2. 中位数的确定

根据掌握的资料不同，中位数的计算方法可分两种情况，即根据未分组资料确定中位数和根据分组资料确定中位数。

（1）根据未分组资料确定中位数。根据未分组资料确定中位数，首先要将掌握的资料，按标志值由大到小或由小到大的顺序进行排列，然后确定中位数所在的位置，与中位数所在位置相对应的标志值即为中位数。

如果标志值的项数是奇数，那么中间位置的那个标志值就是中位数。如有 7 个标志值按顺序排列为：68，72，75，77，81，84，88，则中位数所在位置为第 4 位 $[(7+1)/2]$，则第 4 位所对应的标志值 77 就是中位数，它代表了这 7 个标志值的一般水平。

如果标志值的项数是偶数，那么处于中间位置左右两边的标志值的算术平均数，就是中位数。假如有 8 个标志值按顺序排列为：68，72，75，76，77，81，84，88，则中位数位置为第 4、5 位 $[(8+1)/2]$ 的中间，则中位数为 76.5 $[(76+77)/2]$，即第 4 位和第 5 位对应的标志值的算术平均数。

（2）根据分组资料确定中位数。根据分组资料确定中位数，首先通过计算累计次数确定中位数所在的组。计算累计次数的方法有较大制累计和较小制累计两种。较大制累计次数是由大变量值向小变量值方向累加的次数；较小制累计次数是由小变量值向大变量值方向累加的次数。包含的最小累计次数（无论是较大制累计次数，还是较小制累计次数）的组即为中位数所在的组。其次确定中位数的值，单项数列和组距数列确定中位数的值的方法有所不同。

①根据单项数列确定中位数。

【例 8】根据某工厂工人日生产零件数分组资料计算中位数。

某工厂工人日生产零件数统计表

按零件数分组（件）	工人数（人）	由小到大累计	由大到小累计
159	2	2	21
162	4	6	19
167	5	11	15
169	6	17	10
171	3	20	4
173	1	21	1
合计	21	—	—

$$中位数位置 = \frac{\sum_{i=1}^{n} f_i + 1}{2} = \frac{21+1}{2} = 11，即 M_e = 167（件）。$$

②根据组距数列确定中位数，应先按 $\dfrac{\sum_{i=1}^{n} f_i}{2}$ 的公式求出中位数所在组的位置，然后再按下限公式或上限公式确定中位数。

116

$$下限公式: M_e = L + \frac{(\sum_{i=1}^{n} f_i/2) - S_{m-1}}{f_m} \times d$$

$$上限公式: M_e = U - \frac{(\sum_{i=1}^{n} f_i/2) - S_{m+1}}{f_m} \times d$$

式中：M_e 为中位数；L 为中位数所在组下限；f_m 为为中位数所在组的次数；$\sum_{i=1}^{n} f_i$ 为总次数；d 为中位数所在组的组距；S_{m-1} 为中位数所在组以下的累计次数；U 为中位数所在组上限；S_{m+1} 为中位数所在组以上的累计次数。

【例9】根据某企业 50 名工人日加工零件数，试计算 50 名工人日加工零件数的中位数。

某企业 50 名工人日加工零件数统计表

按零件数分组（个）	频数（人）	向上累计（人）	向下累计（人）
105～110	3	3	50
110～115	5	8	47
115～120	8	16	42
120～125	14	30	34
125～130	10	40	20
130～135	6	46	10
135～140	4	50	4

由表中资料可知，中位数的位置 = 50/2 = 25，即中位数在 120～125 个这一组，$L = 120$，$S_{m-1} = 16$，$U = 125$，$S_{m+1} = 20$，$f_m = 14$，$d = 5$，根据中位数公式得：

$$M_e = 120 + \frac{\frac{50}{2} - 16}{14} \times 5 = 123.21(个)$$

$$或 M_e = 125 - \frac{\frac{50}{2} - 20}{14} \times 5 = 123.21(个)$$

【知识链接】

中位数作为一种描述数据中心位置的指标，在衡量年收入与资产价值方面的数据时被经常采用。这是因为少数异常大的收入或资产价值的数据会使得平均数被放大。在这种场合下，一般更倾向于使用中位数作为对数据中心位置的度量。

三、平均指标的应用原则

在统计研究和分析中，平均指标得到了极其广泛的应用，为了保证平均指标的科学性，更好地发挥其作用，必须遵守以下基本原则。

1. 在同质总体中计算和应用平均指标

同质总体是指由性质相同的同类单位构成的总体。只有在同质总体中，总体各单位才具有共同的特征，这样才能按某一数量标志计算其平均数。把本质不同的事物放在一起平均，将会形成一种虚构的平均数，它会抹杀现象之间的本质差异，歪曲现象的真实情况。因此，总体的同质性是计算平均指标首先要注意的问题，例如，研究商品的平均价格时，就应先区分不同性质的商品。

2. 用组平均数补充说明总平均数

平均数虽然给人们以总体的、综合的数量概念，但平均数比较抽象。因此，如果要进一步分析研究问题，仅仅计算总体的平均数是不够的，还必须计算总体内部各种类型或各部分的平均数，以配合总平均数做出进一步的分析说明。

3. 用分布数列补充说明平均数

由于平均数把总体各单位的数量差异给掩盖了，无法反映总体各单位的分布状况。因此，根据分析研究的需要，可以用分布数列补充说明平均数，以便多视角地观察问题。

4. 把平均数和典型事例结合起来

将一般与个别相结合是分析研究问题应遵循的一般原则。平均数是一般，典型事例是个别。所以，为了全面深入地认识事物，在应用平均数时，要结合个别的典型事例，加以深入细致的研究。

任务四　标志变异指标

一、标志变异指标的概念

在统计研究中，把总体各单位标志值之间差异程度叫做标志变动。测定标志变动度大小的指标叫做标志变异指标或标志变动度指标。标志变异指标和平均指标有着密切的联系。平均指标是反映总体各单位某一标志值一般水平的指标，它把各单位数量差异抽象掉了，是总体各单位某一标志值的代表值。但总体各单位数量之间的差异是客观存在的，它们之间差异程度的大小直接影响到平均指标的代表性高低。因此，在研究平均指标的同时，还必须对总体各单位标志值之间的差异程度进行测定，所以标志变异指标应运而生。

如果用平均指标说明总体各单位标志值分布的集中趋势，则标志变异指标说明了总体各单位标志值的离中趋势。所以，在统计研究中，常把平均指标和标志变异指标结合起来应用。标志变异指标在统计研究中的作用主要有：

（1）标志变异指标是衡量平均指标代表性的尺度。平均指标作为某一数量标志值的代表值，其代表性的高低与总体各单位标志值的差异程度密切相关。

平均指标代表性与标志变异指标的关系是：总体标志变异指标越大，平均指标代表性越低；反之，总体标志变异指标越小，平均指标代表性越高。

常用的标志变异指标有全距、四分位差、平均差、标准差和标准差系数。当两个总体平均数相等时可以使用前四种标志变异指标来说明总体平均数的代表性大小；当两个总体平均数不等时，必须使用标准差系数来说明总体平均数的代表性大小。

（2）标志变异指标可以用来研究现象量变过程的稳定性和均衡性。标志变异指标可以表明生产过程的节奏性或经济活动过程的均衡性，以说明经济管理工作的质量。

（3）标志变异指标是确定抽样推断中抽样误差和必要样本数目的必要依据，也是相关与回归分析中计算估计标准误差的重要指标。

二、标志变异指标的计算

（一）全距（range）

全距也称极差，它是总体各单位标志值中的最大值与最小值之差。它反映了单位标志值的变动范围，是最简单的计算标志变异指标的方法，一般用 R 表示，计算公式如下：

$$R = 最大标志值 - 最小标志值$$

【例1】有两个学习小组的统计学基础期末成绩分别为：

甲组：60，70，80，90，100

乙组：78，79，80，81，82

很明显，两个小组的考试成绩平均分都是80分，但是哪一组的分数比较集中呢？

如果用全距来衡量，则有：

$$R_{甲} = 100 - 60 = 40（分）$$
$$R_{乙} = 82 - 78 = 4（分）$$

这说明甲组成绩的标志变动度或离中趋势远大于乙组成绩的标志变动度。

全距是概括说明标志变异状况的简单指标，它只考虑了最大和最小两个极端值，没有反映中间各标志值的变动情况，只是用变动幅度来说明变异状况。因此，全距反映标志值的实际离散程度不全面、不准确。测定标志值的离散程度必须考虑所有标志值的变动，从而提出了平均差和标准差概念。

在实际工作中，全距常用来检查产品质量的稳定性和进行质量控制。在正常生产条件下，全距在一定范围内波动，若全距超过给定的范围则说明有异常情况。

（二）四分位差（quartile deviation）

四分位差是描述统计学中的一种方法，用于确定第3个四分位数和第1个四分位数的区别。与方差、标准差一样，其表示统计资料中各变量的分散情形，但更多地表现为一种稳健统计（robust statistic）。

四分位差，也称内距或四分位数间距（interquartile range），它是将一组数据由小到大（或由大到小）排序后，用3个点将全部数据分为4等份（每部分包含25%的数据），与这3个点位置相对应的数值称为四分位数，分别记为$Q1$（第1个四分位数，即下四分位数）、$Q2$（第2个四分位数，即中位数）、$Q3$（第3个四分位数，即上四分位数）。其中，$Q1$到$Q3$之间的距离差称为四分位差，记为QD。其计算公式分别为：

$$Q1 \text{ 的位置} = (n+1)/4$$
$$Q2 \text{ 的位置} = (n+1)/2$$
$$Q3 \text{ 的位置} = 3(n+1)/4$$
$$QD = Q3 - Q1$$

其中，n表示数据的项数。

四分位差通常用来构建箱形图，以及对概率分布的简要图表概述。对一个对称性分布数据（中位数必然等于第3个四分位数与第1个四分位数的算术平均数）来说，二分之一的四分差等于绝对中位差（MAD）。绝对中位数是集中趋势的反映。

【例2】2月份某公司员工生产某产品的数量（单位：千克）分别为13、13.5、13.8、13.9、14、14.6、14.8、15、15.2、15.4、15.7，求四分位差。

三个四分位数的位置分别为：

$$Q1 \text{ 的位置} = (n+1)/4 = (11+1)/4 = 3$$
$$Q2 \text{ 的位置}：(n+1)/2 = (11+1)/2 = 6$$
$$Q3 \text{ 的位置}：3(n+1)/4 = 3(11+1)/4 = 9$$

即变量数列中的第3个、第6个、第9个员工的产品产量分别为下四分位数、中位数和上四分位数，即$Q1 = 13.8$（千克），$Q2 = 14.6$（千克），$Q3 = 15.2$（千克），则$QD = Q3 - Q1 = 15.2 - 13.8 = 1.4$（千克）。

四分位差反映了数据资料中间50%数据的离散程度，其数值越小，说明中间的数据越集中，变异度越小；其数值越大，说明中间的数据越分散，变异度越大。由于四分位差不受两端个别极大值或极小值的影响，因而四分位差较全距稳定。此外，由于中位数处于数据的中间位置，因此，四分位差的大小在一定程度上也说明了中位数对一组数据的代表程度。四分位差主要用于测度顺序数据的离散程度。对于数值型数据也可以计算四分位差，但四分位差不适合用于测度分类数据。

【知识链接】

国家税务总局 2009 年 1 月 9 日颁布的《特别纳税调整实施办法（试行)》（国税发〔2009〕2 号）第五章第四十一条规定："税务机关采用四分位法分析、评估企业利润水平时，企业利润水平低于可比企业利润率区间中位值的，原则上应按照不低于中位值进行调整"，这充分表明了国家税务总局对转让定价的调整力度。那么，税务机关是如何利用四分位法，确定可比企业利润率区间中位值的？

（资料来源：国家税务总局）

（三）平均差（average deviation）

平均差是总体中各单位标志值对其算术平均数离差的绝对值的算术平均数，也叫平均离差。平均差越大表明标志变动度越大，平均值的代表性越高；反之，平均差越小表明标志变动度越小，平均值的代表性越高。

在统计中把总体各单位标志值与平均数的差（$x_i - \bar{x}$）叫作离差，由于总体各单位标志值与其算术平均数的离差之和恒等于零，即 $\sum_{i=1}^{n}(x_i - \bar{x}) = 0$ 或 $\sum_{i=1}^{n}(x_i - \bar{x})f_i = 0$。因此，在测定离差大小时，对正负离差都取其绝对值 $|x_i - \bar{x}|$，然后计算平均离差。

计算平均差的步骤是：

（1）求各标志值与其平均数的离差，并取其绝对值；

（2）将其离差绝对值相加求和，即 $\sum_{i=1}^{n}|x_i - \bar{x}|$ 或 $\sum_{i=1}^{n}|x_i - \bar{x}|f_i$，再除以项数 n 或总次数 $\sum_{i=1}^{n}f_i$，求得平均差。

由于掌握的资料不同，平均差的计算可分为简单式平均差与加权式平均差两种。

1. 简单式平均差

在总体各单位资料未分组的条件下，可采用简单式平均差，其公式为：

$$AD = \frac{\sum_{i=1}^{n}|x_i - \bar{x}|}{n}$$

仍以例 1 甲组学生考试成绩为例，计算平均差如下：

$$AD = \frac{|60-80| + |70-80| + |80-80| + |90-80| + |100-80|}{5} = 12 \ (\text{分})$$

2. 加权式平均差

在总体各单位资料已分组的条件下，要采用加权式平均差，其公式为：

$$AD = \frac{\sum_{i=1}^{n} |x_i - \bar{x}| f_i}{\sum_{i=1}^{n} f_i}$$

【例3】某厂按月收入水平分组的组距数列如表中前两列，计算平均差。

按职工工资分组（元）	职工人数（f_i）	组中值（x_i）	$x_i f_i$	$x_i - \bar{x}$	$|x_i - \bar{x}| f_i$
250~270	15	260	3 900	-50	750
270~290	25	280	7 000	-30	750
290~310	35	300	10 500	-10	350
310~330	65	320	20 800	10	650
330~350	40	340	13 600	30	1 200
	180	—	55 800	—	3 700

根据公式计算，可得到：

$$\bar{x} = \frac{\sum_{i=1}^{n} x_i f_i}{\sum_{i=1}^{n} f_i} = \frac{55\ 800}{180} = 310 (\text{元})$$

$$AD = \frac{\sum_{i=1}^{n} |x_i - \bar{x}| f_i}{\sum_{i=1}^{n} f_i} = \frac{3\ 700}{180} = 20.6 (\text{元})$$

（四）方差和标准差

方差是总体各单位标志值与其算术平均数离差平方的算术平均数，以 σ^2 表示。方差的平方根称为标准差（standard deviation），也称均方差，以 σ 表示。

1. 标准差

标准差的计算步骤是：

① 计算各单位标志值对算术平均数的离差；

122

② 将各个离差值加以平方；

③ 计算这些离差平方的算术平均数，即方差；

④ 再把这个方差开平方，即得标准差。

其计算公式依据掌握资料的实际情况不同也分为简单式标准差与加权式标准差两种。

（1）简单式标准差。

$$\sigma = \sqrt{\frac{\sum\limits_{i=1}^{n} (x_i - \bar{x})^2}{n}}$$

（2）加权式标准差。

$$\sigma = \sqrt{\frac{\sum\limits_{i=1}^{n} (x_i - \bar{x})^2 f_i}{\sum\limits_{i=1}^{n} f_i}}$$

【例4】艺术学院某班级学生统计学考试成绩分组资料如下，要求计算方差和标准差。

按成绩分组（分）	学生数 f_i	组中值 x_i	$x_i f_i$	$(x_i - \bar{x})^2$	$(x_i - \bar{x})^2 f_i$
60 以下	5	55	275	529	2 645
60 ~ 70	20	65	1 300	169	3 380
70 ~ 80	30	75	2 250	9	270
80 ~ 90	30	85	2 550	49	1 470
90 ~ 100	15	95	1 425	289	4 335
	100	—	7 800	—	12 100

根据公式可得：

$$\bar{x} = \frac{\sum\limits_{i=1}^{n} x_i f_i}{\sum\limits_{i=1}^{n} f_i} = \frac{7\ 800}{100} = 78(\text{分})$$

$$\sigma^2 = \frac{\sum\limits_{i=1}^{n} (x_i - \bar{x})^2 f_i}{\sum\limits_{i=1}^{n} f_i} = \frac{12\ 100}{100} = 121(\text{分})$$

$$\sigma = \sqrt{\frac{\sum\limits_{i=1}^{n}(x_i - \bar{x})^2 f_i}{\sum\limits_{i=1}^{n} f_i}} = \sqrt{\frac{12\ 100}{100}} = \sqrt{121} = 11(\text{分})$$

标准差与平均差既有相同之处又有不同之处。相同之处表现在：二者都是以平均数为中心，换句话说都是与平均数相比较，测定所有标志值的变动程度。不同之处表现在：平均差是以绝对值消除离差正负号的，而标准差是以平方消除离差正负号的，以平方消除离差正负号在代数变换上优于用绝对值的办法；同一个资料的标准差一定大于平均差，这正是标准差的放大作用。标准差将标志值的差别程度放大后，并不影响对问题的分析结论。正是标准差代数变换的优越性和数值的放大作用，使其在统计分析中得到了比较广泛的应用。

2. 是非标志的标准差

是非标志，用"是"与"非"或"有"与"无"等表示其标志表现，它把某种社会经济现象的统计单位划分为具有某一标志的单位和不具有某一标志的单位。例如，某班全部同学的成绩分为"及格"和"不及格"，全部产品的质量分为"合格"和"不合格"。

由于是非标志属于定性数据，不能据以计算其平均值和标准差，所以计算前需将其抽象数量化。通常用 1 表示"是"的数据，用"0"表示"非"的数据，同时用 N 表示数据总数，用 N_1 表示"是"的数据单位数，用 N_0 表示"非"的数据单位数，用 p 表示"是"的数据单位数在全部单位中所占的比重（成数），用 q 表示"非"的数据单位数在全部单位中所占的比重（成数），则：

$$p = N_1/N, \quad q = N_0/N$$

由于 $N = N_1 + N_0$，故 $p + q = 1$。

是非标志的算术平均值为：

$$\bar{x} = \frac{\sum\limits_{i=1}^{n} x_i f_i}{\sum\limits_{i=1}^{n} f_i} = \frac{1 \times N_1 + 0 \times N_0}{N} = \frac{N_1}{N} = p$$

是非标志的标准差为：

$$\sigma = \sqrt{\frac{\sum\limits_{i=1}^{n}(x_i - \bar{x}) f_i}{\sum\limits_{i=1}^{n} f_i}} = \sqrt{\frac{(1-p)^2 \times N_1 + (0-p) \times N_0}{N}} = \sqrt{pq} = \sqrt{p\ (1-p)}$$

【例5】某服装公司加工新一季套装共 2 000 件，其中合格品 1 800 件，不合格品 200

124

件，要求计算成数、标准差。

根据题意可得：

成数 p 为：$p = 1\ 800/2\ 000 = 90\%$

标准差为：$\sigma = \sqrt{p\ (1-p)} = 30\%$

（五）标准差系数

标准差的大小，不仅受标志值离散程度大小的影响，而且还受标志值水平高低的影响。因此，为了对比分析不同水平的两个总体标志值的变异程度及平均数的代表性高低，必须消除标志值水平高低的影响，以真正反映总体各单位标志值的离散程度，这就需要计算标准差系数。

标准差系数又称离散系数或者变异系数，它是用相对数表现其标志值变异程度的指标，是标准差与算术平均数的比值，其计算公式为：

$$V = \frac{\sigma}{\bar{x}} \times 100\%$$

标准差系数越大说明该组数据的离散程度越大，标准差系数越小说明该组数据的离散程度越小。

【例6】广东省某管理局抽查了所属的 8 家企业，其产品销售数据如表所示。试比较产品销售额与利润额的离散程度。

某管理局所属 8 家企业的产品销售数据表

（单位：万元）

企业编号	产品销售额 x_1	销售利润 x_2
1	170	8.1
2	220	12.5
3	390	18.0
4	430	22.0
5	480	26.5
6	650	40.0
7	950	64.0
8	1 000	69.0

由于销售额与利润额的数据水平不同，不能直接用标准差进行比较，需要计算标准差系数。由表中数据可得：

$$\bar{x}_1 = 536.25 \text{ （万元）}, \quad \sigma_1 = 309.19 \text{ （万元）}, \quad V_1 = \frac{309.19}{536.25} = 0.577$$

$$\bar{x}_2 = 32.52 \text{ （万元）}, \quad \sigma_2 = 23.09 \text{ （万元）}, \quad V_2 = \frac{23.09}{32.52} = 0.710$$

计算结果表明，$V_1 < V_2$，说明产品销售额的离散程度小于利润额的离散程度。

任务五　分布的偏度与峰度

形状指标就是反映变量分布具体形状，即左右是否对称、偏斜程度与陡峭程度如何的指标。对称性，反映变量分布偏斜程度的指标，称为偏度系数。陡峭性，反映变量分布陡峭程度的指标，称为峰度系数。

一、偏度（skewness）

偏度的概念首先由统计学家皮尔逊（Pearson）于 1895 年提出，是对变量分布对称性的测度，反映变量分布偏斜的方向及其程度，是用来帮助判断数据序列的分布规律性的指标。

在数据序列呈对称分布（正态分布）的状态下，其均值、中位数和众数重合，且在这三个数的两侧，其他所有的数据完全以对称的方式左右分布。

如果数据序列的分布不对称，则均值、中位数和众数必定分处不同的位置。这时，若以均值为参照点，位于均值左侧的数据较多则称为右偏，反之则称为左偏。

考虑到所有数据与均值之间的离差之和应为零这一约束，则当均值左侧数据较多时，均值的右侧必定存在数值较大的离群数据；同理，当均值右侧数据较多时，均值的左侧必定存在数值较小的离群数据。

偏度用来衡量实数随机变量概率分布的不对称性。偏度的值可以为正，可以为负，或者是无法定义。在数量上，偏度为负（负偏态）就意味着概率密度函数左侧的尾部比右侧的长，绝大多数的值（包括中位数在内）位于平均值的右侧。偏度为正（正偏态）就意味着概率密度函数右侧的尾部比左侧的长，绝大多数的值（包括中位数在内）位于平均值的左侧。偏度为零就表示数值相对均匀地分布在平均值的两侧，但不一定意味着其为对称分布。

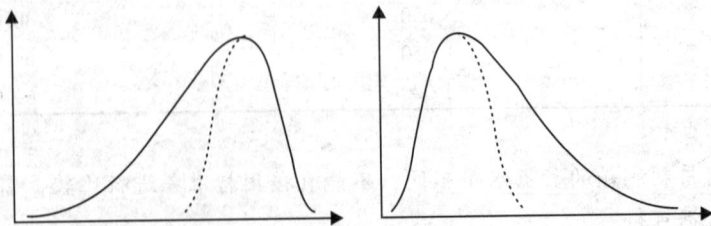

负偏态（左）和正偏态（右）

偏度的测定是通过计算偏度系数来实现的，通常用 S_k 来表示。计算偏度系数最主要的方法是动差法。动差法偏度系数是以变量数列的三阶中心动差（也叫 3 阶中心矩）m_3 作为度量偏度的基本依据。

三阶中心动差公式如下：

$$m_3 = \frac{\sum\limits_{i=1}^{n} (x_i - \bar{x})^3}{n} \text{ 或者 } m_3 = \frac{\sum\limits_{i=1}^{n} (x_i - \bar{x})^3 f_i}{\sum\limits_{i=1}^{n} f_i}$$

当 $m_3 = 0$ 时，表示变量分布无偏；

当 $m_3 > 0$ 时，表示变量分布是正偏；

当 $m_3 < 0$ 时，表示变量分布是负偏。

m_3 是绝对数，因而不能直接比较。为了使不同变量分布的偏度比较具有相同的标准，就需要用相对数来衡量。我们把 m_3 与标准差的立方 σ^3 进行对比，就得到了动差法的偏度系数，即

$$S_k^{(3)} = \frac{m_3}{\sigma^3}$$

在上述定义下，偏度系数的取值有三种情况：

（1）若 $S_k^{(3)} > 0$，表示变量分布正偏。当数据序列非对称分布的时候，如果均值的左侧数据较多，则其右侧的离群数据对三阶中心动差的计算结果影响巨大，乃至于三阶中心动差取正值。因此，当数据的分布呈右偏的时候，其偏度系数将大于零。

（2）若 $S_k^{(3)} < 0$，表示变量分布负偏。当数据序列非对称分布的时候，如果均值的右侧数据较多，则其左侧的离群数据对三阶中心动差的计算结果影响巨大，乃至于三阶中心动差取负值。因此，当数据的分布呈左偏的时候，偏度系数将小于零。

（3）若 $S_k^{(3)} = 0$，表示变量分布两边对称，无偏。当数据序列呈正态分布的时候，由于均值两侧的数据完全对称分布，其三阶中心动差必定为零，于是满足正态分布的数据序列的偏度系数必定等于零。

$S_k^{(3)}$ 的绝对值越接近 0，表示变量分布的偏度越轻微；$S_k^{(3)}$ 的绝对值越大于 0，表示变量分布的偏度越严重。

在右偏的分布中，由于大部分数据都在均值的左侧，且均值的右侧存在离群数据，这就使得分布曲线的右侧出现一个长长的拖尾；而在左偏的分布中，由于大部分数据都在均值的右侧，且均值的左侧存在离群数据，从而造成分布曲线的左侧出现一个长长的拖尾。

可见，在偏度系数的绝对值较大的时候，最有可能的含义是离群数据离群的程度很高（数值很大或很小），亦即分布曲线某侧的拖尾很长。

但"拖尾很长"与"分布曲线很偏斜"不完全等价。例如，也不能排除在数据较少

的那一侧，只是多数数据的离差相对于另一侧较大，但不存在明显离群数据的情况。所以，为准确判断分布函数的偏斜程度，最好的办法是直接观察分布曲线的几何图形。

二、峰度（kurtosis）

1. 峰度的含义

峰度用以衡量变量分布的集中程度，即衡量概率分布曲线尖陡程度的指标。峰度高就意味着方差增大是由低频度的大于或小于平均值的极端差值引起的。峰度的概念首先由统计学家皮尔逊于 1905 年提出，是对变量分布扁平性或尖陡性的测度。它通常分为三种情况：标准正态峰度、尖顶峰度和平顶峰度。

如果变量分布的频数比较集中于众数附近，分布曲线比较尖陡，使分布曲线的顶部较标准正态曲线更为突起，则变量分布的峰度属于尖顶峰度；如果变量分布的频数比较接近，分布曲线比较扁平，使分布曲线的顶部低于标准正态曲线，则变量分布的峰度属于平顶峰度。可见，尖顶峰度或平顶峰度都是相对标准正态峰度而言的。

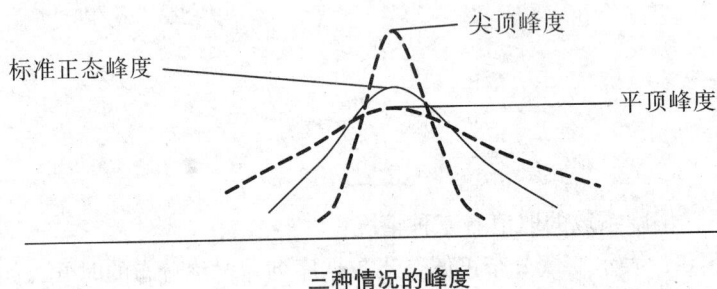

三种情况的峰度

2. 峰度系数的计算

峰度的测定是通过计算峰度系数来实现的，通常用 k 来表示。峰度系数的计算主要采用动差法，是数据序列的四阶中心动差（也叫四阶中心矩）与标准差 4 次幂相比的结果，即

$$k = \frac{m_4}{s^4}$$

峰度系数的标准值为 3。

当 $k = 3$ 时，变量分布的峰度为标准正态峰度；

当 $k < 3$ 时，变量分布的峰度为平顶峰度；

当 $k > 3$ 时，变量分布的峰度为尖顶峰度。

显然，一个数据距离均值越远，其对四阶中心动差计算结果的影响越大。因此，峰度（系数）是一个用于衡量离群数据离群度的指标。峰度（系数）越大，说明该数据系列中的极端值越多。这在数据序列的分布曲线图中，体现为存在明显的"肥尾"。当然，峰度

128

（系数）较大也可能说明离群数据取值的极端性很严重，或者各数据与均值的距离普遍较远。

根据 Jensen 不等式，可以确定出峰度（系数）的取值范围：它的下限不会低于1，上限不会高于数据的个数。

有一些典型分布的峰度（系数）值得特别关注。例如，正态分布的峰度（系数）为常数3，均匀分布的峰度（系数）为常数1.6。在统计实践中，我们经常把这两个典型的分布曲线作为评价样本数据序列分布性态的参照。

在金融学中，峰度这个指标具有一定的意义。一项金融资产，若其预期收益率的峰度较高，则说明该项资产的预期收益率有相对较高的概率取极端值。换句话说，该项资产未来行市发生剧烈波动的概率相对较高。

与偏度（系数）一样，峰度（系数）也是一个用于评价数据序列分布特征的指标。根据这两个指标，我们可以判断数据序列的分布是否满足正态性，进而评价平均指标的使用价值。一般对于一个偏态分布、"肥尾"分布特征很明显的数据序列来说，平均指标极易令人误解数据序列分布的集中位置及其集中程度，故此使用起来要极其谨慎。

项目总结

本项目主要介绍了总量指标、相对指标、平均指标和标志变异指标以及分布的偏度与峰度。

总量指标是反映总体的总规模和总水平的统计指标。其表现形式是绝对数，是计算相对指标和平均指标的基础。

总量指标的类型有总体单位总量和总体标志总量，时期指标和时点指标，实物指标、价值指标和劳动指标。时期指标和时点指标的区别是：时期指标数值的大小与时期长短有直接关系，时点指标数值的大小与时点的间隔长短没有直接关系；时期指标数值可相加，时点指标数值不可相加；时期指标的资料通过经常性调查取得，时点指标的资料通过一次性调查取得。

相对指标又称相对数，是两个有联系的统计指标的比值。其数值表现形式有：一是用无名数表示，包括倍数、系数、成数、番数、百分数、百分点和千分数等；二是用有名数表示。

平均指标有算术平均数、调和平均数、众数和中位数。

平均指标（静态平均数）是用来反映同质总体各单位某一数量标志值一般水平的统计指标。它有三个特点：抽象掉了总体各单位标志值的具体水平；是总体各单位标志值的一般水平，对总体具有代表性；其数值不随总体范围的变化而变化。

加权算术平均数受变量值和次数两个因素的影响。当标志值较大而次数也较多时，平均数就靠近标志值大的一方；当标志值较小而次数较多时，平均数就靠近标志值小的一方。

众数是总体中出现次数最多的标志值。中位数是总体各单位标志值按大小排列后，居于中间位置的标志值。众数和中位数都可以用来说明社会经济现象各单位标志值的一般水平。

标志变异指标又称标志变动度，它是反映总体各单位某种标志值之间差异程度的统计分析指标。常用的标志变异指标有全距、四分位差、平均差、标准差以及标准差系数。当两个总体平均数相等时，可以使用前四种标志变异指标来说明总体平均数的代表性大小；当两个总体平均数不等时，必须使用标准差系数来说明总体平均数的代表性大小。

偏度衡量实数随机变量概率分布的不对称性，可以分为负偏与正偏两种类型。

峰度衡量实数随机变量概率分布的峰态，通常分为三种情况：标准正态峰度、尖顶峰度和平顶峰度。

技能训练

一、单选题

1. 下列属于总量指标的是（　　　　）。

　　A. 出勤率　　　　　　B. 及格率　　　　　　C. 达标率　　　　　　D. 企业职工人数

2. 某企业 A 产品年产量为 10 万件，期末库存量为 2 万件，这两个总量指标是（　　　）。

　　A. 时期指标　　　　　　　　　　　　B. 时点指标

　　C. 前者为时期指标，后者为时点指标　　D. 前者为时点指标，后者为时期指标

3. 某厂劳动生产率计划比上年提高 8%，实际仅提高 4%，则其计划完成程度相对指标为（　　　）。

　　A. 4%　　　　　　　B. 50%　　　　　　　C. 96. 30%　　　　　　D. 103. 85%

4. 某企业某型号电视机，上年实际成本每台 6 000 元，本年计划降低 4%，实际降低了 5%，则该产品成本计划完成程度相对指标为（　　　）。

　　A. 1%　　　　　　　B. 104. 0%　　　　　　C. 98. 96%　　　　　　D. 95%

5. 总体各部分结构相对数的和应（　　　）。

　　A. 等于 100%　　　　　　　　　　　B. 小于 100%

　　C. 大于 100%　　　　　　　　　　　D. 小于或等于 100%

6. 将对比基数抽象为 10 计算出来的相对数是（　　　）。

　　A. 系数　　　　　　　B. 成数　　　　　　　C. 倍数　　　　　　　D. 百分数

7. 已知 2016 年甲国人均粮食产量为 1 712 公斤，乙国为 129 公斤，甲国为乙国的 13 倍，以上指标中（　　　）。

　　A. 有两个总量指标，一个相对指标

　　B. 有两个强度相对指标，一个比较相对指标

　　C. 有两个平均指标，一个比较相对指标

　　D. 有两个平均指标，一个比例相对指标

8. 反映总体分布集中趋势的是（　　　）。

　　A. 总量指标　　　　　B. 相对指标　　　　　C. 平均指标　　　　　D. 标志变异指标

9. 反映总体分布离散趋势的是（　　　）。

　　A. 总量指标　　　　　B. 相对指标　　　　　C. 平均指标　　　　　D. 标志变异指标

10. 在变量数列中，如果标志值较小的一组权数较大，则计算出来的算术平均

数（   ）。

　　A. 接近于标志值大的一方　　　　　　B. 接近于标志值小的一方

　　C. 不受权数的影响　　　　　　　　　D. 无法判断

11. 某企业有甲、乙两个生产车间，已知 2016 年甲、乙两车间工人的月平均工资分别为 1 820 元和 2 000 元，2017 年甲车间工人数占全厂工人总数比重上升，乙车间的下降。若 2017 年两车间工人月工资水平不变，则全厂工人平均月工资将（   ）。

　　A. 提高　　　　　　B. 下降　　　　　　C. 不变　　　　　　D. 升降不定

12. 某生产小组有 35 名工人，每人生产的产品数量相同。其中有 13 人每件产品耗时 8 分钟，16 人每件产品耗时 10 分钟，6 人每件产品耗时 5 分钟。计算该小组工人平均每件产品的耗时应采用（   ）。

　　A. 简单算术平均法　　　　　　　　　B. 加权算术平均法

　　C. 简单调和平均法　　　　　　　　　D. 加权调和平均法

13. 某连续变量组距数列，其末组为 500 以上，又知其邻组组中值为 480，则其末组组中值为（   ）。

　　A. 520　　　　　　B. 510　　　　　　C. 500　　　　　　D. 490

14. 已知某班 40 名学生，其中男、女生各占一半，则该班学生性别成数方差为（   ）。

　　A. 25%　　　　　　B. 30%　　　　　　C. 40%　　　　　　D. 50%

15. 离散趋势指标中，最易受极端值影响的是（   ）。

　　A. 全距　　　　　　B. 平均差　　　　　　C. 标准差　　　　　　D. 离散系数

二、多选题

1. 下列属于强度相对指标的有（   ）。

　　A. 全国人均国民收入　　　　　　　　B. 某地区人口密度

　　C. 某市人口就业率　　　　　　　　　D. 某单位职工平均工资

　　E. 某省人口出生率

2. 下列属于强度相对指标的有（   ）。

　　A. 资金利税率　　　　　　　　　　　B. 流通费用率

　　C. 人口密度　　　　　　　　　　　　D. 人口出生率

　　E. 企业全员劳动生产率

3. 下列平均数中，不受极端值影响的有（   ）。

　　A. 算术平均数　　　B. 众数　　　　　C. 调和平均数　　　D. 中位数

　　E. 几何平均数

4. 下列指标中，反映总体分布离散趋势的有（   ）。

　　A. 众数　　　　　　B. 全距　　　　　C. 平均差　　　　　D. 标准差

　　E. 中位数

5. 有些离散趋势指标是用有名数表示的，它们是（   ）。

　　A. 全距　　　　　　B. 平均差　　　　　C. 标准差　　　　　D. 平均差系数

　　E. 标准差系数

6. 一般平均数（静态平均数）包括（　　　）。

    A. 算术平均数　　　　B. 调和平均数　　　　C. 众数　　　　　　D. 中位数

7. 下列指标中，反映总体所有数值变异大小的指标有（　　　）。

    A. 全距　　　　　　　B. 四分位差　　　　　C. 平均差　　　　　D. 标准差

    E. 标准差系数

8. 平均指标的作用包括（　　　）。

    A. 反映总体的综合特征

    B. 反映变量值分布的集中趋势

    C. 反映变量值分布的离散趋势

    D. 可反映现象在同一时间不同空间的一般水平

    E. 可反映现象在同一空间不同时间的一般水平

9. 众数是（　　　）。

    A. 数值平均数　　　　　　　　　　　B. 根据全部变量值计算

    C. 不受极端值的影响　　　　　　　　D. 易受极端值的影响

    E. 总体中出现次数最多的标志值

10. 标志变异指标的作用包括（　　　）。

    A. 衡量平均数代表性的大小

    B. 说明产品质量的稳定性

    C. 说明总体分布的集散趋势

    D. 反映生产经营活动过程的均匀性、均衡性和稳定性

三、判断题

1. 计划完成程度相对指标大于100%，就表示超额完成计划。（　　　）

2. 全国人口出生率是一个强度相对指标。（　　　）

3. 某企业生产某型号电视机，本年计划每台成本降低4%，实际降低了5%，则其单位成本计划完成程度相对指标为98.96%。（　　　）

4. 某企业产值计划比上年提高了10%，实际提高了15%，则其计划完成程度相对指标为104.55%。（　　　）

5. 每千个居民拥有的医生数属于逆指标。（　　　）

6. 产品合格率属于结构相对指标。（　　　）

7. 若各组标志值不变，而每组频数均增加10%，则标志值的平均数也增加10%。（　　　）

8. 总体中各标志值之间的差异程度越大，标准差系数就越小。（　　　）

9. 若 A、B、C 三个企业去年的产量计划完成程度相对指标分别为85%、100% 和115%，则其平均计划完成程度相对指标为100%。（　　　）

10. 中位数是处于一组数据正中间位置的标志值。（　　　）

四、思考题

1. 什么是总量指标？有何特点与作用？

2. 举例说明时期指标与时点指标及其区别。

3. 什么是相对指标？有哪几种？各有何特点与作用？

4. 结构相对指标和比例相对指标有什么区别和联系？正确计算和应用二者为什么必须以科学的分组为前提？

5. 计算和应用总量指标与相对指标应注意哪些问题？

6. 什么是平均指标？有何特点与作用？

7. 什么是权数？有几种表现形式？如何选择权数？

8. 举例说明众数和中位数及其作用。

9. 什么是标志变异指标？有何作用？

10. 什么是标准差和标准差系数？应用二者说明平均数代表性的条件是什么？

五、能力拓展题

【实训1】2015 年某企业某产品单位成本为 4 200 元，计划规定 2016 年成本降低 5%，实际降低了 6%，试确定 2016 年该产品单位成本的计划数与实际数，并计算该产品单位成本的计划完成相对指标。

【实训2】我国人口和国土面积资料如下：

我国人口资料表

（单位：万人）

项目	2000 年	2010 年
人口总数	126 583	133 972
其中：男性	65 355	68 685
女性	61 228	65 287

我国国土面积为 960 万平方公里。要求：根据表中资料计算全部可能的相对指标。

【实训3】某车间工人操作机床台数资料如下表：

按操作机床台数分组（台）	各组工人数占工人总数比重（%）
5	10
6	60
7	30
合计	100

要求：计算该车间工人操作机床台数的平均数、平均差和标准差。

【实训4】已知甲班 50 名学生的统计学考试成绩平均数为 80 分，标准差为 10 分，又知乙班成绩资料如下表：

按成绩分组（分）	学生人数（人）
60 以下	3
60～70	10
70～80	20
80～90	15
90 及以上	2
合 计	50

要求：通过计算比较甲、乙两班学生平均成绩代表性的大小。

【实训 5】甲、乙两钢铁企业某月上旬的钢材供货量资料如下表：

供货日期		1	2	3	4	5	6	7	8	9	10
供货量	甲企业	260	260	180	180	190	300	300	300	230	260
（吨）	乙企业	150	150	170	180	190	190	180	160	160	170

要求：通过计算比较甲、乙两钢铁企业的供货哪一个更均匀一些。

【实训 6】某农科院研究出 A、B 两个水稻新品种，分别在 5 个生产条件相同的地块上试种，已知 A 品种亩产量的平均数为 780 公斤，标准差为 55 公斤。B 品种有关资料如下：

亩产量（公斤）	播种面积（亩）
700 以下	5
700～750	10
750～800	17
800～850	12
850 及以上	6
合 计	50

要求：通过计算比较 A、B 两个品种中哪个的产量较稳定，更具有推广价值。

【实训 7】某企业 40 名销售人员四月份销售某产品的数据如下表所示：

163	111	139	127	100	108	95	98	127	104
115	119	134	115	87	103	118	142	135	125
112	134	127	123	119	113	120	123	127	136
97	88	153	115	119	138	112	146	143	126

（1）根据上表资料，编制变量数列（要求为组距数列），列出频数和频率。

（2）根据你所编制的变量数列，计算产品销售量的中位数和众数。

（3）根据你所编制的变量数列，计算产品销售量的算术平均数、标准差。

（4）企业规定，员工月销售量达到 110 台视为销售业绩合格，根据你所编制的变量数列，计算销售业绩合格人员的比率及其标准差。

（5）该企业 40 名销售人员三月份平均产品销售量为 125 台，标准差为 16.22 台，试比较三、四月份产品销售情况的均衡性。

拓展阅读

"世界统计日"是怎么来的

第二次世界大战结束后，各国在重建和发展经济、促进社会进步的过程中，官方统计在政府决策、企业投资和发展、学术研究、媒体传播、公众知情和参与等方面都发挥着越来越重要的作用，成为现代国家进行决策、管理的重要基础，成为现代社会运行的支柱。为了促进全社会对于官方统计的理解并动员全社会对于官方统计予以配合和支持，一些国家开始设立统计日、统计周或统计月，对官方统计开展集中宣传。到目前，全世界共有约80 个国家设立了统计日，每年均开展庆祝活动；另有一些国家举办统计周或统计月，每过若干年集中开展一次庆祝活动，或举办一次性的庆祝活动。

在联合国统计委员会的支持下，联合国统计司自 2008 年起开始推动庆祝世界统计日的工作。2008 年 9 月，联合国统计司请各国以及各区域机构和国际机构就关于在 2010 年10 月 20 日庆祝世界统计日的提案发表意见。2009 年 2 月，在联合国统计委员会第 40 届会议期间，联合国统计司报告称，约有 75 个国家和国际机构表示支持设立世界统计日。2010 年 2 月，在第 41 届会议上，联合国统计委员会审议了联合国秘书长提交的关于世界统计日的报告，决定将 2010 年 10 月 20 日定为世界统计日，并要求联合国秘书长同各国政府首脑进行沟通，转达联合国统计委员会的决议，并请各国政府支持开展世界统计日的庆祝活动。

2010 年 5 月，阿曼苏丹国常驻联合国代表向联合国提交关于确定和庆祝世界统计日的决议案，包括中国在内的 55 个国家作为共同提案国支持该决议草案。2010 年 6 月 3 日，第 64 届联合国大会第 90 次会议通过第 A/64/267 号决议，将 2010 年 10 月 20 日定为世界统计日。根据联合国大会决议，世界统计日的主题是"庆祝官方统计的众多成就"，要在庆祝活动中体现官方统计的核心价值"服务、诚信和专业"。

2010 年 7 月 14 日，联合国秘书长潘基文致函联合国各成员国国家元首或政府首脑，请求各国政府重视统计在当今世界经济社会发展领域的重要作用，加强各国统计能力，推动此次世界统计日庆祝活动取得成功。

（资料来源：山东省统计局）

项目五　抽样推断

知识结构图

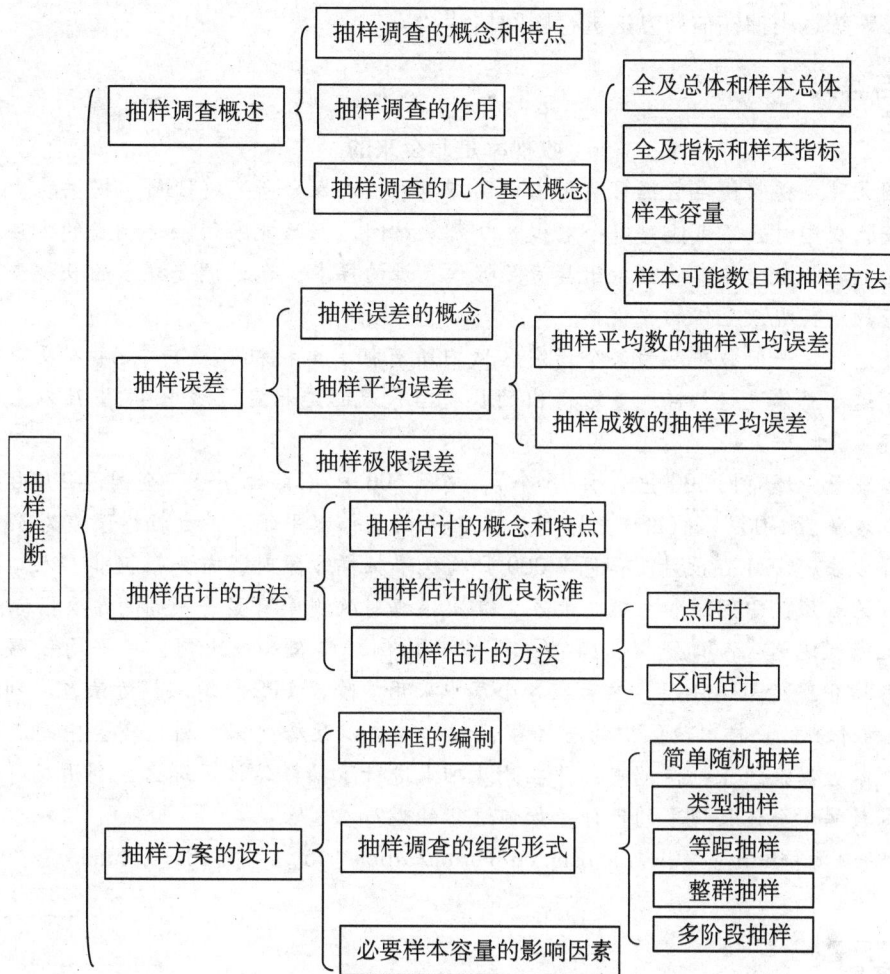

【知识目标】

1. 了解抽样调查的概念、特点和作用；

2. 理解抽样误差及影响因素，掌握平均抽样误差和抽样极限误差的含义、计算；

3. 重点掌握抽样估计方法；

4. 了解抽样的组织形式，理解纯随机抽样组织形式下样本容量大小的影响因素。

【能力目标】

能够熟练运用抽样估计方法进行区间估计。

项目导入

收视率是怎么来的

中国大陆电视收视率数据目前是由中国广视索福瑞媒介研究（CSM）提供的。

调查收视率时，不可能对每个电视观众都做访问，而只能采用抽样调查的方法，从所要调查的电视观众全体中随机抽出具有足够代表性的样本，通过调查样本的收视率来估计所要调查的电视观众全体的收视率。

调查总体：一般被界定为某个指定区域内所有拥有电视机家庭户中44岁及以上的人员，基于这个总体进行抽样调查所得出的收视率代表的是指定区域中44岁及以上电视观众的收视百分比。

样本容量：城市网300户（共75个），省网600户（共15个），全国网2 000户。当上述样本容量为1 067人（300户）时，在95%的置信水平下，最大抽样误差为33%。

抽样方法：CSM在设计全国网2 000户收视率抽样方案时，首先根据非农人口比重将全国划分为城域、中间域和乡域三大层，其次根据对收视率有显著影响的6项指标（即65岁及以上老人比例、人口规模、14岁以下少儿比例、非农人口比例、年平均气温和识字率）在各域中进行聚类分层，然后在各小层中采用多阶段PPS整群抽样方法，分别抽取区（县）级样本地区、样本地区中的居（家、村）委会以及居（家、村）委会中的居民户。

收视率数据来源于抽样调查，并在此基础上进行了抽样估计。那么，利用抽样调查得到的样本数据对全体收视率的估计是如何进行的呢？

（资料来源：http：//www. a. com. cn/Forum/article_46_1_155161_1. html）

统计名家

托马斯·贝叶斯

托马斯·贝叶斯（Thomas Bayes，1702—1763年），18世纪概率论理论创始人，贝叶斯统计的创立者，即归纳地运用数学概率，"从特殊推论一般、从样本推论全体"的第一人。

贝叶斯在数学方面主要研究概率论。他首先将归纳推理法用于概

率论基础理论，并创立了贝叶斯统计理论，对于统计决策函数、统计推断、统计的估算等做出了贡献。其于 1763 年发表了这方面的论著，对于现代概率论和数理统计都有很重要的影响。贝叶斯的另一著作《机会的学说概论》发表于 1758 年，他所采用的许多术语被沿用至今。贝叶斯对统计推理的主要贡献是使用了"逆概率"这个概念，并把它作为一种普遍的推理方法提出来。

任务一　抽样调查概述

现实世界包含的素材集合非常庞大，从中提取需要的信息非常困难，比如在统计选民人数时，每个候选人的支持率是多少？在产品质量检验时，产品不合格率是多少？在环境评估时，污染程度如何？这些信息都是很难提取的。在接下来的推断统计学的学习过程中，你将会了解到样本是怎样抽取的，样本统计量是怎样分布的，如何根据样本统计量对总体参数做出估计。这些知识通过节省人们的时间和财物，达到认识对象的最佳限度。

一、抽样调查的概念和特点

1. 抽样调查的概念

抽样调查是按照随机原则从总体中抽取部分单位进行调查，利用这部分单位的调查资料推算总体数量特征的一种统计分析方法。例如，某省政府部门希望了解全省农民收入的平均水平。但该省幅员辽阔，人口众多，如果采用普查则工作量及调查费用将异常庞大。一个可行的方法是在全省抽取部分农户进行调查，根据这部分调查所得收入数据资料推断全省农民收入的平均水平。

在很多统计问题中，或者由于人力、物力、财力、时间的限制，或者由于全面数据很难取得，或者虽然能够取得全面数据但数据收集本身带有破坏性，我们只能从中收集部分数据，依据这部分数据对所研究对象的数量特征或数量规律性进行估计。这种依据部分观测取得的数据对整体的数量特征或数量规律性进行的估计就是抽样估计。

2. 抽样调查的特点

（1）按照随机原则抽取样本单位。随机原则是指在抽样时，总体中每个单位都有同等被抽中的机会，抽中与抽不中，完全不受主观因素的影响，所以也叫同等可能性原则。随机原则是抽样调查必须遵循的基本原则，是抽样调查的重要前提。

（2）根据部分推断总体。抽样调查是一种非全面调查，但调查的目的不是为了了解部分单位的情况，而是根据部分单位的调查资料推断总体的数量特征。如果不利用抽样调查资料进行抽样推断，抽样调查资料就不会有什么价值，也就失去了意义。

（3）运用了概率估计的方法。抽样调查不仅可以用样本指标推断总体指标，而且还可以知道用这样的样本指标来推断总体指标其可靠程度有多大，这就是概率估计所要解决的问题。

（4）抽样误差可以事先计算并加以控制。用部分单位的指标来推断总体指标，必然存在一定的抽样误差，但它可以事先通过一定的资料加以计算，并且采用一定的组织措施来控制这个误差的范围，保证抽样推断的结果达到一定的可靠程度。也可以说，抽样调查是根据事先给定的误差允许范围进行设计的，抽样推断是具有一定可靠程度的估计和判断，这些都是其他估算方法做不到的。

二、抽样调查的作用

抽样调查具有节省经费、提高时效、资料准确、方法灵活等优点，所以它在社会经济调查中被广泛应用，发挥着特有的作用。

（1）能够解决全面调查无法解决或难以解决的问题。要全面掌握无限总体就必须运用抽样技术，如要掌握空气的污染情况、大量连续生产的小件产品的质量等，必须进行抽样调查；具有破坏性的产品质量检验不能实施全面调查，如灯泡的寿命检查、棉纱的强力测试等，都只能运用抽样调查进行试验观察，予以推断；还有一些现象由于总体范围过大，单位分布很广，实际上很难或不必要进行全面调查，也可以用抽样调查来掌握全面情况，如市场购买力调查、水库鱼苗数估计、森林的木材蓄积量调查等。

（2）从理论上讲，有些现象虽然可以进行全面调查，但实际上没有必要或很难办到，因此也会采用抽样调查。例如，要了解全国城乡人民的家庭生活状况，从理论上讲可以挨门逐户进行全面调查，但是调查范围太大，调查单位太多，实际上难以办到，也没有必要。采用抽样调查可以节约时间、人力、物力和财力，既能提高调查结果的时效性，又能达到和全面调查同样的目的和效果。

（3）抽样调查的结果可以对全面调查的结果进行检查和修正。全面调查涉及面广，工作量大，调查只能限定少数基本项目。抽样调查范围小，组织方便，省时省力，调查项目可以更多、更深入，这样在时间和内容上可以相互补充。在全面调查（如人口普查）后，通常采用抽样调查进行复查，计算差错率，据以修订全面调查的资料。

（4）抽样调查可以在短期内取得时效性强的资料。抽样调查省时灵活，因此可以在短时间内取得时效性强的资料。如农产量调查，依靠报表制度，必须等到农作物全部收割完毕，扬净晒干，过秤入库之后，再经过层层计算、过账、填报、汇总才能得到数据。而采用抽样调查，可以迅速取得数据，这对于国家安排粮食收购、储运、进出口业务等都大有帮助。

（5）抽样调查可以应用于生产过程中产品质量的检查和控制。抽样调查不仅应用于对现象结果的核算和估计，而且在生产过程中经常起着检查和控制的作用。例如，工业生产的产品质量控制就可利用抽样调查，观察生产工艺过程是否正常，是否存在某些系统性偏误，及时提供有关信息，分析原因，采取措施。

（6）利用抽样调查原理，可以对某些总体的假设进行检验，来判别这种假设的真伪，以决定行动的取舍。例如，2015年某地区职工家庭年收入为72 000元，2016年抽样调查结果表明，职工家庭年收入为71 000元，这是否意味着职工生活水平下降呢？我们还不能下这个结论，最好通过假设性检验，检验这两年职工家庭年收入是否存在显著性统计差异，才能判断该地区2016年职工家庭年收入是否低于2015年。

总之，抽样调查是一种科学实用的调查方法，目前它不仅广泛应用于自然科学领域，也愈来愈多地应用于社会经济现象数量方面的研究。随着抽样理论的发展，抽样技术的进步和完善，广大统计工作者业务水平的提高，抽样调查在社会经济统计中的应用将会愈加普及。

三、抽样调查的几个基本概念

（一）全及总体和样本总体

全及总体简称总体，是指根据研究目的所确定的研究事物的全体，也就是抽样调查所确定的调查对象，又叫母体。全及总体单位数一般用 N 表示。

样本总体简称样本，它是从全及总体中随机抽取出来的部分单位组成的集合体，又叫子体。样本总体单位数一般用 n 表示。

统计抽样中，全及总体是唯一确定的，但样本总体不是唯一的，而是可变的。

（二）全及指标和样本指标

根据全及总体计算的反映总体数量特征的指标称为全及指标，又叫参数。常用的总体参数有总体平均数和总体标准差（或总体方差）。

样本指标是指根据样本总体计算的指标，又叫统计量。与总体参数相对应，样本指标可分为样本平均数、样本成数、样本标准差（或样本方差）。

全及总体是唯一确定的，所以根据全及总体计算的全及指标也是唯一确定的，但它是未知的。样本总体是不确定的，所以根据样本总体计算的样本指标也是不确定的。样本指标实际上是样本的函数，是个随机变量，但它是已知的。

（三）样本容量

样本容量是指一个样本总体所包含的单位数，即 n。样本单位数的确定，必须结合调查任务的要求及总体各单位标志值的差异情况来综合考虑。通常将样本单位数不少于 30 个（$n \geq 30$）的样本称为大样本，样本单位数不及 30 个（$n < 30$）的样本称为小样本。社会经济统计中的抽样调查多属于大样本调查，后面的有关计算和分析都是建立在大样本理论基础之上的。

（四）样本可能数目和抽样方法

样本可能数目，是指从一个总体中可能抽取的样本总体的个数。从一个总体中可能抽取多少个样本和样本容量及抽样方法等因素有很大关系。从一个总体抽取多少个样本，则样本指标就有多少个取值，因而就形成了样本指标的分布。

抽样方法按抽取样本的方式不同分为重复抽样和不重复抽样：

（1）重复抽样是从全及总体中抽取样本时，随机抽取一个样本单位，记录该单位有关标志表现以后，把它放回到全及总体中去，再从全及总体中随机抽取第二个单位，记录该单位有关标志表现以后，也把它放回到全及总体中去，重复上述步骤直到抽选 n 个样本单位。

（2）不重复抽样是从全及总体中抽取一个样本单位，记录该单位有关标志表现后，这个样本单位不再放回全及总体中参加下一次抽选。

在重复抽样中，全及总体单位数在抽选过程中始终没有减少，而且各单位有被重复抽中的可能。而在不重复抽样中，全及总体单位数在抽选过程中是逐渐减少的，而且各单位没有重复被抽中的可能。两种抽样方法会产生三个差别：①抽取的样本可能数目不同；②抽样误差的计算公式不同；③抽样误差的大小不同。

【知识链接】

某养猪场共有存栏肉猪 10 000 头，现欲了解这批肉猪平均每头毛重，如果通过将每头肉猪过称以获取数据是不切实际的。我们可以按照随机原则从中抽出 100 头肉猪来称重量，计算这 100 头肉猪的平均每头毛重，以达到我们的目的。

我们把存栏肉猪 10 000 头组成的集合称为总体，它是在抽样调查中所要了解的研究对象全体，又称为母体，当确定了研究目标，它具有唯一性。一般总体的单位总数用 N 表示，称作总体容量。我们把所抽出的 100 头肉猪组成的集合称为样本，它是指按照随机原则从总体 N（10 000）中抽出的部分单位（每个单位称作样本单位）所组成的整体，又称子体。一般样本的单位总数用 n（100）表示，称作样本容量。样本不具唯一性，它的可能个数与 N、n 及抽样方法有关。通常 $n < 30$ 称为小样本，$n \geq 30$ 称为大样本，在抽样调查中选择大或小样本会直接影响到抽样分布的特征。

任务二　抽样误差

一、抽样误差的概念

误差是客观现象的统计资料与客观现象之间的差别。抽样误差是指在遵循随机原则的前提下，抽取的样本指标与总体指标之间的差别或离差，如抽样平均数与总体平均数之间的离差、抽样成数与总体成数之间的离差等。

必须指出，抽样误差不同于登记误差和系统性误差。登记误差也叫工作误差，它是在调查过程中，由于观察、测量、登记、计算上的差错所引起的误差，登记误差在所有统计调查中都可能发生。系统性误差是由于违反抽样调查的随机原则，有意地抽选较好或较差的单位而造成的误差。系统性误差和登记误差都属于思想、作风、技术等方面的问题，在实际工作中可以防止或避免，应把它降到最低的限度，甚至为零。而抽样误差则不包含登记误差和系统性误差，只是由于抽样的随机性而造成的误差，它是抽样调查所特有的、不可避免的误差，但能够加以控制。

以下是影响抽样误差大小的因素：

（1）总体各单位标志值的差异程度。总体各单位标志值差异程度越大，则抽样误差越大，反之则越小。假设各单位标志值没有差别，也就没有抽样误差。

（2）样本单位数的多少。在其他条件相同的情况下，样本单位数越多，则抽样误差越小，反之则越大。假设样本单位数与总体单位数相等，也就没有抽样误差。

（3）抽样方法。选取抽样方法使重复抽样的误差大于不重复抽样的误差。

（4）抽样调查的组织形式。不同的抽样调查组织形式应有不同的抽样误差，而同一种抽样调查组织形式的合理程度也影响抽样误差。

【知识链接】

估计时的两种误差

偏差（bias）是当我们取得很多样本时，统计量一直朝同一个方向偏离总体的参数值。

变异性（variability）描述的是，当我们取很多样本时，统计量的值会离散到什么程度。变异性大，就代表不同样本的结果可能差别很大。一个好的抽样方法，应该要有小的偏差以及小的变异性。

如何减小偏差呢？我们可以利用随机抽样。若现将整个总体列出来，再从中抽取简单随机样本（simple random sample，简称 SRS），就会得到无偏估计值（unbiased estimate）。以 SRS 得到的统计量来估计总体参数，既不会老是高估，也不会老是低估。

如何减低 SRS 的变异性呢？用大一点的样本。只要样本取得足够大，变异性要多小都可以做到。

二、抽样平均误差

从一个总体中抽取许多个样本，每个样本指标与总体指标之间的离差称为实际抽样误差。由于总体指标是未知的，因此，实际抽样误差是无法测算的。实际工作中是以抽样平均误差来衡量抽样误差的大小。

抽样平均误差是指所有可能的样本指标与总体指标之间离差的平均数。由于每个样本指标与总体指标之间的离差有正有负，且相加后的总和恒为零，因而抽样平均误差是指所有可能的样本指标与总体指标之间离差平方的算术平均数的平方根，即所有样本指标与总体指标之间的标准差。

在实际工作中，由于总体平均数和总体成数的真值是未知的，也不可能抽取所有的样本以测算所有的样本指标。因此，这两个抽样平均误差的公式只能是理论意义上的，实际工作中是无法应用的。

（一）抽样平均数的抽样平均误差

（1）在重复抽样的条件下，计算公式为：$\mu_{\bar{x}} = \sqrt{\dfrac{\sigma^2}{n}} = \dfrac{\sigma}{\sqrt{n}}$。

（2）在不重复抽样的条件下，计算公式为：$\mu_{\bar{x}} = \sqrt{\dfrac{\sigma^2}{n}\left(1 - \dfrac{n}{N}\right)}$。

式中 σ 代表总体标准差。当总体标准差 σ 未知时，一般可用样本标准差来替代。

这两个抽样平均误差公式相比，后者比前者多了个修正系数。这个系数总是小于 1，因此，不重复抽样的误差总是小于重复抽样的误差。当总体单位数 N 非常大时，N 与 $N-1$ 非常接近，因此，不重复抽样的抽样平均误差公式可以近似地简化为重复抽样的抽样平均误差公式。

【例1】从某校 10 000 名学生中随机抽取 400 人，称得其平均体重为 55 千克，标准差为 10 千克，计算平均体重的抽样平均误差。

（1）在重复抽样的条件下为：$\mu_{\bar{x}} = \dfrac{\sigma}{\sqrt{n}} = \dfrac{10}{\sqrt{400}} = 0.5$ 千克

（2）在不重复抽样的条件下为：$\mu_{\bar{x}} = \sqrt{\dfrac{\sigma^2}{n}\left(1 - \dfrac{n}{N}\right)} = \sqrt{\dfrac{10^2}{400}\left(1 - \dfrac{400}{10\,000}\right)} = 0.49$ 千克

（二）抽样成数的抽样平均误差

（1）在重复抽样的条件下，计算公式为：$\mu_p = \sqrt{\dfrac{p(1-p)}{n}}$。

（2）在不重复抽样的条件下，计算公式为：$\mu_p = \sqrt{\dfrac{p(1-p)}{n}\left(1 - \dfrac{n}{N}\right)}$。

同理，在总体单位数 N 很大时，公式（2）可以近似地简化为公式（1）。

【例2】要估计某地区 10 000 名适龄儿童的入学率，用不重复抽样方法从这个地区中抽取 400 名儿童，其中有 320 名儿童已经入学，求样本入学率的抽样平均误差。

根据已知条件：$p = \dfrac{320}{400} \times 100\% = 80\%$，$\sigma^2 = p(1-p) = 80\% \times 20\% = 16\%$。

在重复抽样条件下，入学率的抽样平均误差 μ_p 为：

$$\mu_p = \sqrt{\frac{p(1-p)}{n}} = \sqrt{\frac{0.8 \times 0.2}{400}} = 2\%$$

在不重复抽样条件下，入学率的抽样平均误差 μ_p 为：

$$\mu_p = \sqrt{\frac{p(1-p)}{n}\left(1 - \frac{n}{N}\right)} = \sqrt{\frac{0.16}{400}\left(1 - \frac{400}{10\,000}\right)} = 1.96\%$$

从以上计算结果可以看出，同一个资料下的重复抽样的抽样平均误差大于不重复抽样

的抽样平均误差。

三、抽样极限误差

样本指标与总体指标之间的抽样误差是客观存在的，不可避免的。因此，以样本指标估计总体指标，要达到完全准确，几乎是不可能的。所以，在用样本指标估计总体指标时，应该根据所研究对象的变动程度和分析任务的要求，确定一个允许的误差范围，在这个范围内估计的数字都算是有效的。我们把这种允许的误差范围称作抽样极限误差，又叫允许误差。它是样本指标和总体指标之间抽样误差的最大可能范围，等于样本指标允许变动的上限或下限与总体指标之差的绝对值。设 $\Delta_{\bar{x}}$、Δ_p 分别表示抽样平均数极限误差和抽样成数极限误差，则

$$\Delta_{\bar{x}} \geq |\bar{x} - \bar{X}|$$
$$\Delta_p \geq |p - P|$$

由于总体指标是未知的，所以，从这个意义上是无法计算抽样极限误差的。基于概率估计的理论，抽样极限误差通常是以抽样平均误差 $\mu_{\bar{x}}$ 或 μ_p 为标准单位来衡量的，把抽样平均误差 $\mu_{\bar{x}}$ 或 μ_p 扩大或缩小 t 倍，就形成了误差的可能范围，用公式表示为：

$$\Delta_{\bar{x}} = t\mu_{\bar{x}}$$
$$\Delta_p = t\mu_p$$

这里的 t 称为抽样误差的概率度，概率度是扩大和缩小抽样平均误差的倍数，是衡量估计可靠程度的一个参数。它和抽样估计的置信度具有一一对应的函数关系。抽样估计的置信度是用来表明抽样指标和总体指标的误差不超过一定范围的概率保证程度。

所谓概率是指在随机事件进行大量试验中，某种事件出现的可能性大小，也称频率。例如，投掷一枚硬币，硬币落地前，谁也不能肯定硬币是正面朝上还是反面朝上；从流水生产线上抽取一件产品进行检验，抽到的可能是合格品，也可能是不合格品。我们把可能发生也可能不发生的事件称为随机事件。在对随机事件进行大量的重复的 N 次试验中，假如某种事件出现了 n 次，则把 $\dfrac{n}{N}$ 称为某种事件在 N 次实验中出现的概率。比如投掷硬币，经过很多次投掷，结果正面朝上的频率接近 0.5，也就是说正面朝上的概率为 0.5。

抽样估计的概率保证程度是指抽样误差不超过一定范围的概率大小。概率论证明，在大样本的条件下，抽样平均数的分布接近正态分布。

抽样平均数是以总体平均数为中心，两边完全对称分布，也就是说抽样平均数的正误差和负误差出现的可能性是完全相等的。抽样平均数愈接近总体平均数，出现的可能性愈大，概率愈大。反之，抽样平均数愈偏离总体平均数，出现的可能性愈小，概率愈小，直至趋于 0。在正态概率分布图中该曲线和横轴所包围的面积等于 1，则抽样平均数落在

$[-1\mu, +1\mu]$ 面积的概率为 68.27%, 落在 $[-2\mu, +2\mu]$ 面积的概率为 95.45%, 落在 $[-3\mu, +3\mu]$ 面积的概率为 99.73%。

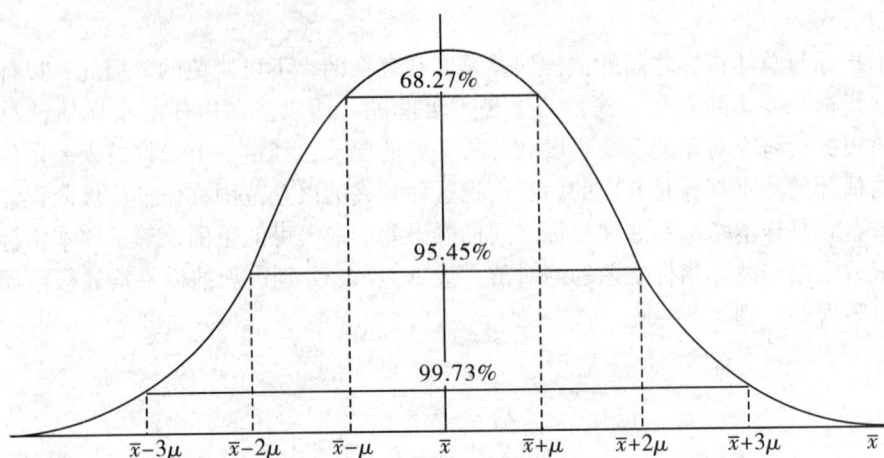

正态概率分布图

为了便于使用, 现将常用的概率度、置信度(概率)和抽样极限误差列为下表:

正态概率表(部分)

概率度(t)	置信度 $[F(t)]$(%)	抽样极限误差(Δ)
0.50	38.20	0.50μ
1.00	68.27	1.00μ
1.50	86.64	1.50μ
1.96	95.00	1.96μ
2.00	95.45	2.00μ
3.00	99.73	3.00μ

由此可以看出 t 值越大, 抽样估计的置信度越高, 抽样误差范围越大, 精确度越低; t 值越小, 抽样估计的置信度越低, 抽样误差范围越小, 精确度越高。抽样估计的可靠性(置信度)和精确度是一对矛盾, 所以在实际工作中要两者兼顾, 合理处理, 以达到最佳的抽样估计效果。

【例 3】某企业对产品的重量进行抽样调查。已知产品重量的抽样平均数为 $x = 1.2$ 千克, 误差范围 $\Delta_{\bar{x}} = 0.2$ 千克, 抽样平均误差为 $\mu_{\bar{x}} = 0.1$ 千克, 问产品总体平均重量在 1 ~ 1.4 千克区间上的置信度是多少?

根据公式可得:

146

$$t = \frac{\Delta_{\bar{x}}}{\mu_{\bar{x}}} = \frac{0.2}{0.1} = 2$$

查《正态概率表》，当 $t = 2$ 时，置信度为 95.45%，即该企业产品总体平均重量在 1 ~ 1.4 千克区间上的概率保证程度为 95.45%，也就是说还有 4.55% 的可能性不在这个范围内。

【知识链接】

置信区间

在统计学中，一个概率样本的置信区间（confidence interval）是对这个样本的某个总体参数的区间估计。置信区间展现的是这个参数的真实值有一定概率落在测量结果的周围的程度。置信区间给出的是被测量参数的测量值的可信程度，即前面所要求的"一定概率"，这个概率被称为置信水平。举例来说，如果在一次大选中某人的支持率为 55%，而置信水平 0.95 以上的置信区间是（50%，60%），那么他的真实支持率有 95% 的概率落在 50% 和 60% 之间，因此他的真实支持率不足一半的可能性小于 5%。

任务三　抽样估计的方法

一、抽样估计的概念和特点

抽样估计就是利用实际调查资料计算出的样本指标的数值来估计和推断相应的总体指标的数值，又称为参数估计。显然，这种估计不同于人们所说的"拍脑袋的估计"。抽样估计具有三个主要特点：

（1）在逻辑上运用的是归纳推理，而不是演绎推理。

（2）在方法上运用不确定的概率估计法，而不是运用确定的数学分析法。

（3）抽样估计的结论存在着一定的抽样误差，并且抽样误差总是和抽样估计的可靠程度联系在一起的。

二、抽样估计的优良标准

对参数进行估计的时候，我们总是希望估计是合理的或者是优良的。那么一个好的点估计的标准是什么呢？其应具有以下三个特点：

1. 无偏性（unbiasedness）

即以样本指标估计全及指标时，要求样本指标值的平均数等于被估计的全及指标本身。也就是说，虽然每一次的样本指标和未知的全及指标可能不相同，但在多次反复的估计中各个样本指标的平均数应等于全及指标，即样本指标的平均数与全及指标没有偏误。

2. 一致性（consistency）

即当样本容量 n 充分大的时候，若样本指标充分地靠近被估计的全及指标，则该样本指标是被估计的全及指标的一致估计量。

3. 有效性（effectiveness）

即如果一个样本估计量的方差比其他估计量的方差小，则称该样本估计量是被估计的全及指标的有效估计量。

三、抽样估计的方法

（一）点估计

点估计又称定值估计，是指不考虑抽样误差而直接以样本指标代替总体指标，也就是直接以抽样平均数或抽样成数代替总体平均数或总体成数。用公式表示为：

$$\bar{x} = \bar{X}$$
$$p = P$$

【例4】对 10 000 只某种型号的电子元件进行耐用时间检查，随机抽取 100 只，测试的平均耐用时间为 1 055 个小时，合格率为 91%。我们推断说 10 000 只电子元件的平均耐用时间为 1 055 个小时，全部电子元件的合格率也是 91%。

点估计简便、直观，但这种估计没有表明抽样估计的误差，更没有指出误差在一定范围内的概率保证程度，所以实际工作中通常不采用这种方法。

（二）区间估计

区间估计是根据给定的概率保证程度的要求，利用实际抽样资料，指出总体被估计值的上限和下限，即指出总体参数可能存在的区间范围，而不是直接给出总体参数的估计值。区间估计是进行抽样估计的主要方法。

1. 总体平均数的估计区间

根据前面所讲的抽样平均数极限误差的概念和不等式：$\Delta_{\bar{x}} \geqslant |\bar{x} - \bar{X}|$，可以得到等价不等式：$\bar{x} - \Delta_{\bar{x}} \leqslant \bar{X} \leqslant \bar{x} + \Delta_{\bar{x}}$。

2. 总体成数的估计区间

根据前面所讲的抽样成数极限误差的概念和不等式：$\Delta_p \geqslant |p - P|$，可以得到等价不等式：$p - \Delta_p \leqslant P \leqslant p + \Delta_p$。

区间估计的三个要素：估计值、抽样误差范围和概率保证程度。抽样误差范围决定估计值的准确性，而概率保证程度则决定估计值的可靠性。

（1）已知抽样误差范围，求概率保证程度。

计算步骤：首先，抽取样本，计算样本指标（如计算抽样平均数或抽样成数）作为相应总体指标的估计值，并计算样本标准差以推算抽样平均误差。其次，根据给定的抽样误差范围，估计总体指标的下限和上限。最后，将抽样极限误差除以抽样平均误差求出概率保证程度 t 值，再根据 t 值查《正态分布概率表》相应的置信度 $F(t)$，并对总体参数作区间估计。

【例5】对某高校四级考试成绩进行调查，随机抽取了 300 名同学，求得平均成绩为 62 分，标准差为 15 分，若要求允许误差 $\Delta_{\bar{x}} = 2$ 分，试估计该校四级的平均考试成绩。

由题可知，$n = 300$，$\bar{x} = 62$，$\sigma = 15$，$\Delta_{\bar{x}} = 2$。则

$$\mu_{\bar{x}} = \frac{\sigma}{\sqrt{n}} = \frac{15}{\sqrt{300}} = 0.866$$

$$t = \frac{\Delta_{\bar{x}}}{\mu_{\bar{x}}} = \frac{2}{0.866} = 2.3$$

$$\bar{x} \pm \Delta_{\bar{x}} = 62 \pm 2, \quad F(t) = F(2.3) = 0.9786$$

即在 97.86% 的概率保证程度下，该校的四级平均考试成绩在 60~64 分之间。

（2）已知给定的置信度要求，推算抽样极限误差的可能范围。

计算步骤：首先，抽取样本，计算样本指标作为相应总体指标的估计值，并计算样本标准差以推算抽样平均误差。其次，根据给定的置信度 $F(t)$ 要求，查表求得概率保证程度 t 值。最后，根据 t 值和抽样平均误差来推算抽样极限误差的可能范围，再根据抽样极限误差求出被估计总体指标的上下限，对总体参数作区间估计。

【例6】按简单随机抽样方式从某年级学生中抽取 50 名学生，对邓小平理论课的成绩进行检查，得知其平均数为 75.6 分，样本的标准差 10 分。试以 95.45% 的概率保证程度推断全年级学生邓小平理论课考试平均成绩区间范围。

由题可知，$n = 50$，$\bar{x} = 75.6$，$\sigma = 10$，$F(t) = 95.45\%$，$t = 2$。则

$$\mu_{\bar{x}} = \frac{\sigma}{\sqrt{n}} = \frac{10}{\sqrt{50}} = 1.4142$$

$$\Delta_{\bar{x}} = t\mu_{\bar{x}} = 2 \times 1.4142 = 2.8284$$

$$\bar{x} \pm \Delta_{\bar{x}} = 75.6 \pm 2.8284, \quad 72.7716 \leqslant \bar{x} \leqslant 78.4284$$

即以 95.45% 的概率保证程度推断全年级学生邓小平理论课考试平均成绩区间范围为 72.7716~78.4284 分。

任务四 抽样方案的设计

抽样调查的准确率确实比全面调查要低，但一味追求对判断和行动不会产生影响的准确率是毫无意义的，为了这些毫无意义的准确率花费成本是一种浪费。利用抽样中的最小样本量原理，即我们需要先找到为了进行正确的判断所必需的最少数据。

数据分析的过程，实际上就是一个不断探索的过程。需要分析的数据越复杂就越是如此。随着分析的不断深入，发现的问题就会越多，甚至会出现与实际情况完全相反的结果。为此，就要尝试不同的抽样组织形式下的分析方法，而在分析中如果发现有什么问题也要及时地进行修正。

抽样方案是统计调查方案的一种形式，是统计抽样工作的实施计划，其基本结构与一般的统计调查方案相同。

一、抽样框的编制

抽样框是指由现象总体的所有单位组成的一个框架，它是实施抽样推断的基础条件之一。根据调查目的确定的调查对象只是抽样调查的目标总体，如何依据目标总体抽选被调查单位，这就必须编制抽样框。抽样框的范围与被抽样的总体是一致的。但由于抽样单位可大可小，根据需要编制的抽样框不一定是目标总体的全部基本单位。

在抽样调查的实践中，抽样框一般有三种形式：

（1）名录抽样框，即按总体中所有单位排列而成的抽样框，如职工调查中的职工一览表。

（2）区域抽样框，即按自然地理位置排列而成的抽样框，如农产品调查中，按某一标志将土地划分为若干地块单位的抽样框。

（3）时间抽样框，即将一个较长的时间过程划分为若干个小的时间单位所形成的抽样框，如流水线上的产品质量检查中，把一天时间分为许多抽样时间单位且顺序排列的抽样框。

一个理想的抽样框应该包括总体全部基本单位，既不重复也不遗漏。

二、抽样的组织形式

抽样调查广泛应用于各个领域，由于不同领域、不同总体的性质各具特点，而且研究目的、条件也不同，所以实际进行抽样时，往往要针对不同的特点、要求和条件采取不同的组织形式，以便在费用、时间一定的条件下，取得较好的调查效果。常用的抽样组织形式有简单随机抽样、类型抽样、等距抽样、整群抽样、多阶段抽样等。

（一）简单随机抽样

简单随机抽样是指对总体不作任何分类和排队，直接从 N 个总体单位中随机抽取 n 个单位组成样本总体的抽样组织形式，又称为纯随机抽样。简单随机抽样是最基本的抽样组织形式，它适用于均匀分布的总体。

（二）类型抽样

类型抽样又称分层抽样，它是先将总体各单位按某一标志进行分组，然后再从各组中随机抽取一定的单位构成样本总体的抽样组织形式。如下图所示：

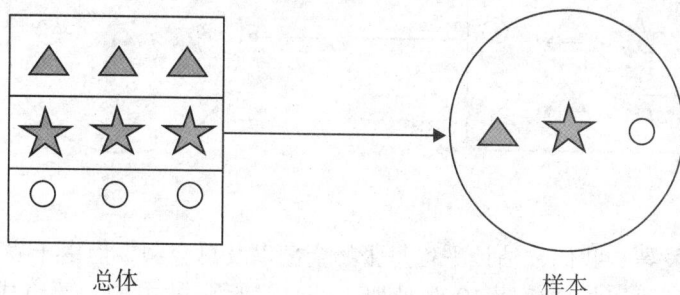

总体　　　　　　　　　　　　　　　　样本

例如，对工业企业进行调查时可以将企业划分为大型企业、中型企业和小型企业；对某种农作物进行调查时可以将种植区分为山区、丘陵和平原等。

类型抽样的作用：

（1）利用已知的信息提高抽样调查的精确度，或者在一定精度下减少样本单位数以节约调查费用。因为在简单随机抽样的情况下，抽样误差的大小主要取决于总体内部的差异大小和样本容量这两个因素。而在实际的抽样调查工作中总体的差异是客观存在的，要达到减少误差的目的就要增大样本容量，但这会增加调查费用。为了解决这个矛盾，类型抽样是一种理想的方法。如果人们事先对研究的总体有一定的了解，就可以把总体中性质相同的单位，即研究的标志值比较接近的单位归并在一起，形成若干层，这样各层内的差异就可以大大缩小，各层能以较小的样本容量达到预期精确度的要求。从整个样本来说，由于这些样本单位对各层均有较高的代表性，且从整体来看分层后抽取的样本单位在总体中散布得更均匀，所以由它们构成的样本对整个总体也就有较高的代表性。根据方差分析的原理，对总体进行分层后，总体方差可以分解成两部分，一部分是层内方差，一部分是层间方差。在类型抽样中，抽样误差只和层内方差有关，而与层间方差无关，因此在分层时只要能扩大层间方差且缩小层内方差，就可以提高抽样效率。但这里也说明了类型抽样应有一定的条件，即在抽样之前人们对研究的总体要有一定了解，另外还需要知道各层的总体单位数，这是利用主观认识提高抽样效率的一种手段。

（2）类型抽样有时是为了工作的方便和研究目的的需要；如果抽样调查既要了解总体的有关信息，又要了解一些子总体的信息，这种情况下就可以将子总体分层。例如按行政隶属的系统分层，按地理的区划分层等。但需要指出，这种分层有时与提高抽样效率的目的并不完全一致，但对工作会带来很大方便。因此如何分层需要根据研究目的来确定。

（三）等距抽样

等距抽样也称机械抽样、系统抽样，它是先按某一标志对总体各单位进行排队，然后根据一定顺序和间隔来抽取样本单位并进行观察用以推断总体的抽样组织形式。由于这种抽样可以保证所取得的样本单位比较均匀地分布在总体的各个部分，所以样本的代表性较高，抽样误差较小。

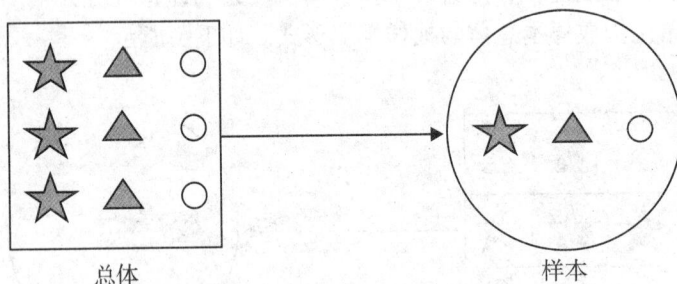

例如有一叠发票，我们欲估计平均每张的金额以及总金额，但由于发票太多，全面计量比较费时费力，可以从中每隔 10 张抽取 1 张，然后将抽中的发票组成样本进行观察，用这一样本的均值来估计推断总体均值。在知道总体均值的情况下，如果知道发票的总量就可以推断其总值。

等距抽样的作用：

（1）简便易行。如果采取简单随机抽样，在抽样之前需要对每一个单位加以编号，然后才能利用随机数字表等方法抽选样本。当总体单位数量很多时，编号与抽选的过程就会比较麻烦，而等距抽样只要确定了抽样的起点和间隔，整个样本的所有单位也就随之而自然确定。它可以充分利用现成的各种排列，例如某市的工矿企业可以按照原有的行政系统及分部门的习惯顺序排列，抽样时就可以直接利用这些顺序进行等距抽样。这种抽样很方便，也便于推广，为不熟悉抽样调查的人员所掌握。在多阶段抽样时，等距抽样有利于检查抽样过程是否合乎要求。这种方法也适合于某些基层现场的抽样，例如在森林调查中往往很难在林地中划分抽样单位随机抽选，而采用等距抽样就比较方便。

（2）等距抽样的误差大小与总体单位的排列顺序有关。因此当对总体的结构有一定的了解时，可以利用已有的信息对总体单位进行排列后再进行等距抽样，这能提高抽样效率。在一般的情况下等距抽样使样本单位在总体单位中散布得比较均匀，其估计量的方差要小于简单随机抽样。因此这是大规模抽样调查时一种比较常用的抽样方法。

在等距抽样中，要注意避免抽样间隔与现象本身的周期性节奏相重合，引起系统性误差。例如在农产品产量调查中，抽样间隔不宜和田间的长度相等；在工业产品质量抽查中，抽样间隔不宜和上下班的时间一致。

（四）整群抽样

整群抽样是将总体各单位划分成若干群，然后从中随机抽取部分群，对选中群的所有单位进行全面调查的抽样组织形式。

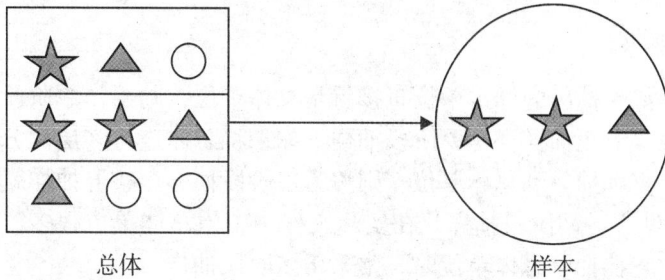

总体　　　　　　　　　　　　　　　样本

比如欲调查某个大学的学生身高，其基本单位是学生，但抽样单位可以是班级或系等，实际是将抽中的班级或系的全部学生作为样本进行观察。由若干个有联系的基本单位所组成的集合称为群，抽样调查时以群为抽样单位抽取样本就是整群抽样。

（1）应用整群抽样的原因：

①缺乏总体单位的抽样框。在简单随机抽样中抽取样本时需要有一个抽样框，它是包括所有总体单位的名单或地图，抽样时先要编上号码，这样才能利用随机数字表或其他方式从中抽取样本。然而有些时候总体很大，没有现成的名单，而要编制抽样框也十分困难，有时甚至是不可能的。

例如，我们欲调查北京市中学生中患近视眼的比例有多大，就需要全北京市中学生的名单，这是不容易办到的。如果我们以中学作为抽样单位，那么从教育局那抄一张全市中学的名单就要方便得多。

②为了工作方便和节约费用。有时即使具备了抽样框也不采用简单随机抽样的方法，这是由于总体包括的范围很大，总体单位分布很广，若用简单随机抽样会使样本的分布很分散，调查时需要花的人力和物力也比较大。

在上例中假如我们有全市中学生的名单，要从数十万中学生中抽取几百人或上千人调查，其抽样的过程也相当麻烦，抽中的学生分布在全市各个中学，进行调查也很费时、费力。若能抽取几个中学，对抽中的中学的全部学生进行调查，这样调查就方便得多，费用也比较节省。

（2）整群抽样的缺点。

由于抽取的样本单位比较集中，在一个群内各单位的标志值往往具有相关性，各单位之间的差异较小，而不同群之间的差异则通常较大。因此当抽取同样数量的样本单位时，抽样误差常常大于简单随机抽样，为了达到规定精确度的要求，往往需要多抽一些群。和简单随机抽样一样，群抽得愈多一般来讲就愈精确，然而群抽得太多又不符合整群抽样节约人力、物力的目的，因此需要研究一些数量界限，分析在什么情况下应用整群抽样比较有利，群的规模以多大为好等。

（3）整群抽样的分群。

整群抽样中的群大致可以分为两类：一类是根据行政、地域以及自然形成的群体，如学校、工厂等。这一类群主要是为了抽样方便和节约费用。另一类群是一个连续的总体，群的大小可以由调查者根据情况来划分，例如一大块面积可以划分成不同面积的群，在这种情况下就需要研究如何分群使方差和费用达到最优。

（五）多阶段抽样

抽样调查中，如果抽出的样本单位直接就是总体单位，则叫作单阶段抽样，如简单随机抽样、类型抽样、等距抽样都是单阶段抽样。如果将总体进行多层次分组，然后依次在各层中随机抽组，直到抽取到总体单位，则称为多阶段抽样。整群抽样就是第二阶段抽样比为100%的一种特殊的两阶段抽样。在实际工作中，当总体单位很多，分布广泛，又几乎不可能从总体中直接抽取总体单位时，常采用多阶段抽样。

三、必要样本容量的影响因素

在抽样调查中，样本容量越大，样本对总体的代表性越大，抽样误差越小；样本容量减少，抽样误差就会增大。但同时，样本容量越大，抽样调查的费用也就越高，而且还影响到抽样调查的时效性。因此，在抽样调查前，必须确定一个既能满足抽样精确度要求的，又能使调查经费最小的样本容量，即必要样本容量，以取得最佳的抽样效果。

1. 总体各单位标志值的差异程度

总体各单位标志值差异程度越大，总体各单位对总体的代表性就越小，这时就要多抽一些样本单位；反之，则可少抽一些。

2. 抽样极限误差的大小

抽样极限误差是指允许的误差范围。允许的误差范围越小，表明要求的精确度越高，这时就要多抽一些样本单位；反之，则可少抽一些。

3. 抽样估计的置信度

抽样估计要求的置信度高，就要多抽一些样本单位；反之，则可少抽一些。

4. 抽样方法和抽样组织形式

在同样的条件下，重复抽样需要多抽一些样本单位，不重复抽样可以少抽一些。简单随机抽样和整群抽样需要多抽一些样本单位，而类型抽样和等距抽样相对可少抽一些。

【知识链接】

最无聊的畅销书

1927年，英国统计学家Tippett出版了一本名为"随机抽样数"的书。这本书的内容是41 600个数字（从00到99），它们以44个一组，每页数组，共26页。据说这些数字是作者将英国各教区的面积数字除头去尾，然后把这些数字一个接一个混合排列起来得到的。这本无任何意义，仅仅是杂乱无章排列的数字的书，在当时却是专业书中最畅销的！

（资料来源：张厚粲，徐建平. 现代心理与教育统计学［M］. 北京：北京师范大学出版社，2003）

项目总结

本项目主要讲授了抽样调查概述、抽样误差、抽样估计的方法以及抽样方案的设计四个大问题。

抽样调查是按照随机原则从总体中抽取部分单位进行调查，利用这部分单位的调查资料推算总体数量特征的一种统计分析方法。

抽样调查的特点是按照随机原则抽取样本单位；根据部分推断总体；运用概率估计的方法；抽样误差可以事先计算并加以控制。

抽样误差是指在遵循随机原则的前提下，抽取的样本指标与总体指标之间的差别或离差。影响抽样误差大小的因素有总体各单位标志值的差异程度、样本单位数的多少、抽样方法、抽样调查的组织形式。

抽样平均误差是指所有可能的样本指标与总体指标之间离差的平方数。

抽样极限误差又叫允许误差，它是样本指标和总体指标之间抽样误差的最大可能范围，等于样本指标允许变动的上限或下限与总体指标之差的绝对值。

区间估计有两个问题：一是估计的精确度，即抽样极限误差的大小；二是估计的可靠性，即概率度的大小。

抽样调查设计好抽样方案的重点是编制好抽样框，确定样本单位的抽取方法，选择合理的抽样组织形式，确定必要的样本容量。

必要样本容量是既能满足抽样估计精确度和概率保证程度要求，又能使调查经费最少的样本单位数。影响必要样本容量的因素有总体各单位标志值的差异程度、抽样极限误差的大小、抽样估计的置信度、抽样方法和抽样组织形式。

技能训练

一、单选题

1. 抽样调查的随机原则是指（　　）。
   A. 抽取样本时，要使每一个总体单位都被抽取到
   B. 从总体中抽取样本时，要发挥人的主观能动作用
   C. 抽取样本时，每个总体单位被抽取的可能性由它们的重要性来决定
   D. 抽取样本时，每个总体单位被抽取的可能性都相等，不受人的主观意识的影响

2. 所谓大样本是指样本单位数在（　　）及以上。
   A. 50 个　　　　　　　B. 30 个　　　　　　　C. 80 个　　　　　　　D. 100 个

3. 抽样误差是指（　　）。
   A. 总体与总体指标之间数量上的差别
   B. 样本与样本指标之间数量上的差别
   C. 总体单位之间数量上的差别
   D. 样本指标和总体指标之间数量上的差别

4. 抽样误差的产生是由于（　　）。
   A. 调查中存在工作误差

B. 调查中存在非随机性误差

C. 调查中存在随机性的代表误差

D. 计算过程中存在的误差

5. 先对总体按某一标志分组，然后再在各组中按随机原则抽取一部分单位构成样本，这种抽样组织方式称为（　　）。

　　A. 简单随机抽样　　B. 机械抽样　　　　C. 类型抽样　　　　D. 整群抽样

6. 在其他条件不变的情况下，提高抽样估计的可靠程度，其精确度将（　　）。

　　A. 保持不变　　　　B. 随之扩大　　　　C. 随之缩小　　　　D. 无法确定

7. 对于某一项调查来说，根据客观要求应有一个允许的误差限度，这个概念是指（　　）。

　　A. 抽样平均误差　　B. 抽样极限误差　　C. 概率保证程度　　D. 概率度

8. 在简单随机重复抽样条件下，当误差限度扩大1倍，其他条件不变时，则抽样单位数（　　）。

　　A. 只需原来的1/2　B. 只需原来的1/4　C. 需原来的1倍　　D. 需原来的2倍

9. 在抽样调查中（　　）。

　　A. 总体是客观存在的，是唯一确定的

　　B. 总体不是客观存在的，也不是唯一确定的

　　C. 样本是客观存在的，是唯一确定的

　　D. 以上三种情况都不是

10. 总体平均数和样本平均数的关系是（　　）。

　　A. 总体平均数是确定值，样本平均数是随机变量

　　B. 总体平均数是随机变量，样本平均数是确定值

　　C. 总体平均数和样本平均数都是确定值

　　D. 总体平均数和样本平均数都是随机变量

二、多选题

1. 抽样调查法的特点是（　　）。

　　A. 一种非全面调查

　　B. 抽样误差可以事先计算并加以控制

　　C. 在于了解总体基本情况

　　D. 按随机原则抽选调查单位

　　E. 从数量上推断总体

2. 由于统计调查组织方式各有其不同的实施范围和应用条件，因此（　　）。

　　A. 抽样调查可以完全代替全面调查

　　B. 抽样调查并不能完全代替全面调查

　　C. 抽样调查和全面调查各有不同作用

　　D. 全面调查可以取代抽样调查

　　E. 抽样调查与全面调查同时进行，可以互相补充

3. 在抽样推断中，常用的样本指标有（　　　）。

　　A. 样本平均数　　　　B. 样本成数　　　　C. 样本方差　　　　D. 样本标准差

　　E. 样本容量

4. 从 1 000 户居民中随机抽取 100 户调查其收入情况，则（　　　）。

　　A. 样本单位数为 100 户　　　　　　B. 样本容量为 100 户

　　C. 样本可能数目为 100 个　　　　　D. 总体单位数为 1 000 户

　　E. 样本容量为 1 000 户

5. 抽样平均误差与样本指标值之间的关系是抽样平均误差（　　　）。

　　A. 愈小样本指标值的代表性愈大　　B. 愈小样本指标值的代表性愈小

　　C. 愈大样本指标值的代表性愈大　　D. 愈大样本指标值的代表性愈小

　　E. 的大小与样本指标值的代表性成反比

6. 要增大抽样估计的概率保证程度，可以（　　　）。

　　A. 缩小概率度　　　　　　　　　　B. 扩大抽样极限误差范围

　　C. 缩小抽样极限误差范围　　　　　D. 增加样本容量

　　E. 增大概率度

7. 在其他条件不变的情况下，抽样极限误差的大小与概率保证程度关系是（　　　）。

　　A. 抽样极限误差愈小，概率保证程度愈大

　　B. 抽样极限误差愈小，概率保证程度愈小

　　C. 抽样极限误差愈大，概率保证程度愈大

　　D. 成正比关系

　　E. 成反比关系

三、判断题

1. 抽样推断中最基本的抽样组织方式是简单随机抽样。（　　　）

2. 产品质量检验时，每隔 10 小时抽取 1 小时的产品进行检验，就是等距抽样的应用。

（　　　）

3. 抽样估计的误差范围与推断的把握程度有密切关系，扩大抽样估计的误差范围，就会降低推断的把握程度。（　　　）

4. 在简单随机抽样中，如果重复抽样的极限误差降低 50%，其他条件不变，则样本单位数需要扩大到原来的 4 倍。（　　　）

5. 从 10 000 件产品中随机抽取 100 件进行质量检验，结果有 3 件不合格，则样本成数方差为 0.029 1。（　　　）

四、思考题

1. 什么是统计抽样？它有什么特点和作用？

2. 什么是参数？什么是统计量？两者有什么区别和联系？

3. 如何理解抽样误差？它与登记误差和系统性误差有何区别？

4. 如何理解抽样平均误差？它的理论性公式和应用性公式是什么？

5. 什么是抽样极限误差？它与抽样平均误差有何关系？

6. 什么是概率度和置信度？两者关系如何？

7. 怎样理解抽样估计的精确度和可靠度？两者关系如何？

8. 抽样组织形式有哪些？它们有什么区别？

9. 类型抽样的抽样平均误差与简单随机抽样的抽样平均误差有何区别？

10. 什么是必要样本容量？为什么要确定必要样本容量？确定必要样本容量应考虑哪些因素？

五、能力拓展题

【实训 1】 在 2 000 名大学生中随机抽取 200 名进行调查，调查的结果是平均体重 58 千克，又据历史资料已知大学生体重的标准差是 10 千克。试用重复抽样和不重复抽样两种方法计算抽样平均误差。

【实训 2】 某市抽查 50 户职工家庭进行调查，调查结果显示平均每人每月生活费为 850 元，标准差为 80 元。试在 95.45% 的概率保证程度下，推断该市职工家庭平均每人每月生活费的所在范围。若调查者希望抽样极限误差不超过 22.187 2 元，则有多大把握程度？

【实训 3】 一个电视节目主持人想了解观众对某个电视节目的喜欢情况，他选取了 500 个观众作样本，结果发现喜欢该节目的人有 175 个。试在 95% 的概率保证程度下构置一置信区间，若该节目主持人希望抽样极限误差不超过 6.39%，则有多大把握程度？

【实训 4】 对某鱼塘进行抽样调查，从鱼塘的不同地方同时撒网，结果捕到鱼 150 条，其中草鱼 123 条，平均每条重 2 千克，标准差 0.75 千克。试按 99.73% 的概率保证程度，对该鱼塘的草鱼平均重量作区间估计，对该鱼塘草鱼所占比重作区间估计。

【实训 5】 为了解大学生日常生活费用支出及费用来源状况，深圳市某高校 7 名学生组成的一个调查组对该校本科在校生的月生活费用支出问题进行了抽样调查。本次调查共发放问卷 500 份，收回问卷 483 份，其中有效问卷 475 份。整理后得到 475 名学生月生活费用支出数据如下表所示：

按支出分组（元）	学生人数（人）		
	合计	男	女
800 以下	37	20	17
900~1 000	82	38	44
1 000~1 200	135	72	63
1 200~1 400	128	59	69
1 400~1 600	81	40	41
1 600 以上	12	3	9
合计	475	232	243

调查组根据调查结果，对比上一次的同类问题调查，认为除生活费用开支有一定上升，其他方面都比较吻合。上一次调查全部学生生活费用支出的标准差是 248 元，男生的生活费用支出的标准差是 265 元、女生的生活费用支出的标准差是 220 元，采用 95.45%

的概率保证程度分别对全校学生、男生、女生的月生活费用支出做出估计。

调查组还对生活费用支出和生活费用来源进行了分析。结果表明，生活费用的主要来源集中在父母供给，其他来源依次是助学贷款、勤工俭学和其他。生活费用支出主要是食物，其他依次是住宿、衣着、娱乐休闲和社交、学习用品、日化用品。

现请你按要求帮助建立全部学生生活费用支出、男生生活费用支出、女生生活费用支出的区间，并分析男、女生生活费用支出产生差异的原因。

拓展阅读

全国网购调查：微商差评虚假广告隐患严重

近年来，网络购物消费发展迅速，成为消费者购物新选择。网络购物相较于实体店购物，为消费者创造了诸多便利，但也在知情权、公平交易权及个人信息安全等方面给消费者带来挑战。为深入推动互联网领域消费维权，营造安心无忧的网络消费环境，中国消费者协会将2017年消费维权年主题确定为"网络诚信消费无忧"，并于2017年2月7日至3月5日组织开展了"网购诚信与消费者认知"问卷调查活动，进一步了解网络诚信与失信对消费者网络消费意愿和态度的影响，听取消费者对网络消费的意见和建议，反映消费者的呼声和愿望。本次调查采取在线分层抽样调查方式，覆盖31个省市自治区，共获得有效样本8 000个。主要调查情况如下：

从调查样本性别来看，男女各占50%，性别占比均衡；从样本来源来看，城镇地区样本占66.7%，农村地区样本占33.3%；从年龄分布来看，年龄层次以青中年人群为主，约占总样本的八成。在此次调查中，超五成（51.4%）的受访者在2016年网络消费多于实体店消费，三成多受访者在2016年网络消费和实体店消费基本持平。

一、消费者网购时最关注产品和服务的质量

从消费者网购时考虑的诸多因素来看，约七成消费者关注"产品/服务的质量"，超六成消费者关注"产品/服务的价格"及"品牌和口碑"，三者占比分别为70.0%、64.4%和62.9%。此次调查还显示，部分消费者会关注消费过程中的舒适度，如消费的便捷性（低时间成本）和消费场所环境。

二、网络购物支付方式首选"第三方支付"

调查发现，87.3%的消费者在网络购物时选择使用第三方支付（如微信支付、支付宝、快钱等），第三方支付成为消费者的首选。此外，选择网上银行在线支付及手机银行在线支付的消费者也较多，分别占比40.7%和31.0%。约两成消费者也会采用购物平台提供的信用消费额度进行支付，部分消费者还会采用其他支付方式如刷信用卡和刷储蓄卡，或者采用现金支付，即货到付款。

三、餐饮外卖服务受青睐

调查重点了解了2016年消费者网络消费的支出情况。调查结果显示：70.3%的消费者网络消费支出主要用于购买服饰鞋包，53.5%的消费者网络消费支出用于购买食品家居，居于商品消费类的前两位。39.6%的消费者体验过餐饮外卖，居于服务性消费支出首位。选择微商、在线订房和家政服务的比例总体较低。这反映出网购消费者在网络消费支出中一方面确保"刚需"因素，另一方面也注重"流行"品质，服务类在线消费方兴未艾，具有较大发展空间。

四、网购消费总体满意，"付费网游"和"微商"获相对差评

从过去一年网络消费满意度评价来看，消费者对于具体产品和服务类的满意率有所区别，但网购消费满意率总体向好，各类网络消费的满意率均在七成以上。满意率排名前四位的产品品类分别是"影音图书""食品家居""家用电器"和"数码3C"。从总体情况对比来看，消费者对于"付费网游""微商"和一些其他类网络消费支出的不满意率相对突出。相比之下，消费者对于易于"标准化"的网购产品品类满意率更高。

五、"网上评论"成网络消费的重要参考因素

调查发现，40.6%的消费者进行网购时会将"网上评论"作为首要参考因素，消费者在消费前也会参考朋友或熟人推荐、定价收费、宣传信息和平台口碑形象等相关信息，选择率分别为17.9%、14.7%、13.4%和13.2%，在一成至两成之间，较为均衡。针对网上评论可信程度的进一步调查发现，超半数消费者认为网上评论有较高可信度，约四成消费者认为网上评论不置可否，对此持保留意见，还有7%的消费者认为不可信。由此可见，普通网络消费者所形成的意见结果，口碑效应明显。

六、"虚假广告宣传"成为扰乱网络消费市场秩序的最大隐患

针对目前网络消费市场中产品/服务存在的问题，超半数消费者反映广告宣传夸大其词或与实物不符的状况最为严重，成为消费者最大的担忧。此外，消费者普遍反映较多、问题相对突出的还包括三无产品或假冒伪劣、虚假好评、质量/卫生不达标的状况，42.5%的消费者反映网购存在三无产品或假冒伪劣产品，32.1%的消费者反映网购存在虚假好评的问题，24.5%的消费者反映网购存在质量/卫生不达标的情况。只有不到一成（6.1%）的消费者反映在网络消费中暂时没有遇到相关问题。

七、价格诚信三大挑战：质价不符、虚假打折、价格欺诈

调查发现在价格方面，网络消费遇到的最主要问题是质价不符、虚假打折、价格欺诈或误导，分别有51.7%、47.3%和32.3%的消费者遇到过这些问题。约一成消费者表示暂未遇到价格方面问题。

八、物流配送面临三大"拦路虎"：产品损坏、未及时送达、不提示验货

网购商品和服务，物流配送是重要中间环节。本次调查表明，在物流配送方面的问题主要有因暴力配送等原因导致到手产品损坏、未在承诺时间内送达产品、不提示验货，占比分别为34.8%、33.4%及33.3%。部分消费者反映"配送人员态度不好"，约两成消费者曾遭遇"产品丢失"。

九、售后服务水平有待提升，"个人信息泄露"问题亟待解决

售后服务作为网购产品和服务的配套内容，受到越来越多商家和消费者的重视。本次调查中，网络消费售后服务方面存在的主要问题是"泄露隐私，没有保护用户个人信息的安全"，占比为25.1%，居于首位。22.9%的消费者表示曾遭遇售后人员不积极解决问题的情况，存在拖延时间的嫌疑，22.2%的消费者表示曾遭遇在符合退货的条件下商家只同意换货的情况。

十、网络消费环境总体满意率为68.7%，仍有较大提升空间

总体来看，消费者对网络消费市场的满意率为68.7%，处于中等偏上水平。其中消费者对网络消费环境满意度较高的前三项分别是支付安全、价格和物流配送，满意率均超过70%。消费者对于信用评价、信息安全及售后服务等方面的满意度相对较低，表明网络消费平台和商家在这些方面仍有较大提升空间。

针对当前网络消费市场环境存在的问题，超过四成的消费者建议政府有关部门应当加大监管执法力度，并制定强有力的法律标准。38.4%的消费者表示期待网络消费经营者能够诚信守法经营。此外，也有三成以上的消费者呼吁相关行业组织强化自律、社会加强监督形成机制，以此优化我国网络消费市场环境。

（资料来源：中国网）

项目六　时间序列分析

知识结构图

时间序列概述 { 时间序列的概念 / 时间序列的作用 / 时间序列的类型 { 总量指标时间序列 / 相对指标时间序列 / 平均指标时间序列 } / 时间序列的编制原则 }

时间序列的水平分析 { 发展水平 / 平均发展水平 / 增长量 / 平均增长量 }

时间序列的速度分析 { 发展速度 / 增长速度 / 平均发展速度和平均增长速度 / 增长1%的绝对值 }

时间序列分析 { 长期趋势 { 时距扩大法 / 移动平均法 / 最小平方法 } / 季节变动 / 循环变动 / 不规则变动 }

学习目标

【知识目标】

1. 了解时间序列的概念、作用、种类和编制原则；
2. 重点掌握时期数列和时点数列的区别；
3. 熟悉时间序列水平指标和速度指标的计算方法和实践应用；
4. 掌握时间序列长期变动趋势和季节变动规律分析的方法。

【能力目标】

1. 能熟练运用时间序列各种水平指标和速度指标对社会经济现象进行综合分析；
2. 能够运用时间序列长期趋势和季节变动规律的分析方法对经济现象的发展规律做出正确判断并进行预测。

项目导入

对未来如何做出科学的预测

在社会实践活动中，我们经常需要对事物未来的发展变化趋势做出科学的预测，如预测一个国家的远洋货运量，预测城镇职工平均工资的变化趋势，预测一个商场下一年的销售总额等。研究时间序列的目的之一，就是克服盲目性，基于历史数据资料对未来做出科学的预测和判断。

1996—2015 年我国远洋货运量统计表

（单位：万吨）

年份	远洋货运量	年份	远洋货运量
1996	14 213	2006	54 413
1997	20 287	2007	58 903
1998	18 892	2008	42 352
1999	22 621	2009	51 733
2000	22 949	2010	58 054
2001	27 573	2011	63 542
2002	29 896	2012	65 815
2003	34 002	2013	71 156
2004	39 469	2014	74 733
2005	48 549	2015	74 685

假定上述统计表中我国的这种变化模式一直会延续下去，那么根据上述数据统计资料，你能预测未来几年我国的远洋货运量吗？我们通过学习时间序列可以描述现象随着时间发展变化的数值特征，还可以利用现象的长期趋势模型科学预测未来某些年份的远洋货运量。

163

罗伯特·恩格尔

罗伯特·恩格尔（Robert F. Engle，1942年至今），经济时间序列分析大师，2003年诺贝尔经济学奖获奖者。

他的贡献在于建立了描述经济时间序列数据时变波动性的关键概念并发展了一系列波动性模型及统计分析方法。瑞典皇家科学院称他不仅是研究员们学习的光辉典范，而且也是金融分析家们的楷模。他不仅为研究员们提供了不可或缺的工具，还为金融分析家们在资产定价、资产配置和风险评估方面找到了捷径。

作为一名时间序列分析专家，恩格尔以擅长动态经济金融现象的经验模型分析而著称，成为近20年来金融计量领域的重要开拓者。他对金融市场分析长期持有浓厚的兴趣，他的研究涉及金融市场微观结构、权益资产、利率、汇率和期权等方面。在恩格尔看来，随着电子化交易的发展，未来的金融计量经济学可以使金融市场的做市商、经纪人和交易者借助统计分析，自动地根据特定市场环境和目标做出最优的策略。

瑞典皇家科学院称，恩格尔的 ARCH 理论模式现已成为经济界用来进行研究以及金融市场分析人士用来评估价格和风险的必不可少的工具。2003诺贝尔经济学奖最终授予了罗伯特·恩格尔和英国克莱夫·格兰杰这两位计量经济学家，这是继1969年和2000年之后计量经济学第三度获奖。

任务一　时间序列概述

迟序之数，非出神怪，有形可检，有数可推。

——祖冲之

最早的时间序列分析可以追溯到7 000年前的古埃及。古埃及人把尼罗河涨落的情况逐天记录下来，构成了所谓的时间序列。对这个时间序列长期的观察，使他们发现了尼罗河泛滥的规律。由于掌握了尼罗河泛滥的规律，古埃及的农业迅速发展，从而创建了埃及灿烂的史前文明。

按照时间的顺序把随机事件变化发展的过程记录下来就构成了一个时间序列。对时间序列进行观察、研究，找寻它变化发展的规律，预测它将来的走势就是时间序列分析。

一、时间序列的概念

社会经济现象经常随时间的变化而发生变化，例如，工业企业在其生产经营的过程中，产品的产量、工人的工资、工业总产值等都会因时间的变化而呈现出动态变化的过程。社会经济统计作为认识社会的有力武器，不仅从社会经济现象的相互联系和相互制约中进行研究，而且还从它们的发展变化中去研究、探寻规律，发现社会经济现象的本质特征。要完成这一项任务，就需要我们编制时间序列、计算各项动态分析指标、进行时间序列分析。

1. 概念

动态是指现象在时间上的发展变化。所谓动态数列，即把反映某种社会经济现象的一系列统计指标数据按时间先后顺序进行排列所形成的数列，也称时间序列或时间数列（time series）。

2. 基本构成要素

从形式上看，时间序列有两种构成要素：一是时间顺序（现象所属的时间），可以是年度、季度、月份、星期、日或其他任何时间，即时间要素（常用 t 表示）；二是不同时间的统计数据（现象在不同时间上的观察值），可以是绝对数、相对数，也称发展水平，即数据要素（常用 a、b、c 表示）。

【知识链接】

中国和美国 GDP 对比表

（单位：万亿美元）

年份	中国	美国
2011	7.57	15.52
2012	8.56	16.16
2013	9.61	16.69
2014	10.48	17.39
2015	11.06	18.04
2016	11.20	18.57

（资料来源：中国国家统计局、美国商务部）

通过对上表的观察，你能预计 2018 年中美的 GDP 数据及中国 GDP 最早可以在哪一年超过美国吗？

常用的宏观时间序列有三种频率：年度、季度、月度，其他数据有截面、周、日、时、不规则数据等。

二、时间序列的作用

编制时间序列的主要目的是开展时间序列分析，了解现象过去的活动过程，评价当前的状况和对未来的决策，因而是统计的重要方法之一。编制和研究时间序列在社会经济统计中具有十分重要的作用。

（1）通过编制时间序列，可以反映社会经济现象的发展变化及历史状况，还可以根据时间序列计算各种时间序列指标数值，以便具体深入地揭示现象发展变化的数量特征。例如通过 2011—2016 年广州市地区生产总值情况表中的地区生产总值指标时间序列就可以看到，我国广州市地区生产总值变化的过程和结果。

2011—2016 年广州市地区生产总值情况表

（单位：亿元）

年份	2011	2012	2013	2014	2015	2016
地区生产总值	12 423.44	13 551.21	15 497.23	16 706.87	18 100.41	19 547.44

（资料来源：广州市统计局）

（2）通过时间序列，可以揭示社会经济现象的数量变化趋势，以便进一步研究这种趋势和波动是否有规律性的反映。当有季度或月份资料的时间序列时，可以确定是否存在季节变动和季节变动的数量表现。

（3）通过时间序列，可以对某些社会经济现象进行动态趋势预测，是统计预测方法的一个重要内容。

（4）利用不同的时间序列进行对比，或利用不同国家（或地区）间的相同时间序列进行对比，是对社会经济现象进行统计分析的重要方法之一。

三、时间序列的类型

时间序列按统计指标的表现形式不同，可分为总量指标时间序列、相对指标时间序列和平均指标时间序列三种类型。其中，总量指标时间序列是基本数列，相对指标时间序列和平均指标时间序列则是由总量指标时间序列形成的派生数列。

（一）总量指标时间序列

总量指标时间序列是将现象的某一总量指标按时间先后顺序排列形成的时间序列，也称为绝对数时间序列。按照统计指标所表明的社会经济现象所属的时间不同，总量指标时间序列又分为时期序列和时点序列。

1. 时期序列

在总量指标时间序列中，如果各项指标都反映某种现象在一段时期内发展过程的总量，这样的总量指标时间序列称为时期序列。例如，2011—2016 年广州市的地区生产总值就是一个时期序列。

时期序列的主要特点：

（1）时期序列中各个指标数值是可以相加的，相加具有一定的经济意义。由于时期序列各个指标数值表示现象在一段时期内发展过程的总量，所以相加后的数值就表示现象在更长时期内发展过程的总量。

（2）时期序列中每个指标数值的大小与所属时期的长短有直接的关系。在时期序列中，每个指标数值反映现象所属时间的长短，称为时期。时期可长可短，主要视研究的目的而定，可以是一旬、一月、一季，也可以是一年、两年、五年，甚至更长时期。例如，上表中所列时期序列的时期为一年。由于时期序列具有可加性，所以一般来说，每一个指标数值所属的时期越长，指标数值就越大；反之，指标数值就越小。

（3）时期序列中的每一个指标数值，通常是对现象作经常性调查得到的。

2. 时点序列

在总量指标时间序列中，如果各项指标都反映某种现象在某一时点上的数量水平，这样的总量指标时间序列就称为时点序列。例如 2011—2015 年广州市年末户籍人口数量表中所列的年末总人口数就是一个时点序列。

2011—2015 年广州市年末户籍人口数量表

（单位：万人）

年份	2011	2012	2013	2014	2015
年末总人口数	814.60	822.30	832.31	842.42	854.19

（资料来源：广州市统计局）

时点序列的主要特点：

（1）时点序列中各个指标数值是不能相加的，相加没有实际经济意义。这是由于时点序列各个指标数值只表明现象在某个时点上所处的状态，后一时点的指标数值和前一时点的指标数值相比较有重复内容，相加后并不能代表现象在几个时点上的状态。

（2）时点序列中每个指标数值的大小与时间间隔长短没有直接关系。在时点序列中，两个相邻指标在时间上的距离，称为间隔。例如，上表中所列时点序列的间隔为一年。由于时点序列不具有可加性，时点间隔的长短对于指标数值的大小没有直接的影响。

（3）时点序列中的每一个指标数值，通常是对现象作一次性调查得到的。

3. 时期序列与时点序列的比较

时期序列与时点序列的比较

项目	时期序列	时点序列
定义	统计数据是时期数	统计数据是时点数
各项数据相加是否有实际意义	有	无
统计数据的大小与时期长短有无关系	有	无
数据取得的方式	连续登记	间断登记

（二）相对指标时间序列

相对指标（相对数）时间序列是将一系列同类相对指标值按时间先后顺序排列而形成

的数列，它反映的是社会经济现象之间相互联系的发展过程。如人均国内生产总值序列、人口密度序列、人口自然增长率序列等都是相对指标时间序列。

（三）平均指标时间序列

平均指标（平均数）时间序列是将一系列平均指标值按时间先后顺序排列而形成的数列，它反映的是社会经济现象总体各单位某标志一般水平的发展变动程度。如平均工资时间序列、平均劳动生产率时间序列等都是平均指标时间序列。

四、时间序列的编制原则

编制时间序列的目的是通过对序列中各个指标的动态分析，来研究社会经济现象的发展变化过程及规律性。因此，保证数列中各个指标之间的可比性，就成为编制时间序列应该遵循的基本原则。具体来说，可比性包括以下内容。

（1）时间长短应该可比。由于时期序列指标数值的大小与时期的长短有直接关系，因此各项指标数值所属的时期长短应该前后一致，时期长短不同的指标数值是不能比较的。例如，一个月的销售额与一个季度的销售额是不能比较的。

但是，有时为了研究不同时期的经济发展水平或各个历史阶段的发展变化，也可以编制时期长短不等的时期数列，这主要是根据研究的目的而定。例如，为反映我国钢产量的发展情况，可以把"十一五""十二五"计划时期的钢产量同第一个五年计划和新中国成立前的钢产量进行对比分析。

对于时点序列来说，指标数值的大小与时点间隔长短虽然没有直接的联系，但是为了明显地反映社会经济现象发展变化的规律性，时点间隔也应力求一致。

（2）总体范围大小应该一致。总体范围是指时间序列指标数值所包括的地区范围、隶属关系范围等。在进行时间序列分析时，要查明所依据的指标数值总体范围是否一致，如果随着时间的变化，现象的总体范围发生了变化，必须进行适当的调整。例如，某省的行政辖区发生了变化，其辖区的工农业总产值指标也应随之进行适当调整，才能进行前后对比。

（3）指标的经济内容应该相同。经济内容和含义不同的指标，不能混合编成一个时间序列。例如，在编制劳动生产率时间序列时，其各年的指标数值是选择生产工人的劳动生产率还是选择全员的劳动生产率，应该统一。另外，随着时间的推移，同一名称的指标，其包括的经济内容可能会发生改变，不同经济内容的指标是不能编制成一个时间序列的。

（4）计算方法、价格和计量单位应该统一。计算方法有时也可以叫作计算口径。例如要研究企业劳动生产率的变动，产量指标是用实物量指标还是用价值量指标，人数指标是用全部职工人数还是用生产工人数，进行动态对比时前后应一致。

任务二　时间序列的水平分析

为了研究现象的动态变化，还需要对时间序列进行加工，计算时间序列指标。时间序列指标，也称为时间序列分析指标，包括两大类，即水平指标和速度指标。时间序列的水平指标有发展水平、平均发展水平、增长量、平均增长量。

一、发展水平

发展水平是指在时间序列中的每一项指标的具体数值，也称为时间序列水平。它反映某种社会经济现象在一定时间上所达到的规模或水平，是计算其他时间序列指标的基础。发展水平通常用总量指标表示，如工业总产值、学生人数等；也可用相对指标表示，如产品的计划完成程度；或用平均指标表示，如平均单位产品成本、平均工资等。

发展水平按其在时间序列中所处的次序位置不同，可分为最初水平、中间水平和最末水平。在时间序列中，第一个指标数值叫最初水平，最后一个指标数值叫最末水平，其余各项指标数值叫中间水平。如果用 a_0，a_1，a_2，$\cdots$，a_{n-1}，a_n 表示现象各期发展水平，则 a_0 就是最初水平，a_n 就是最末水平，其余各项就是中间水平。

在动态分析中，我们把要研究的时期指标水平称为报告期水平，用作对比基础时期的指标水平，称为基期水平。

【知识链接】

发展水平用增加到、增加为、降低到和降低为表述。

2007 年 11 月 9 日，国家法定节假日调整研究小组的节假日方案在人民网、新华网、国家发展和改革委员会网站，以及新浪、搜狐等网站上予以公布，开展民意调查。调整的主要内容包括：

1. 国家法定节假日总天数增加 1 天，即由 10 天增加到 11 天。

2. 对国家法定节假日时间安排进行调整：元旦放假 1 天不变；春节放假 3 天不变，但放假起始时间由农历年正月初一调整为除夕；"五一"国际劳动节由 3 天调整为 1 天，减少 2 天；"十一"国庆节放假 3 天不变；清明、端午、中秋增设为国家法定节假日，各放假 1 天（农历节日如遇闰月，以第一个月为休假日）。

（资料来源：新华网）

二、平均发展水平

平均发展水平又称为序时平均数，是将整个时间序列作为整体，反映整体的一般水平。序时平均数（动态平均数）与算术平均数（静态平均数）都是通过具体数值计算出来，反映整体的一般水平，但两者也存在明显的差异，主要表现在：

（1）序时平均数平均的是事物在不同时间上的数量差异，说明现象在一定发展阶段的一般水平；算术平均数平均的是总体各单位某一数量标志在同一时间上的数量差异，说明总体在一定历史条件下的一般水平。

（2）序时平均数从动态上说明某一事物在不同时间上发展的一般水平；算术平均数是

从静态上说明同一事物总体不同单位在同一时间上的一般水平。

（3）序时平均数是根据时间序列计算的；算术平均数是根据变量数列计算的。

序时平均数与算术平均数的异同

异同	特点	序时平均数	算术平均数
联系	抽象的反映内容	一般水平	一般水平
区别	说明内容	现象在一定发展阶段的一般水平	总体在一定历史条件下的一般水平
	平均的差异	不同时间的	不同总体单位的
	依据数列	时间序列	变量数列

序时平均数的计算，由于不同时间数列具有不同特点，需分别采用不同的方法。

1. 根据总量指标时间序列计算序时平均数

总量指标时间序列根据其时间状况不同可分为时期序列与时点序列。它们在序时平均数的计算上存在明显差异。

（1）时期序列计算序时平均数。时期序列中各项指标数值反映社会经济现象在一定时期内的过程总量，具有可加性，我们采用简单算术平均法计算序时平均数，计算公式为：

$$\bar{a} = \frac{a_1 + a_2 + a_3 + \cdots + a_n}{n} = \frac{\sum_{i=1}^{n} a_i}{n}$$

【例1】已知某企业第一季度产值为500万元，第二季度产值为720万元，第三季度产值为900万元，第四季度产值为1 140万元，计算该企业全年平均季度产值。

全年平均季度产值 =（500 + 720 + 900 + 1 140）/4 = 815（万元）

（2）时点序列计算序时平均数。

①连续时点序列，计算序时平均数。

实际统计工作中，常以一日为一个时点。连续时点序列是将逐日登记的资料按照时间先后顺序排列而形成的时间数列。

A. 逐日排列的连续时点序列：如果连续时点数列每日的指标数值都有变动，逐日登记未做任何分组整理形成时间序列，则直接采用简单算术平均法进行计算，计算公式为：

$$\bar{a} = \frac{a_1 + a_2 + \cdots + a_n}{n} = \frac{\sum_{i=1}^{n} a_i}{n}$$

【例2】已知某班级星期一至星期五统计出勤学生人数记录如下，求该班级一周平均

170

每天出勤学生人数。

星期	一	二	三	四	五
出勤学生数（人）	48	50	46	51	50

根据公式，$\bar{a} = \dfrac{48 + 50 + 46 + 51 + 50}{5} = 49$ 人，则该班级一周平均每天出勤学生人数为 49 人。

B. 分组排列的连续时点序列：如果被研究现象不是逐日变动，而是连续几天保持相同的数据，可以将相同数据的时点分成一组，再按时间先后顺序排列形成的连续时点序列，则采用加权算术平均法进行计算，计算公式为：

$$\bar{a} = \frac{a_1 f_1 + a_2 f_2 + \cdots + a_n f_n}{f_1 + f_2 + \cdots + f_n} = \frac{\sum\limits_{i=1}^{n} a_i f_i}{\sum\limits_{i=1}^{n} f_i}$$

【例3】已知某公司 2016 年第一季度职工出勤人数资料如下，计算该公司第一季度的日平均职工出勤人数。

日期	1 月 1 日—15 日	1 月 16 日—26 日	1 月 27 日—2 月 14 日	2 月 15 日—3 月 6 日	3 月 7 日—31 日
职工出勤数（人）	110	120	114	120	130

根据公式，$\bar{a} = \dfrac{110 \times 15 + 120 \times 11 + 114 \times 19 + 120 \times 21 + 130 \times 25}{15 + 11 + 19 + 21 + 25} = 120$ 人，则该公司第一季度的日平均职工出勤人数为 120 人。

②间断时点序列，计算序时平均数。

间断时点数列计算：间断时点数列是间隔一段时间对现象在某一时点上所表现的状况进行一次性登记，并将登记的数据按照事件先后顺序配列形成的时间数列。实际工作中，登记日常常是在期初或期末，如月初或月末、季初或季末、年初或年末等。

通过间断时点数列计算序时平均数一般要采用两个假设条件：①假设上期末水平等于本期初水平（上期末和本期初是两个连续的时点，这里假设两个时点的水平没有变化）；②假设现象在间隔期内的数量变化是均匀的。

A. 间隔期相等的时点序列，采用首尾（首末）折半法计算。假设数列为 a_i，$i = 1$，

171

2，$\cdots$，n，计算 $n-1$ 期内的序时平均数公式为：

$$\bar{a} = \frac{\dfrac{a_1 + a_2}{2} + \cdots + \dfrac{a_{n-1} + a_n}{2}}{n - 1} = \frac{\dfrac{a_1}{2} + a_2 + \cdots + a_{n-1} + \dfrac{a_n}{2}}{n - 1}$$

【例4】已知某银行2016年部分月份的现金库存额资料如下，计算该银行2016年第一季度月平均现金库存额。

日期	1月1日	2月1日	3月1日	4月1日
现金库存额（万元）	500	480	450	520

根据公式，$\bar{a} = \dfrac{\dfrac{500}{2} + 480 + 450 + \dfrac{520}{2}}{3} = 480$ 万元，则该银行2016年第一季度月平均现金库存额为480万元。

B. 间隔期不相等的时点序列，采用加权（序时）平均法计算。假设数列为 a_i，$i = 1$，2，$\cdots$，n，计算 $n-1$ 期内的序时平均数的计算公式为：

$$\bar{a} = \frac{\dfrac{a_1 + a_2}{2}f_1 + \cdots + \dfrac{a_{n-1} + a_n}{2}f_{n-1}}{\sum\limits_{i=1}^{n-1} f_i}$$

【例5】已知某银行2016年部分月份的现金库存额资料如下，计算该银行2016年第二季度月平均现金库存额。

日期	4月1日	6月1日	7月1日
现金库存额（万元）	520	600	580

根据公式，$\bar{a} = \dfrac{\dfrac{520 + 600}{2} \times 2 + \dfrac{600 + 580}{2} \times 1}{2 + 1} = 570$ 万元，则该银行2016年第二季度月平均现金库存额为570万元。

2. 根据相对指标时间序列计算序时平均数

根据相对指标时间序列计算序时平均数，必须先计算出组成这个相对指标时间序列的两个绝对数时间序列的序时平均数，然后把两个序时平均数进行对比，就可以得到相对指标时间序列的序时平均数。

（1）根据两个时期数列组成的相对指标时间序列计算序时平均数，计算公式为：

$$\bar{c} = \frac{\bar{a}}{\bar{b}} = \frac{\dfrac{\sum\limits_{i=1}^{n} a_i}{n}}{\dfrac{\sum\limits_{i=1}^{n} b_i}{n}} = \frac{\sum\limits_{i=1}^{n} a_i}{\sum\limits_{i=1}^{n} b_i}$$

【例6】已知第一季度公司实际业务收入与计划业务收入统计数据如下，试计算第一季度平均计划完成程度。

月份	一月份	二月份	三月份
实际业务收入 a（万元）	250	360	600
计划业务收入 b（万元）	200	300	400
业务收入计划完成程度 c（％）	125	120	150

$$第一季度平均计划完成程度 = \frac{每月平均实际业务收入}{每月平均计划业务收入} \times 100\% = 134.4\%$$

计算中如果 b、c 项数据已知，而缺少数据 a，则 $\bar{c} = \dfrac{\sum\limits_{i=1}^{n} b_i c_i}{\sum\limits_{i=1}^{n} b_i}$；计算中如果 a、c 项数据已知，而缺少数据 b，则 $\bar{c} = \dfrac{\sum\limits_{i=1}^{n} a_i}{\sum\limits_{i=1}^{n} \dfrac{a_i}{c_i}}$。

（2）根据两个时点序列组成的相对指标时间序列计算序时平均数。

①两个连续时点序列对比而成的相对指标时间序列，计算序时平均数的公式为：

$$\bar{c} = \frac{\bar{a}}{\bar{b}} = \frac{\sum\limits_{i=1}^{n} a_i}{\sum\limits_{i=1}^{n} b_i}$$

②两个间断时点序列对比而成的相对指标时间序列，若间隔相等时，序时平均数的计算公式为：

$$\bar{c} = \frac{\bar{a}}{\bar{b}} = \frac{\dfrac{a_1}{2} + a_2 + a_3 + a_4 + \cdots + \dfrac{a_n}{2}}{\dfrac{b_1}{2} + b_2 + b_3 + b_4 + \cdots + \dfrac{b_n}{2}}$$

若间隔不等时，序时平均数的计算公式为：

$$\bar{c} = \frac{\dfrac{a_1 + a_2}{2}f_1 + \dfrac{a_2 + a_3}{2}f_2 + \cdots + \dfrac{a_{n-1} + a_n}{2}f_{n-1}}{\dfrac{b_1 + b_2}{2}f_1 + \dfrac{b_2 + b_3}{2}f_2 + \cdots + \dfrac{b_{n-1} + b_n}{2}f_{n-1}}$$

③一个时期序列和一个时点序列对比而成的相对指标时间序列，计算序时平均数的方法：分别计算分子与分母的序时平均数，然后进行对比，得出序时平均数。

三、增长量

增长量是说明社会经济现象在一定时期内所增长的绝对数量，它是报告期水平与基期水平之差，其计算公式为：

$$增长量 = 报告期水平 - 基期水平$$

由于采用的基期不同，增长量可分为逐期增长量和累计增长量。

逐期增长量和累计增长量的关系如下：

（1）逐期增长量之和等于相应时期的累计增长量。用公式表示为：

$$(a_1 - a_0) + (a_2 - a_1) + \cdots + (a_n - a_{n-1}) = (a_n - a_0)$$

（2）每两个相邻的累计增长量之差等于相应时期的逐期增长量。用公式表示为：

$$(a_n - a_0) - (a_{n-1} - a_0) = (a_n - a_{n-1})$$

年距增长量：报告期某月（季）水平与上年同月（季）水平之差。

四、平均增长量

平均增长量是说明社会经济现象在一定时期内平均每期增长的数量。从广义上说，它也是一种序时平均数，即是逐期增长量动态数列的序时平均数，反映现象平均增长水平。

平均增长量常用的方法有两种：

（1）水平法：将各个逐期增长量相加之后除以逐期增长量的个数，或累计增长量除以时间数列项数减去1的差。水平法适用于连续正增长或连续负增长的时间数列的平均增长量的计算，用公式表示为：

$$平均增长量 = \frac{逐期增长量之和}{逐期增长量个数} = \frac{累计增长量}{时间数列项数 - 1}$$

（2）总和法：适应各种情况的平均增长量的计算，它要求用平均增长量推算的各期理论水平之和要等于各期实际水平之和。

【例7】某局连续7年的电报份数如下，试计算平均增长量。

年份	2010	2011	2012	2013	2014	2015	2016
发展水平	11.76	12.62	12.75	13.50	14.66	15.94	16.07
逐期增长量	—	0.86	0.13	0.75	1.16	1.28	0.13
累计增长量	—	0.86	0.99	1.74	2.90	4.18	4.31

根据公式，$平均增长量 = \dfrac{累计增长量}{时间数列项数 - 1} = \dfrac{4.31}{6} = 0.718$。

任务三　时间序列的速度分析

时间序列的速度分析指标有发展速度、增长速度、平均发展速度和平均增长速度、增长1%的绝对值。

一、发展速度

1. 定义及基本计算公式

发展速度（speed of development）是现象在两个不同时期发展水平的比值，用以表明现象发展变化的相对程度。其基本计算公式为：

$$发展速度 = \frac{报告期水平}{基期水平} \times 100\%$$

2. 种类

因基期水平的不同，可分为定基发展速度、环比发展速度和年距发展速度。

时间 t_{i-1}	t_0	t_1	t_2	$\cdots$	t_n
发展水平 a_{i-1}	a_0	a_1	a_2	$\cdots$	a_n
逐期增长量 $\Delta_i = a_i - a_{i-1}$	—	$a_1 - a_0$	$a_2 - a_1$	$\cdots$	$a_n - a_{n-1}$
累计增长量 $\Delta_i' = a_i - a_0$	—	$a_1 - a_0$	$a_2 - a_0$	$\cdots$	$a_n - a_0$
环比发展速度 $v_i = \dfrac{a_i}{a_{i-1}}$	—	$\dfrac{a_1}{a_0}$	$\dfrac{a_2}{a_1}$	$\cdots$	$\dfrac{a_n}{a_{n-1}}$
定基发展速度 $v_i' = \dfrac{a_i}{a_0}$	—	$\dfrac{a_1}{a_0}$	$\dfrac{a_2}{a_0}$	$\cdots$	$\dfrac{a_n}{a_0}$
环比增长速度 $\Delta v_i = \dfrac{a_i - a_{i-1}}{a_{i-1}}$	—	$\dfrac{a_1 - a_0}{a_0}$	$\dfrac{a_2 - a_1}{a_1}$	$\cdots$	$\dfrac{a_n - a_{n-1}}{a_{n-1}}$
定基增长速度 $\Delta v_i' = \dfrac{a_i - a_0}{a_0}$	—	$\dfrac{a_1 - a_0}{a_0}$	$\dfrac{a_2 - a_0}{a_0}$	$\cdots$	$\dfrac{a_n - a_0}{a_0}$

3. 年距发展速度

年距发展速度消除了季节变动的影响，表明本期发展水平相对于上年同期发展水平变化的方向和程度，是实际统计分析中经常应用的指标，计算公式如下：

$$年距发展速度 = \frac{本期发展水平}{上年同期发展水平} \times 100\%$$

176

【例 1】我国 2016 年 GDP 完成 744 127 亿元，2015 年 GDP 完成 676 708 亿元，则年距发展速度为 744 127 ÷ 676 708 × 100% = 109.96%。

4. 区别与联系

项目	定基发展速度（总速度）	环比发展速度
定义	报告期水平与某一固定时期水平之比	报告期水平与前一期水平之比
公式	$\dfrac{a_i}{a_0}$	$\dfrac{a_i}{a_{i-1}}$
反映内容	较长时期内总的发展速度	逐期发展状态

两者之间的联系为环比发展速度的连乘积等于相应时期的定基发展速度，相邻两期的定基发展速度之商等于后一期的环比发展速度。

二、增长速度

1. 定义及基本计算公式

增长速度（increase speed）是增长量与基期水平的比值，用以反映现象报告期水平比基期水平的增长程度。其基本计算公式为：

$$增长速度 = \frac{增长量}{基期水平} = \frac{报告期水平 - 基期水平}{基期水平} = \frac{报告期水平}{基期水平} - 1 = 发展速度 - 1$$

2. 种类
（1）定基增长速度 = 定基发展速度 - 1；
（2）环比增长速度 = 环比发展速度 - 1；
（3）年距增长速度 = 年距发展速度 - 1（通常是环比增长速度）。

3. 区别与联系

项目	定基增长速度	环比增长速度
定义	累计增长量与某一固定时期水平之比	逐期增长量与前一期水平之比
公式	$\dfrac{a_i - a_0}{a_0}$	$\dfrac{a_i - a_{i-1}}{a_{i-1}}$
反映内容	较长时期内总的增长程度	逐期增长程度

环比增长速度与定基增长速度没有直接的联系，当报告期水平与基期水平方向不一致时不宜用增长速度。

【例2】根据某 IT 公司销售额数据，以 2012 年销售额为基期水平，分别计算 2015 年、2016 年销售额定基增长速度。

某 IT 公司销售额数据统计表

年份	2012	2013	2014	2015	2016
销售额（万元）	50	65	74	78	80

根据公式，2015 年销售额定基增长速度：$a_{2015} = \dfrac{78-50}{50} = 56\%$，2016 年销售额定基增长速度：$a_{2016} = \dfrac{80-50}{50} = 60\%$。

【知识链接】

中国对世界经济增长的贡献不断提高

近年来，世界经济处于深度调整期，欧洲、美国、日本等主要经济体对世界经济增长的带动作用明显减弱。印度等国虽然增速较快，但由于经济规模不大，还不能成为带动世界经济增长的主力，而巴西、俄罗斯等国尚未走出衰退的阴影。与此同时，中国对外开放的步伐加快，与世界经济的融合度日益提高，近年来中国经济发展进入新常态，增速虽然有所放缓，但仍保持了中高速增长，速度继续位居世界主要经济体最前列。目前，中国对世界经济增长的年均贡献率超过 30%，成为世界经济增长的第一引擎。

一、中国经济稳定增长是世界经济复苏的主要动力

改革开放 30 多年来，中国经济占世界经济比重不断上升。根据世界银行统计数据，按照 2010 年美元不变价计算，1979—2010 年，我国国内生产总值占世界经济的比重由 1.2% 提高到 9.3%，年均提高 0.3 百分点；2015 年，占比进一步提高到 11.9%，"十二五"期间年均提高 0.5 百分点。按照当年价格计算，2015 年我国占世界经济比重达 14.8%，同年美国、日本、印度占世界经济比重分别为 24.4%、5.6%、2.8%。

"十二五"时期，按照 2010 年美元不变价计算，中国经济增长对世界经济增长的年均贡献率达到 30.5%，跃居全球第一，与"十五"和"十一五"时期 14.2% 的年均贡献率相比，提高 16.3 百分点，同期美国和欧元区分别为 17.8% 和 4.4%。分年度来看，2011、2012、2013、2014、2015 年，中国经济增长对世界经济增长的年均贡献率分别为 28.6%、31.7%、32.5%、29.7%、30.0%，而美国分别为 11.8%、20.4%、15.2%、19.6%、21.9%。

2016 年，中国经济增长对世界经济增长的贡献率仍居首位。过去的一年，我国经济运行总体平稳，预计全年经济增速为 6.7% 左右，而世界银行预测全球经济增速为 2.4% 左右，按 2010 年美元不变价计算，2016 年中国经济增长对世界经济增长的贡献率仍然达到 33.2%。如果按照 2015 年美元不变价计算，则中国增长的贡献率会更高一点。根据有关国际组织预测，2016 年中国、美国、日本的经济增速分别为 6.7%、1.6%、0.6%，据此测算，三国经济增长对 2016 年世界经济增长的贡献率将分别为 41.3%、16.3%、1.4%。

二、中国内需增长为推动世界贸易和经济发展做出重大贡献

近年来，中国在世界贸易中的地位不断提高。据联合国贸发会议统计，2010—2015年，我国货物贸易出口额占全球的比重由10.3%提高到13.7%，进口额比重由9.1%提高到10.1%；服务贸易出口额的全球比重由3.9%提高到5.9%，进口额的全球比重由4.8%提高到9.9%。

2016年，在世界经济较为低迷的环境下，中国仍然保持着旺盛的市场需求。1—11月份，我国铁矿砂及其精矿、铜矿砂及其精矿、原油的进口量分别增长了9.2%、30.5%、14.0%，集成电路进口量增长9.3%，医药品、汽车零配件进口额分别增长9.1%、8.3%，1—10月份，我国服务贸易进口增长23.7%。中国对国际大宗商品和主要工业品进口的大幅增长，有力地改善了国际供求关系，不仅提振了资源与能源出口国的经济增长，而且对发达工业国的经济逐渐复苏也起到了不可或缺的积极作用。

与此同时，我国持续为世界提供着物美价廉的工业制成品，对降低全球生产成本、推动技术进步、改善各国人民生活做出了不容忽视的贡献。2016年1—11月份，我国塑料制品、汽车及汽车底盘出口量分别增长7.0%、6.9%，而出口额（以美元计）分别下降4.6%、5.3%。

三、中国对外投资增长为全球结构优化注入活力

近年来，随着我国经济技术实力的增强，特别是"一带一路"发展战略的稳步推进，企业"走出去"步伐明显加快，对外投资和经济合作蓬勃发展，成为很多发展中国家完善基础设施、加快工业化进程的重要参与者，也对发达国家拓展市场、增加就业、缓解债务压力发挥了重要作用。联合国贸发会议统计数据显示，我国对外直接投资虽起步较晚，但占全球总量的比重快速提高。2000年，我国对外直接投资额仅为9亿美元，占全球比重还不足0.1%，到2010年，占比提高到4.9%，2015年则进一步提高到8.7%。

2016年，我国对外投资合作持续增长，1—11月份，非金融类直接投资累计达10 696.3亿元人民币，折合1 617亿美元；对外承包工程新签合同额达12 731.7亿元人民币，折合1 924.7亿美元。其中，对"一带一路"相关国家的投资与合作持续保持较高水平。1—11月，我国企业对"一带一路"相关的53个国家非金融类直接投资133.5亿美元，在"一带一路"相关的61个国家新签对外承包工程项目合同额1 003.6亿美元，占同期我国对外承包工程新签合同额的52.1%。在美元升值、发展中国家资金外流压力加大的情况下，中国对外投资的增加，是稳定全球金融市场和经济运行的重要因素。

四、中国巨大的发展潜力将继续为世界经济增长提供动能

中国经济长期向好的基本面未变。中国仍然是世界最大的发展中国家，工业化、城镇化、农业现代化和信息化还有很长的路要走，经济发展的潜力大、韧性足、回旋余地广。中国拥有9亿多劳动力、1亿多受过高等教育和有专业技能的人才，每年700多万大学毕业生和500多万中等职业学校毕业生加入劳动大军，人才红利不断积累并将持续释放。近年来，中国以供给侧结构性改革为主线，深入推进重点领域和关键环节改革，改革红利正逐渐显现，"大众创业、万众创新"蓬勃发展，经济内生动力不断增强，持续向好势头得到巩固。今后一个时期，中国经济新动能加快成长，结构持续优化，对全球经济的正向溢出效应将进一步增强。

中国内需不断扩大和升级为世界提供更为广阔的市场。中国已进入消费规模持续扩大、消费结构加快升级、消费贡献不断提升的发展新阶段。"十三五"时期，人均国内生产总值有望提高30%左右，现行标准下的贫困人口将实现全部脱贫。2015年，我国较高收入人群占城镇人口的20%，总人数超过1.5亿，人均可支配收入已达1万美元左右，这部分人的总消费能力相当于多个中等国家之和，他们的购买力投放到哪里，哪里的市场就会一片繁荣。"十三五"期间，我国累计货物贸易进口规模有望达到9万亿美元，服务贸易进口规模将超过2万亿美元。2020年，中国将全面建成小康社会，一个规模巨大且日臻成熟的市场将为世界带来前所未有的商机。

回顾过去，中国作为世界第一人口大国，使7亿多人口脱了贫，人民生活由温饱不足达到总体小康，发展水平由低收入国家成为中高收入国家，这本身就是对世界经济的巨大贡献。中国工业化、城镇化的规模和步伐是世界历史上前所未有的，中国经济的高速增长给世界各国尤其是周边国家提供了前所未有的互动发展和联动发展机遇，对20世纪末和21世纪初的世界经济繁荣增长产生了举足轻重的影响。展望未来，以中高速平稳健康发展的中国经济仍将是推动21世纪世界经济持续增长的强劲动力。今后几年，在世界经济复苏增长的过程中，中国将继续发挥一个大马力发动机的重要作用。当然，世界经济增长仅依靠中国的贡献是不够的，中国倡议全球各国，特别是各主要经济体，与中国一道，加强协作，和衷共济，促进贸易和投资，着力推动结构性改革，共同为构建创新、活力、联动、包容的世界经济而努力。

（资料来源：《人民日报》）

三、平均发展速度和平均增长速度

1. 定义

平均发展速度（average speed of development）是各个时间单位的环比发展速度的序时平均数，反映社会经济现象在一定时期内逐期发展变化的一般速度。平均发展速度可以大于100%，也可以小于100%。

平均增长速度（average increase speed）是各个时间单位的环比增长速度的序时平均数。平均增长速度可以为正值，也可以为负值。当平均增长速度为正值时，表明现象在一定时期内逐期增长的一般速度，也称为平均递增率；当平均增长速度为负值时，表明现象在一定时期内逐期降低的一般速度，也称为平均递减率。

2. 二者的关系

平均增长速度不能直接根据环比增长速度计算，只能通过与平均发展速度的数量关系来转换，公式如下：

$$平均增长速度 = 平均发展速度 - 1（或100\%）$$

3. 作用

计算平均发展速度和平均增长速度在社会经济统计中具有重要的作用，首先，可以比较分析国民经济在不同发展阶段的一般发展情况和增长情况；其次，可以为经济预测、编制年度计划和中长期规划，以及检查计划的执行情况提供数据资料；最后，可以在不同国民经济部门、不同地区、不同国家之间进行对比，找出差距、克服缺点，加速经济发展。

4. 计算方法

平均发展速度也是一种序时平均数，不能用算术平均法来计算。根据要解决的问题不同，平均发展速度有两种计算方法，即几何法和方程法。这里只介绍常用的几何法。

几何法，又称为水平法，其基本思想是现象从最初水平出发，如果各期都以平均发展速度发展，那么最末一期的理论水平应与最末一期的实际水平相等。

设为 $\bar{x}$ 平均发展速度，a_0 为初始发展水平，则：第一期的理论水平为 $a_0\bar{x}$；第二期的理论水平为 $a_0\bar{x}^2$；第三期的理论水平为 $a_0\bar{x}^3 \cdots$ 第 n 期的理论水平为 $a_0\bar{x}^n$。

由于各期实际水平分别为 a_1，a_2，$\cdots$，a_{n-1}，a_n，按照几何法的基本思想，则 $a_n = a_0\bar{x}^n$，那么，

$$\bar{x} = \sqrt[n]{\frac{a_n}{a_0}}$$

式中，n 代表环比发展速度的项数，其他符号同前。这个计算平均发展速度的公式适用于掌握初始发展水平（最初水平）和最末水平的资料。

由于环比发展速度的连乘积等于定基发展速度，所以当掌握各个环比发展速度时，平均发展速度又可按下式计算：

$$\bar{x} = \sqrt[n]{x_1 \cdot x_2 \cdot x_3 \cdots x_n} = \sqrt[n]{\prod x_i}$$

式中 x_1，x_2，x_3，$\cdots$，x_n 代表现象各期环比发展速度；$\prod$ 是连乘号，表示该符号后面的变量值连乘。

若 $\dfrac{a_n}{a_0}$ 是最后一期的定期发展速度，即总发展速度的具体数值，则平均发展速度还可以直接根据总发展速度计算，其公式为：

$$\bar{x} = \sqrt[n]{R}$$

式中，R 代表总发展速度，它是 a_n 与 a_0 的比值。

从上面的公式中可以看出，按几何法计算的平均发展速度数值的大小只取决于最末水平与最初水平的比值，而不反映中间各期水平的变化情况。

【例3】某地区 2012—2016 年粮食产量及其发展速度资料见下表，以 2012 年为基期，计算 2012—2016 年粮食产量的平均发展速度。

某地区 2012—2016 年粮食产量及其发展速度资料表

年份	2012	2013	2014	2015	2016
粮食产量（万吨）	200.00	220.00	230.00	240.00	250.00

年份	2012	2013	2014	2015	2016
环比发展速度（%）	—	110.00	104.54	104.35	104.17

方法一：

$$\bar{x} = \sqrt[n]{\frac{a_n}{a_0}} = \sqrt[4]{\frac{250}{200}} = \sqrt[4]{1.25} = 105.74\%$$

方法二：

$$\bar{x} = \sqrt[4]{110\% \times 104.54\% \times 104.35\% \times 104.17\%} = \sqrt[4]{125.00\%} = 105.74\%$$

四、增长1%的绝对值

增长速度指标虽然能够说明现象增长的程度，却不能反映现象增长的实际效果。为更全面地对现象的发展实力进行分析，除比较现象的增长速度指标之外，还要分析现象的增长1%的绝对值。

增长1%的绝对值是逐期增长量与环比增长速度之比，用以说明现象报告期比基期每增长1%所包含的绝对数量。

$$增长1\%的绝对值 = \frac{前期水平}{100} = \frac{逐期增长量}{环比增长速度 \times 100}$$

【例4】2016年相对于2015年，美国的名义GDP增长速度为2.780 2%，同期中国的名义GDP增长速度为7.992 9%；2016年中国的名义GDP总量初步核算约744 127.2亿元，同期美国的名义GDP总量186 245亿美元。2015年美国的名义GDP总量为181 207亿美元，中国的名义GDP总量为689 052.1亿元。

（资料来源：美国商务部经济分析局、中国国家统计局）

根据公式，美国GDP增长1%的绝对值为：

$$181\ 207 \div 100 = \frac{186\ 245 - 181\ 207}{2.780\ 2} \approx 1\ 812\ 亿美元$$

中国GDP增长1%的绝对值为：

$$689\ 052.1 \div 100 = \frac{744\ 127.2 - 689\ 052.1}{7.992\ 9} \approx 6\ 891\ 亿元$$

总之，时间序列的水平指标有发展水平、平均发展水平、增长量、平均增长量；时间序列的速度指标有发展速度、增长速度、平均发展速度和平均增长速度、增长 1% 的绝对值。试问 2011—2015 年全国居民消费水平统计表中所列各项指标分别属于上述哪一类指标？

2011—2015 年全国居民消费水平统计表

年份	2011	2012	2013	2014	2015
居民消费水平（元）	13 134	14 699	16 190	17 778	19 397
逐期增长量（元）	—	1 565	1 491	1 588	1 619
累计增长量（元）	—	1 565	3 056	4 644	6 263
环比发展速度（%）	—	111.92	110.14	109.81	109.11
定基发展速度（%）	—	111.92	123.27	135.36	147.69
环比增长速度（%）	—	11.92	10.14	9.81	9.11
定基增长速度（%）	—	11.92	23.27	35.36	47.69
增长 1% 的绝对值（元）	—	131.34	146.99	161.90	177.78

（资料来源：国家统计局）

任务四　时间序列分析

在一年之内，由于季节的变动，某些社会经济现象（一定的时间序列）会产生规律性的变化，这种规律性变化通常称之为季节变动。除此之外，时间序列的变化会受到社会经济系统中各种因素的影响。从总体上看，影响时间序列变化的因素一般可以分为三类：第一类是与不同的发展阶段有关的趋势性因素（长期趋势，用 T 来表示）；第二类为纯粹的时间因素，如与气候、日历天数和节假日等有关的季节性因素（季节变动，用 S 来表示）；第三类是经济变量的相互影响随时间的延续而有规律地发展，表现在时间序列上就是有一定规律的周期波动（循环变动，用 C 来表示）。另外，还有一些偶然性因素，如社会心理、政治因素、自然条件等（不规则变动，用 I 来表示）。

（1）当 4 种变动因素呈现出相互独立的关系时，时间序列总变动（Y）体现为各种因素的总和，即 $Y = T + S + C + I$。

（2）当 4 种变动因素呈现出相互影响的关系时，时间序列总变动（Y）体现为各种因素的乘积，即 $Y = T \cdot S \cdot C \cdot I$。在这种方法中，$S$，$C$，$I$ 均为比率，用百分数表示。

对社会经济现象进行时间序列分析，除了编制时间序列、计算各种时间序列指标之外，还需要进一步揭示现象的长期趋势和季节变动的规律，这对于克服盲目性、预见未来、做好各项工作等都具有十分重要的现实意义。

时间序列分析常用在国民经济宏观控制、区域综合发展规划、企业经营管理、市场潜量预测、气象预报、水文预报、地震前兆预报、农作物病虫灾害预报、环境污染控制、生态平衡、天文学和海洋学等方面。

【知识链接】

我们若要生活，就该为自己建造一种布满感受、思考和行动的时钟，用它来代替这个枯燥、单调、以愁闷来抹杀心灵，带有责备意味和冷冷地滴答着的时间。

——高尔基

一、长期趋势

长期趋势就是由于某种根本性原因的影响，使某种现象在一个相当长的时期内呈现持续向上或向下发展变动的趋势。例如随着我国社会主义市场经济的发展，我国国民生产总值、人均粮食产量、人均纯收入等都呈不断上升的趋势。

长期趋势分析是指测定时间序列在根本原因影响下，在相当长的时间内沿着一定方向有倾向性变动的规律性，它是时间序列趋势分析的重点。测定长期趋势的主要目的有：首先，把握现象的趋势变化；其次，从数量方面研究现象的规律性，探求合适的趋势线，为统计预测和决策提供必要的依据；最后，测定长期趋势，可以消除原有时间序列中长期趋势的影响，以便更好地显示和测定季节变动。

反映现象发展的长期趋势有两种基本形式：一种是直线趋势，另一种是非直线趋势即曲线趋势。测定长期趋势的主要方法有：时距扩大法、移动平均法、最小平方法。

（一）时距扩大法

时距扩大法也称为间隔扩大法，是测定长期趋势最原始、最简单的方法。它是指将原时间序列中若干时期资料加以合并，得出扩大间隔的较大时距单位的新时间序列，以消除由于时距较短而受偶然因素影响所引起的不规则变动，反映现象发展变化长期趋势的分析方法。

在使用时距扩大法时，应注意三点：

（1）扩大的时距单位的大小，应以时距扩大后的数列能正确反映长期趋势为准。若现象有明显变动周期的，扩大后的时距一般与现象的变动周期相同；若现象无明显变动周期的，可以逐步扩大时距，直至显现出现象变动的长期趋势。

（2）为了保持时间序列资料的可比性，同一数列前后的时距单位应当一致。

（3）时距扩大法只适用于时期序列。

（二）移动平均法

移动平均法是根据时间序列资料，采用逐项递推移动的方法，分别计算出一系列指标数值的序时平均数，形成一个新的时间序列，以反映现象长期趋势的方法。采用移动平均法修匀时间序列可以削弱或消除短期的偶然因素的影响，从而呈现出明显的长期趋势。

应用移动平均法修匀时间数列时，应注意下列四点：

（1）采用移动平均法计算出来的新的时间序列比原时间序列的项数要少。为了便于看出发展趋势，确定移动平均的项数要视具体情况而定，一般不宜太多。

（2）一般情况下，如果现象的发展具有一定的自然周期，应根据周期确定被移动平均的项数。

（3）采用奇数项移动平均比较简单方便，一次平均即可得到趋势值；采用偶数项移动平均时，需要两次平均才可得到趋势值。

（4）用移动平均法对原时间序列进行修匀，修匀程度的大小与原时间序列移动平均的项数多少有关。

例如通过 2011—2015 年某地区经济作物产量移动平均计算表分别对产量做奇数项移动平均：三年产量移动平均；偶数项移动平均：四年产量移动平均及四年产量移动平均之后的二项移正平均。

2011—2015 年某地区经济作物产量移动平均计算表

（单位：万吨）

年份	产量	三年产量移动平均	四年产量移动平均	二项移正平均
2011	10.00			
2012	12.00	13.00		
			13.75	
2013	17.00	15.00		15.13
			16.50	
2014	16.00	18.00		
2015	21.00			

（三）最小平方法

最小平方法又称为最小二乘法，是长期趋势分析中较常用的统计方法。这种方法的基本原理是运用数学模型，根据原时间序列拟定一条适当的趋势线，据此进行长期趋势分析。根据最小平方法的基本原理，若要找到一条最佳趋势线，必须使原时间序列的实际观测值 y_i 与趋势线方程式中的趋势值 y_c 离差平方之和为最小，即

（1）最小平方法的基本原理：$\sum_{i=1}^{n}(y_i - y_c)^2 = \min$ 。

（2）最小平方法既可用于拟合直线，也可用于拟合曲线（这里只介绍直线情况）。

（3）选择的数学模型大多数用表示法（计算一次增量、二次增量或环比发展速度），也可用图示法。

185

直线方程，其趋势方程为 $y_c = a + bt$，用最小平方方法求解 a、b 两个参数的标准方程组，即

$$\begin{cases} \sum\limits_{i=1}^{n} y_i = na + b\sum\limits_{i=1}^{n} t_i \\ \\ \sum\limits_{i=1}^{n} t_i y_i = a\sum\limits_{i=1}^{n} x_i + b\sum\limits_{i=1}^{n} t_i^2 \end{cases} \quad \text{求解，得} \quad \begin{cases} a = \bar{y} - b\bar{t} \\ \\ b = \dfrac{\sum\limits_{i=1}^{n} t_i y_i - \dfrac{1}{n}\sum\limits_{i=1}^{n} t_i \sum\limits_{i=1}^{n} y_i}{\sum\limits_{i=1}^{n} t_i^2 - \dfrac{1}{n}\left(\sum\limits_{i=1}^{n} t_i\right)^2} \end{cases}$$

根据下表中给出的 2006—2015 年某公司销售量数据拟合直线方程。

年份	方法一					方法二			
	t	y	t^2	ty	y_c	t	t^2	ty	y_c
2006	1	230	1	230	228.15	-9	81	-2 070	228.143
2007	2	236	4	472	234.49	-7	49	-1 652	234.489
2008	3	241	9	723	240.84	-5	25	-1 205	240.835
2009	4	246	16	984	247.18	-3	9	-738	247.181
2010	5	252	25	1 260	253.53	-1	1	-252	253.527
2011	6	257	36	1 542	259.87	1	1	257	259.873
2012	7	262	49	1 834	266.22	3	9	786	266.219
2013	8	276	64	2 208	272.56	5	25	1 380	272.565
2014	9	281	81	2 529	278.91	7	49	1 967	278.911
2015	10	286	100	2 860	285.25	9	81	2 574	285.257

方法一：$\begin{cases} b = \dfrac{\sum\limits_{i=1}^{n} t_i y_i - \dfrac{1}{n}\sum\limits_{i=1}^{n} t_i \sum\limits_{i=1}^{n} y_i}{\sum\limits_{i=1}^{n} t_i^2 - \dfrac{1}{n}\left(\sum\limits_{i=1}^{n} t_i\right)^2} = \dfrac{14\ 642 - \dfrac{1}{10} \times 55 \times 2\ 567}{385 - \dfrac{1}{10}(55)^2} = 6.345 \\ a = 256.7 - 6.345 \times 5.5 = 221.8 \end{cases}$

则直线方程为 $y_c = 221.8 + 6.345t$。

方法二：

在以上计算中，时间变量 t 是从小到大排列的，若能使 $\sum\limits_{i=1}^{n} t = 0$，则可简化求 a、b 的计算，简化公式为：$\begin{cases} b = \dfrac{\sum\limits_{i=1}^{n} t_i y_i}{\sum\limits_{i=1}^{n} t_i^2} \\ a = \bar{y} \end{cases}$

为了使 $\sum_{i=1}^{n} t_i = 0$，当时间数列为奇数项时，可取时间序列中间的一项编号为 0，以上各项依次为 -1，-2，-3，$\cdots$，以下各项依次为 1，2，3，$\cdots$。当时间序列为偶数项时，可把时间序列居中的两项分别编号为 -1 和 1，以上各项依次为 -3，-5，-7，$\cdots$，以下各项依次为 3，5，7，$\cdots$，代入方式二的公式，求解得：

$$\begin{cases} b = \dfrac{\sum\limits_{i=1}^{n} t_i y_i}{\sum\limits_{i=1}^{n} t_i^{\,2}} = \dfrac{1\,047}{330} = 3.173 \\ a = 256.7 \end{cases}$$

则直线方程为 $y_c = 256.7 + 3.173t$。

思考：2018 年该公司销售量为多少？

二、季节变动

1. 季节变动的概念

季节变动是指客观现象由于受自然因素或生产、生活条件的影响，在一年内随着季节的更换而呈现的有规律的周期性变动。在现实生活中，季节变动是一种极为普遍的现象，例如取暖器、围巾、羊毛大衣等的销售量在冬季比较大；铁路客运量的高峰期出现在春节和"黄金周"前后等。

2. 季节变动的意义

季节变动对某些部门的生产经营活动和人们的经济生活有一定的影响，所以要对它进行测定，研究它的规律性和变化情况。认识和掌握这种变动规律，对于组织生产、安排人民生活等都具有重要意义。研究季节变动，对于正确认识现象整体的发展变化规律性，也具有重要意义。

首先，掌握了季节变动的规律性，有利于指导工作。我们研究社会经济现象的季节变动的主要目的，就在于考察在一定历史条件下已经形成的季节变动的规律性，掌握其变动的幅度。这不仅有助于有关部门和企业制订计划，合理组织货源，准备原料进行生产，有效地使用资金，取得较好的经济效益；而且可以提高人民经济生活服务的质量。例如，农牧业生产就是典型的季节性生产，并且也影响以农牧业产品为原料的加工工业的生产、商业部门对农牧产品的购销以及交通运输部门的货运量等方面，使得它们的生产经营也带有季节性。

其次，可根据季节变动规律性进行经济预测。季节变动的规律性强，可据此进行短期预测，得到比较准确的结果；同时，利用季节变动规律性配合长期趋势进行长期预测，可以大大提高预测的准确性，及时组织生产和运输，安排好市场供应。

季节变动的原因主要是受自然季节、气候的影响，同时也与人们的生活习惯、作息制度有关。自然季节的更替不以人们的意志为转移，人们的生活习俗、作息制度也较稳定，因而季节变动是规律性较强的变动。这主要表现在季节变动通常以一年为周期，有规律地重复变动，而且各周期的变动幅度大致相同。

3. 季节变动分析的方法

测定季节变动的方法有很多，从其是否考虑受长期趋势的影响来看，有两种方法：第一种是不考虑长期趋势的影响，直接根据原始的时间序列来计算，常用的方法是按月（季）平均法；第二种是先将时间序列中的长期趋势予以消除，然后再根据新的时间序列进行计算，常用的方法是移动平均趋势剔除法。

但不管采用哪种方法来测定季节变动，都必须用至少三年的资料作为基本数据进行计算分析，这样才能较好地消除偶然因素的影响，更为准确地反映现象季节变动规律性。

（1）按月（季）平均法，又称简单平均法。计算时，首先根据历年（三年以上）同月（季）资料求出该月（季）的平均数，然后将各月（季）的平均数与总平均数相比，得到季节比率（指数）。其计算步骤与方法如下：

①计算各年的同月（季）平均数；

②计算全部数据的总月（季）平均数；

③计算季节指数（S）：将若干年内同月（季）平均数与总月（季）平均数相比，即得季节比率，也叫季节指数，公式如下：

$$季节比率 = \frac{同月（季）平均数}{总月（季）平均数}$$

按月（季）平均法计算季节比率要求至少三个周期以上的资料，具体来说按月平均不能少于 36 个月的资料，按季平均不能少于 12 个季的资料。

【例1】已知 DJI 官方旗舰店 MP 型无人机各季度销售额统计表数据如下，用按季平均法计算各季的季节指数。

DJI 官方旗舰店 MP 型无人机各季度销售额统计表

（单位：万元）

年份	第一季度	第二季度	第三季度	第四季度
2014	13	15	18	19
2015	15	16	19	21
2016	17	18	16	22

DJI 官方旗舰店 MP 型无人机各季度销售额季节指数计算表

（单位：万元）

年份	第一季度	第二季度	第三季度	第四季度	年度季平均
2014	13	15	18	19	16.25

年份	第一季度	第二季度	第三季度	第四季度	年度季平均
2015	15	16	19	21	17.75
2016	17	18	16	22	18.25
合计	45	49	53	62	52.25
同季平均	15	16.33	17.67	20.67	17.42
季节指数（％）	86.11	93.74	101.44	118.66	—

按月（季）平均法是直接根据原时间数列通过简单算数平均来计算季节指数的一种方法。其具体的计算步骤如下：

第一步，列表，将各年同月（季）的数值列在同一行（或同一列）内。

第二步，根据各年的月（季）数值计算出历年同月（季）的平均数，DJI 官方旗舰店 MP 型无人机各季度销售额季节指数计算表中"同季平均"项目对应的各月（季）数据，它消除了各年偶然因素的影响。

第三步，根据每年 12 个月（4 个季）的数值计算出每年的月（季）平均数，即 DJI 官方旗舰店 MP 型无人机各季度销售额季节指数计算表中"年度季平均"项目对应的最后一栏的数据，它消除了每年季节变动的影响。

第四步，计算出全部数值总的月（季）平均数，表中 3 年 12 个季度的季平均数为 17.42，总月（季）平均数既消除了各年偶然因素的影响，又消除了每年季节变动的影响。

第五步，计算出各月（季）平均数与总月（季）平均数的百分比，即季节指数。

由于现象存在季节变动，计算出的各月（季）季节指数的数值在 100％ 上下摆动，表明各月（季度）销售额与全年平均数的相对关系，若大于 100％ 的幅度比较大，则表示现象在该月（季）的发展处于高峰期或旺季，若小于 100％ 的幅度比较大，则表示现象处于低谷期或淡季。

表中季节指数说明：DJI 官方旗舰店 MP 型无人机销售额低谷期为第一季度，其次为第二季度，高峰期为第四季度。掌握了这些规律，就可以按各季的情况合理安排人力、物力和财力，组织好促销活动，这样既可以满足市场的需求，又可以增加收益。

通过计算季节指数，根据其季节变动规律，结合其他预测方法，也可以预测现象某年的各月（季）的发展情况。具体方法是：将年预测值除以 12（或 4），求得各月（季）的平均预测值，再将各月（季）平均预测值乘以各月（季）的季节指数，即可得到现象预测年各月（季）的预测值。

【知识链接】

统计的分析形式随时代的推移而变化着，但是"从数据中提取一切信息"或者"归纳和揭示"作为统计分析的目的却一直没有变化。

——R. C. 劳

（2）移动平均趋势剔除法，就是在现象具有明显长期趋势的情况下，测定季节变动的一种基本方法，这种方法的特点是将移动平均数作为长期趋势加以剔除，再测定季节变动。简称为趋势剔除法。

基本思路：先从时间数列中将长期趋势剔除掉，然后再应用同期平均法剔除循环变动和不规则变动，最后通过计算季节比率来测定季节变动的程度。

剔除长期趋势的方法一般用移动平均法。因此，它是长期趋势的测定方法——移动平均法和季节变动的测定方法——同期平均法的结合运用，在方法上没有新的思想。

通过移动平均趋势剔除法来测定季节变动趋势，其基本步骤如下：

第一步，先根据各年的季度（月度）资料（Y）计算四季（或 12 个月）的移动平均数，然后为了"正位"，再计算下一季度（月度）的移动平均数，作为各期的长期趋势值（T）。

第二步，将实际数值（Y）除以相应的移动平均数（T），得到各期的 Y/T。这就是消除了长期趋势影响的时间数列，它是一个相对数，称为季节指数。其结果为下表中第四列数值。

第三步，将 Y/T 重新按同期平均法计算季节比率的方式排列。然后，按照该方法要求，先计算"异年同季平均数"，然后再计算"异年同季平均数的平均数"，即消除长期趋势变动后，新数列的序时平均数；最后，计算季节比率并画图显示。

【例 2】已知 DJI 官方旗舰店 MP 型无人机各季度销售额统计表数据如下表，按移动平均趋势剔除法计算 DJI 官方旗舰店 MP 型无人机销售额的季节指数。

首先求出 4 个季度移动平均趋势值 T，并求得 Y/T，计算结果如下表。

DJI 官方旗舰店 MP 型无人机各季度销售额季节指数计算表

（单位：万元）

时间	销售额	四项移动平均	二项移正（趋势值）	Y/T（%）
2014	13	—		—
	15	—	—	—
	18	16.25	16.500	109.09
	19	16.75	16.875	112.59
2015	15	17.00	17.125	87.59
	16	17.25	17.500	91.43
	19	17.75	18.000	105.56
	21	18.25	18.500	113.51
2016	17	18.75	18.375	92.52
	18	18.00	18.125	99.31
	16	18.25	—	—
	22	—	—	—

190

然后将上表中的 Y/T 重新排列，如下表，求出各年同月平均数，以消除不规则变动，但由于 12 个月的总和不等于 1 200%，需进行调整。其调整系数为：

$$调整系数 = \frac{400\%}{405.8\%}$$

用调整系数乘以同月平均数，即得季节指数，见下表的最后一栏。

DJI 官方旗舰店 MP 型无人机各季度销售额季节指数计算表

（单位：%）

年份	第一季度	第二季度	第三季度	第四季度	合计
2014	—	—	109.09	112.59	—
2015	87.59	91.43	105.56	113.51	—
2016	92.52	99.31	—	—	—
同季平均	90.055	95.37	107.325	113.05	405.80
季节指数	88.77	94.01	105.79	111.43	400.00

计算结果说明：DJI 官方旗舰店 MP 型无人机销售额低谷期为第一季度，其次为第二季度；高峰期为第四季度。

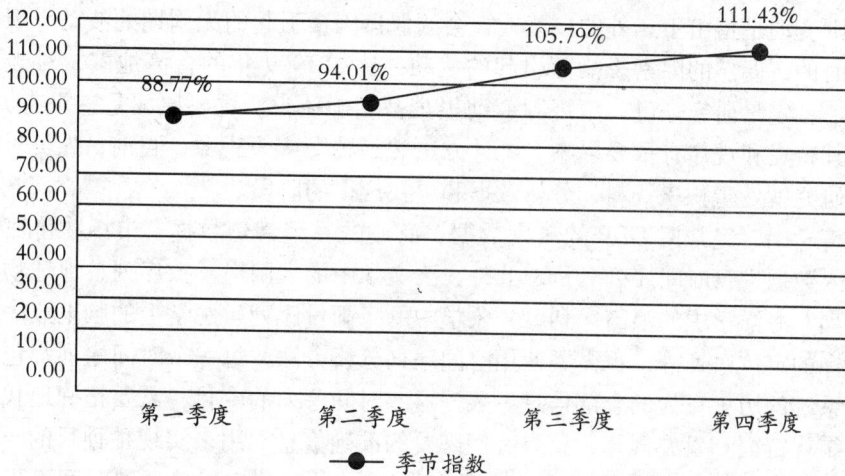

DJI 官方旗舰店 MP 型无人机销售额季节指数折线图

三、循环变动

1. 循环变动的概念

循环变动，是指事物以若干年为周期的涨落起伏相间的变动。它不同于持续上升或下降发展的长期趋势，也不同于短期内周期性的季节变动。各种不同事物，其变动周期的长短不同，上下波动的程度也不同，但每一周期都呈现盛衰起伏相间的状况。

循环变动在自然现象中广泛存在。而在社会经济现象中，比如在资本主义社会条件下，经济循环变动是它的固有现象，即资本主义经济周期包括危机、萧条、复苏、高涨四个阶段。在社会主义条件下，经济不存在循环变动，但有些现象亦有循环变动，如工业生产产品也有一定的生命周期，即产品经过研制、试销、发展、成熟、衰退几个阶段，由盛到衰，最后又被新产品所代替。认识和掌握事物循环变动的规律，可以事先采取有力措施和对策，充分利用其有利因素而尽量减少不良影响。

2. 循环变动的测定

一般采用剩余测定法来测定循环变动。前面曾经讲过，影响时间序列中事物的发展变化一般有四个因素，即长期趋势、季节变动、循环变动和不规则变动。采用剩余测定法测定循环变动，首先从时间序列中消除长期趋势和季节变动，然后再用移动平均法消除不规则变动，剩余的就是循环变动了。

四、不规则变动

不规则变动是指由于意外的自然或社会的偶然因素引起的无周期的波动。现象发展受到一些临时的、偶然的因素影响而引起的波动，比如1999年的台湾地震，对当地就有较大的影响。就定量研究来讲，不规则变动很难被明确认识，主要原因是它没有大量出现，这对归纳其特点和规律有重要影响。统计方法"最怕"突发现象，目前，人类对地震、火山现象的研究就处于积累资料、分析数据和寻找规律的阶段。

在经济学中，经常用GDP的年度数据、商业的月销售额数据、市场物价数据、居民可支配收入数据进行时间序列分析。此外，天文学中的太阳黑子数序列、地球物理学中的地震波序列、海洋学中的浪高序列、气象学中的降雨量序列、医学上的脑电波序列、雷达系统对目标的定位序列等，也需要使用时间序列分析方法。每一个时间序列都包含了产生该序列的系统的历史行为的全部信息。根据这些时间序列的变化，需要精确地找出相应系统的内在统计特征和发展规律，获得我们需要的准确信息，用来实现种种目的。时间序列分析根据每个系统的有限长度的运行记录（样本数据），建立精确反映时间序列动态依存关系的数学模型，对系统的未来发展进行预报（时间序列预测），揭示系统的动态结构和规律性。

项目总结

本项目主要讲述了时间序列的概念、时间序列的水平分析和速度分析、时间序列的长期趋势和季节变动的测定等问题。

时间序列，是把反映某种社会经济现象的一系列统计指标数据按时间先后顺序进行排列所形成的数列，又称动态数列或时间数列。它由两个基本要素所构成：一是时间要素；二是数据要素。

时间序列包括总量指标时间序列、相对指标时间序列和平均指标时间序列三种类型。编制时间序列时必须保证数列中各个指标之间的可比性，具体来说，可比性包括四个方面的具体内容：一是时间长短应该可比；二是总体范围大小应该一致；三是指标的经济内容应该相同；四是计算方法、价格和计量单位应该统一。

时间序列的水平分析指标有发展水平、平均发展水平、增长量、平均增长量。

时间序列的速度分析指标有发展速度、增长速度、平均发展速度和平均增长速度、增长 1% 的绝对值。

时间序列的趋势分析有长期趋势、季节变动、循环变动、不规则变动。

长期趋势的测定方法有时距扩大法、移动平均法、最小平方法。

季节变动分析方法有按月（季）平均法、移动平均趋势剔除法。

技能训练

一、单选题

1. 累计增长量等于相应时期各个逐期增长量的（　　）。

   A. 和　　　　　　　B. 差　　　　　　　C. 积　　　　　　　D. 商

2. 定基发展速度等于相应时期各个环比发展速度的（　　）。

   A. 和　　　　　　　B. 差　　　　　　　C. 积　　　　　　　D. 商

3. 现象在其发展变化过程中所呈现出来的那种持续上升或持续下降的趋势是（　　）。

   A. 长期趋势　　　　B. 季节变动　　　　C. 循环变动　　　　D. 随机波动

4. 以年度为周期的规律性变动是（　　）。

   A. 长期趋势　　　　B. 季节变动　　　　C. 循环变动　　　　D. 随机波动

5. 某企业生产某种产品，其产量每年增加 5 万吨，则该产品产量的环比增长速度为（　　）。

   A. 逐年下降　　　　B. 逐年上升　　　　C. 每年相同　　　　D. 升降不定

二、多选题

1. 时间序列发展水平按其在数列中所处位置不同，可分为（　　）。

   A. 基期水平　　　B. 报告期水平　　　C. 最初水平　　　D. 中间水平

   E. 最末水平

2. 时期序列的特点包括（　　）。

   A. 各期指标值都为时期数　　　　　　B. 各期指标值不能相加

   C. 各期指标值可以相加　　　　　　　D. 各期指标值是连续登记的结果

   E. 各期指标值的大小与其时间间隔长短有直接关系

3. 时点序列的特点包括（　　）。

193

A. 序列中各项指标值可以相加

B. 序列中各项指标值不能相加

C. 序列中各项指标值的大小与时间间隔长短有直接关系

D. 序列中各项指标值的大小与时间间隔长短无直接关系

E. 序列中各项指标值是通过间断登记取得的

4. 影响时间序列水平变动的因素包括（　　）。

    A. 长期趋势　　　　B. 季节变动　　　　C. 循环变动　　　　D. 随机波动

    E. 时间变动

5. 测定长期趋势的方法主要有（　　）。

    A. 时距扩大法　　B. 同季（月）平均法　　C. 移动平均法

    D. 直接观察法　　E. 最小平方法

三、判断题

1. 发展水平一般指时间序列中的绝对数水平。（　　）

2. 最初水平、中间水平和最末水平的划分是绝对的。（　　）

3. 定基增长速度等于相应时期各个环比增长速度的连乘积。（　　）

4. 发展水平只能是总量指标。（　　）

5. 循环变动和季节变动都属于有规律的周期性变动。（　　）

6. 逐期增长量的连乘积等于累计增长量。（　　）

7. 增长1%的绝对值等于前一期水平除以100。（　　）

8. 某地各年人均国民收入按年份先后顺序排列形成的时间序列是平均指标时间序列。
（　　）

9. 某企业生产某产品，若其产量的逐期增长量保持不变，则其环比增长速度也年年
相同。（　　）

10. 逐期增长量与基期水平之比为环比增长速度。（　　）

四、思考题

1. 什么是时间序列？其基本构成要素是什么？

2. 时间序列有哪些种类？

3. 什么是时期序列和时点序列？两者之间有什么区别？

4. 编制时间序列应当遵循哪些原则？

5. 什么是增长量、发展速度和增长速度？发展速度和增长速度有何关系？

6. 简述增长1%的绝对值的概念和计算方法。

7. 什么是平均发展水平？一般平均数与平均发展水平有什么异同点？

8. 什么是平均发展速度的水平法？如何计算？

9. 常用的测定长期趋势的方法有哪些？

10. 什么是季节变动？如何测定季节变动？

五、能力拓展题

【实训1】已知2006—2010年国有及国有控股工业企业工业总产值资料如下表，求
2006—2010年国有及国有控股工业企业平均工业总产值。

（单位：亿元）

年份	2006	2007	2008	2009	2010
工业总产值	98 910	119 685	143 950	146 630	185 861

【实训2】某农户2016年1月份至3月份饲养兔子552只，4月1日出售182只，6月1日购进80只，11月1日繁殖了36只，2017年1月31日出售205只，求该农户2016年平均每月兔子的饲养量。

【实训3】某工业企业2016年下半年各月的总产值和月初职工人数资料如下表：

月份	7	8	9	10	11	12
总产值（万元）	72	75	76	85	90	110
月初职工人数（人）	800	810	810	830	850	900

该企业12月末的职工人数为910人。要求计算该企业2016年下半年：

（1）人均总产值；（2）平均每季人均总产值；（3）平均每月人均总产值。

【实训4】某企业2015年的投资回收额为520万元，如果以后每年增长25.3%，问多少年才能达到1 000万元？

【实训5】某地区2011—2016年社会消费品零售总额资料如下：

年份	2011	2012	2013	2014	2015	2016
社会消费品零售总额（亿元）	8 255	9 383	10 985	12 238	16 059	19 710

计算全期平均增长量、平均发展速度和平均增长速度，并列表计算：

（1）逐期增长量和累计增长量；

（2）定基发展速度和环比发展速度；

（3）定基增长速度和环比增长速度；

（4）增长1%的绝对值。

【实训6】我国2011—2016年间各年的出口总额如下表：

年　份	2011	2012	2013	2014	2015	2016
出口总额（亿美元）	62 648.1	77 597.2	93 563.6	100 394.9	8 209.7	107 022.8
逐期增长量（亿美元）						
累计增长量（亿美元）						
定基发展速度（%）						

（续上表）

年　份	2011	2012	2013	2014	2015	2016
环比发展速度（%）						
定基增长速度（%）						
环比增长速度（%）						
增长1%的绝对值（亿美元）						

要求：计算并填写表中空白。

拓展阅读

2016 年全国科技经费投入统计公报

国家统计局　科学技术部　财政部　2017 年 10 月 10 日

2016 年，我国科技经费投入力度加大，研究与试验发展（R&D）经费投入、国家财政科技支出均实现较快增长，研究与试验发展（R&D）经费投入强度稳步提高。

一、研究与试验发展（R&D）经费情况

2016 年，全国共投入研究与试验发展（R&D）经费 15 676.7 亿元，比上年增加 1 506.9 亿元，增长 10.6%，增速较上年提高 1.7 百分点；研究与试验发展（R&D）经费投入强度（与国内生产总值①之比）为 2.11%，比上年提高 0.05 百分点②。按研究与试验发展（R&D）人员（全时工作量）计算的人均经费为 40.4 万元，比上年增加 2.7 万元。

分活动类型看，全国基础研究经费 822.9 亿元，比上年增长 14.9%；应用研究经费 1 610.5 亿元，增长 5.4%；试验发展经费 13 243.4 亿元，增长 11.1%。基础研究、应用研究和试验发展经费所占比重分别为 5.2%、10.3% 和 84.5%。

分活动主体看，各类企业经费支出 12 144 亿元，比上年增长 11.6%；政府属研究机构经费支出 2 260.2 亿元，增长 5.8%；高等学校经费支出 1 072.2 亿元，增长 7.4%。企业、政府属研究机构、高等学校经费支出所占比重分别为 77.5%、14.4% 和 6.8%。

分产业部门看，高技术制造业研究与试验发展（R&D）经费 2 915.7 亿元，投入强度（与主营业务收入之比）为 1.9%；装备制造业研究与试验发展（R&D）经费 6 176.6 亿元，投入强度为 1.51%。在规模以上工业企业③中，研究与试验发展（R&D）经费投入超过 500 亿元的行业大类有 7 个，这 7 个行业的经费占全部规模以上工业企业研究与试验发展（R&D）经费的比重为 60.2%；研究与试验发展（R&D）经费投入在 100 亿元以上且投入强度超过规模以上工业企业平均水平的行业大类有 9 个。

---

① 2016 年国内生产总值为初步核算数据。

② 根据国家统计局 2015 年国内生产总值最终核实结果，2015 年研究与试验发展（R&D）经费投入强度调整为 2.06%。

③ 规模以上工业企业的统计范围是年主营业务收入 2 000 万元及以上的工业法人单位。

分地区看，研究与试验发展（R&D）经费投入超过千亿元的省（市）有6个，分别为广东（占13%）、江苏（占12.9%）、山东（占10%）、北京（占9.5%）、浙江（占7.2%）和上海（占6.7%）。研究与试验发展（R&D）经费投入强度（与地区生产总值①之比）超过全国平均水平的省（市）有8个，分别为北京、上海、天津、江苏、广东、浙江、山东和陕西。

二、财政科学技术支出情况

2016年，国家财政科学技术支出7 760.7亿元，比上年增加754.9亿元，增长10.8%，增速较上年提高2.3百分点；财政科学技术支出占当年国家财政支出的比重为4.13%，比上年提高0.15百分点。其中，中央财政科学技术支出3 269.3亿元，增长8.5%，占财政科学技术支出的比重为42.1%；地方财政科学技术支出4 491.4亿元，增长12.5%，占比为57.9%。

2016年财政科学技术支出情况

	财政科学技术支出（亿元）	比上年增长（%）	占财政科学技术支出的比重（%）
合　计	7 760.7	10.8	—
其中：科学技术	6 564.0	12.0	84.6
其他功能支出中用于科学技术的支出	1 196.7	4.7	15.4
其中：中央	3 269.3	8.5	42.1
地方	4 491.4	12.5	57.9

注：本表中财政科学技术支出的统计范围为公共财政支出安排的科技项目。

说明：

1. 主要指标解释

研究与试验发展（R&D）经费指统计年度内全社会实际用于基础研究、应用研究和试验发展的经费支出，包括实际用于研究与试验发展活动的人员劳务费、原材料费、固定资产购建费、管理费及其他费用支出。

基础研究指为了获得关于现象和可观察事实的基本原理的新知识（揭示客观事物的本质、运动规律，获得新发展、新学说）而进行的实验性或理论性研究，它不以任何专门或特定的应用或使用为目的。

应用研究指为了确定基础研究成果可能的用途，或是为达到预定的目标探索应采取的新方法（原理性）或新途径而进行的创造性研究。应用研究主要针对某一特定的目的或目标。

试验发展指利用从基础研究、应用研究和实际经验所获得的现有知识，为产生新的产品、材料和装置，建立新的工艺、系统和服务，以及对已产生和建立的上述各项作实质性

———————
① 地区生产总值为快报数据。

的改进而进行的系统性工作。

2. 统计范围

研究与试验发展（R&D）经费的统计范围为全社会有R&D活动的企事业单位，具体包括政府属研究机构、高等学校以及R&D活动相对密集行业（包括农、林、牧、渔业，采矿业，制造业，电力、热力、燃气及水生产和供应业，建筑业，交通运输、仓储和邮政业，信息传输、软件和信息技术服务业，金融业，租赁和商务服务业，科学研究和技术服务业，水利、环境和公共设施管理业，卫生和社会工作，文化、体育和娱乐业等）的企事业单位。

3. 调查方法

研究与试验发展（R&D）经费的调查方法是：规模以上工业企业，特、一级建筑业企业，大中型服务业（包括交通运输、仓储和邮政业，信息传输、软件和信息技术服务业，租赁和商务服务业，科学研究和技术服务业，水利、环境和公共设施管理业，卫生和社会工作，文化、体育和娱乐业）企业，政府属研究机构，高等学校采用全面调查取得。其他行业的企事业单位采用重点调查以及使用第二次全国R&D资源清查资料推算等方法取得。

项目七 统计指数分析

知识结构图

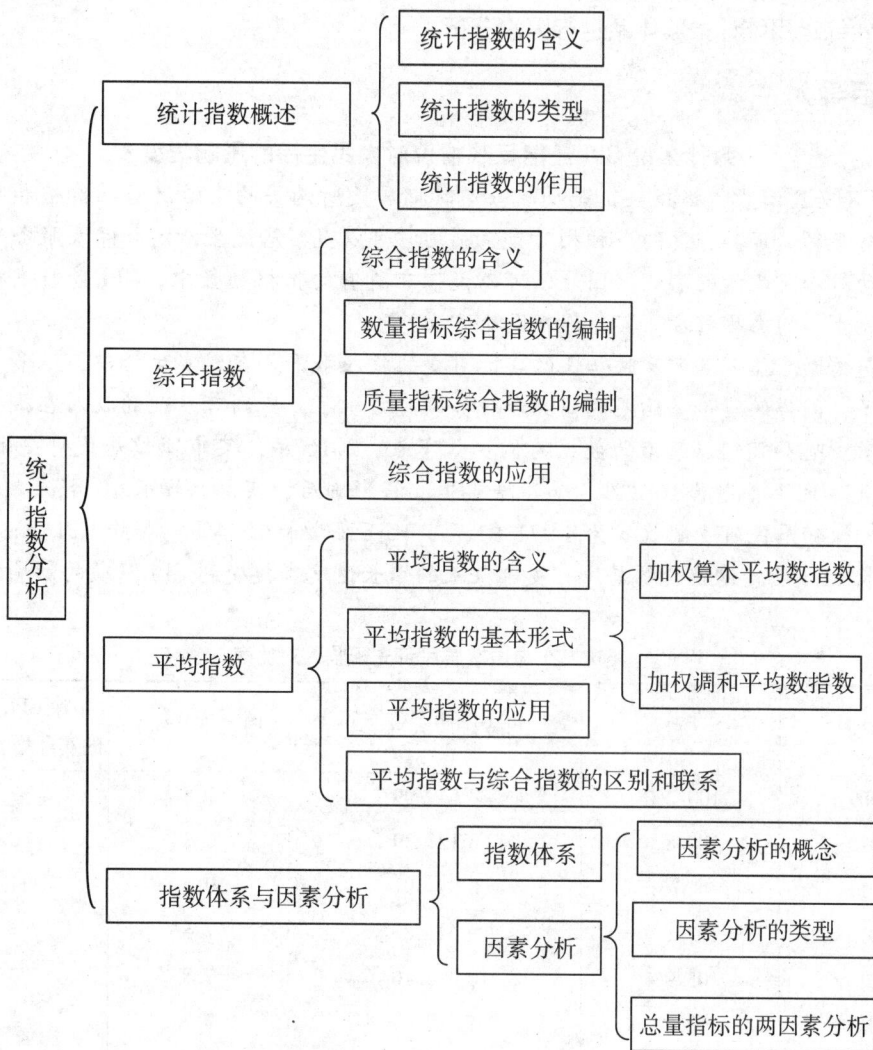

学习目标

【知识目标】

1. 了解统计指数的含义和作用；
2. 理解统计指数编制原则和方法；
3. 掌握指数体系的内在关系和指数因素分析方法。

【能力目标】

1. 能够根据资料编制相应的统计指数；
2. 熟练运用统计指数体系进行因素分析。

项目导入

为什么说 CPI 最能反映物价对人民生活的影响程度？

CPI（居民消费价格指数）是反映一定时期居民所购买的生活消费品价格和服务项目消费价格变动趋势和程度的一种相对数，利用它可以观察居民生活消费品及服务项目消费价格变动对居民生活的影响。因此，可以说，在所有的价格指数中，CPI 最能直接反映物价对人民生活的影响程度。其体现在两个方面：

一是借助 CPI 可真实反映居民的实际可支配收入水平。在现实生活中，很多人知道物价上涨了，同样的货币量购买的商品和服务项目减少了，感到可支配的收入在减少。但到底下降多少呢？我们以某市的数据为例：如下表，2016 年，某市城镇居民可支配收入 14 849.23 元，比上年增长 16.1%。如扣除 CPI 上涨影响后，实际只增长 10.4%。但从 2011 年来看，城镇居民可支配收入为 8 971.91 元，比上年增长 10.4%。扣除 CPI 上涨影响后，实际增长 11.9%。这就说明居民可支配收入的增长速度直接受到 CPI 涨跌的影响。

某市 CPI 与城镇居民可支配收入对比表

年份	CPI	可支配收入（元）	增长率（%）	扣除 CPI 上涨影响的实际增长率（%）
2009	100.2%	7 649.09	7.8	7.6
2010	100.8%	8 128.39	6.3	5.5
2011	98.7%	8 971.91	10.4	11.9
2012	102.1%	9 641.00	7.5	5.3
2013	103.9%	10 394.10	7.8	3.8
2014	102.3%	11 358.81	9.3	6.8
2015	101.8%	12 789.44	12.6	10.6
2016	105.9%	14 849.23	16.1	10.4

二是借助 CPI 可反映居民的实际消费支出水平。CPI 上升，意味着货币购买力下降，货币贬值；反之，CPI 下降，意味着货币购买力上升，货币增值。例如：2016 年 CPI 是

105.9%，则当年货币购买力指数为 94.4%。也就是说，在消费结构不变的情况下，2016年每 100 元消费只相当于上年的 94.4 元，币值降低了 5.6%。

CPI 是金融市场的一个热门经济指标。CPI 决定着消费者花费多少来购买商品和服务，左右着商业经营的成本。CPI 也影响着政府制定财政政策、金融政策。思考一下，如何计算 CPI？

统计名家

罗纳德·费希尔

罗纳德·费希尔（Ronald Aylmer Fisher, 1890—1962 年）是现代统计学与现代演化论的奠基者之一。安德斯·哈尔德称他是"一位几乎独自建立现代统计科学的天才"，理查·道金斯则认为他是"达尔文最伟大的继承者"。

费尔希一生为人类进步做出了许多重要贡献：用亲属间的相关关系说明了连续变异的性状可以用孟德尔定律来解释，从而解决了遗传学中孟德尔学派和生物统计学派的论争；论证了方差分析的原理和方法，并应用于试验设计中，阐明了最大似然性方法以及随机化、重复性和统计控制的理论，指出自由度作为检查 K·皮尔逊制定的统计表格的重要性。

他提出的一些数学原理和方法对人类遗传学、进化论和数量遗传学的基本概念以及农业、医学方面的试验均有很大影响。例如遗传力的概念就是在他提出的理论基础上建立起来的。主要著作包括《研究者用的统计方法》《统计方法和科学推理》《近交的理论》《试验设计》《自然选择的遗传理论》《根据孟德尔遗传方式的亲属间的相关》。

任务一　统计指数概述

一、统计指数的含义

统计指数简称为指数，最早起源于 18 世纪后半期物价波动的研究，后来逐渐扩大到产量、成本、劳动生产率等指数的计算。由最初计算一种商品的价格变动，逐渐扩展到计算多种商品价格的综合变动，至今已被广泛应用于社会经济生活各方面。一些重要的指数已成为社会经济发展的晴雨表，比如，与生活相关的零售物价指数、居民消费价格指数，与投资相关的股票价格指数、生产资料价格指数等。

统计指数是从物价的变动中产生，由反映一种商品价格变动的指数发展成反映多种商品价格变动的指数，由反映物价变动的指数发展成反映经济领域各个方面变动的指数，由反映现象静态变动的指数发展成反映现象动态变动的指数。当前，指数被广泛地用来进行社会经济现象变动的因素分析。

统计指数有广义和狭义两种含义。广义统计指数是指同类社会经济现象数量对比的相对数，如计划完成相对指标、比较相对指标、动态相对指标等都属于广义统计指数的范畴。狭义统计指数是一种特殊的相对数，用来说明不能直接相加、对比的复杂社会经济现象总体数量变动的相对数，如综合反映所有商品销售价格变动的相对数，就属于狭义统计指数的范畴。狭义统计指数是本项目讨论的重点。

【知识链接】

居民消费价格指数（CPI）和零售物价指数（RPI）有哪些区别？

CPI 与 RPI 是从两个不同角度来编制的。虽然二者的领域相同或者说相近，但也有区别，主要体现在以下 5 个方面：

第一，含义不同。CPI 是从买方角度观察居民生活消费品零售价格和服务项目收费变动情况，说明价格变动对居民生活的影响；而 RPI 是从卖方角度观察商品零售价格变动情况，说明价格变动对卖方的影响。

第二，统计口径不同。CPI 的调查范围是居民用于日常生活消费的商品和服务项目的价格，它既包括商品，也包括非商品和服务，但不包括居民一般不消费而主要供集团消费的商品；RPI 只反映商品，包括居民消费和集团消费，而不反映非商品与服务价格。

第三，权数来源不同。编制 CPI 的权数来源于居民用于各类商品和服务项目的消费支出额以及各种商品、服务项目的实际消费支出额的构成比重，根据城镇居民住户调查资料计算。编制 RPI 的权数来源于各类消费品零售额和各种消费品零售额的构成比重，主要根据社会消费品零售额资料计算。CPI 是以居民消费支出构成作为权数，RPI 则以社会消费品零售额构成作为权数。

第四，用途不同。RPI 主要用于说明市场商品价格的变动情况，分析供求关系，核算商业经济效益和经济规模；而 CPI 主要是用于说明价格变动对居民生活的影响程度，分析货币购买力之强弱，是反映通货膨胀的重要指标。

第五，重要性不同。一般说来，RPI 弱于 CPI。CPI 是世界各国政府和居民都很关注的价格指数，在实行工资指数化的国家中表现尤为突出，所以在各国的价格统计中都用到 CPI。而 RPI 在多数国家的价格统计中都只是一项派生指标，基本上是在 CPI 基础上派生的。

二、统计指数的类型

为了进一步分析研究指数，需要从不同角度对指数进行分类。

1. 个体指数和总指数

指数按说明对象的范围不同分为个体指数和总指数。

（1）个体指数是个别社会经济现象数量变动的相对数，如说明某种商品价格变动的相对数，称为价格个体指数。

（2）总指数是综合反映社会经济现象总体数量变动的相对数，如反映全部商品价格变动的相对数，称为价格总指数。

总指数具有两个性质：一是综合性，即总指数反映了全部现象综合变动的结果；二是平均性，即总指数反映的是全部现象相对变动的一般水平。

2. 数量指标指数和质量指标指数

指数按说明对象的特征不同分为数量指标指数和质量指标指数。

（1）数量指标指数是反映数量指标综合变动的相对数，如反映商品销售量变动的指数、反映工业产品产量变动的指数等。

（2）质量指标指数是反映质量指标综合变动的相对数，如反映价格变动的指数、反映单位产品成本变动的指数等。

数量指标指数和质量指标指数的编制原理与方法不同。

三、统计指数的作用

1. 综合反映事物变动的方向和程度

事物变动的方向和程度，可以从相对数和绝对数两个方面来说明。变动的方向从相对数上说是大于100%还是小于100%；从绝对数上说是正数还是负数。变动的程度从相对数上说，大于100%或小于100%的幅度；从绝对数上说，正数增加或负数减少的绝对数值。统计指数可以从这两个方面说明现象变动的方向和程度。

2. 进行因素分析，分析多因素影响现象的总变动以及各个因素的影响大小和影响程度

任何现象都不是孤立存在的，而是直接或者间接地与其他事物产生联系。因此，现象的变动总是受到许多因素的影响，如商品销售额受销售量和销售价格两个因素的影响。借助统计指数可对现象的综合变动进行因素分析，如利用统计指数分析商品销售额的变动中受销售量变动和销售价格变动的影响程度和方向。

3. 对事物的长期变动趋势进行预测分析

统计指数可以反映全部现象动态变动的程度，因此，将全部现象不同时间的指标数值对比形成的指数按时间先后排列，称为指数数列。借助指数数列可对全部现象的发展变化趋势进行分析，以预测未来。

任务二　综合指数

综合指数是总指数的基本形式。它是通过引入一个同度量因素，将不能相加的变量转化为可相加的总量指标，而后对比所得到的相对数。

一、综合指数的含义

综合指数是由两个综合的总量指标对比形成的总指数。所谓综合的总量指标是指其可以分解成两个或两个以上的因素指标，且因素指标的关联形式是乘积。在这两个综合的总量指标对比过程中，将其中一个或一个以上因素指标加以固定，以观察某一因素指标的变动情况，它是编制总指数的基本形式。例如，以 p 表示商品销售价格，q 表示商品销售量，"1"表示报告期，"0"表示基期，则公式 $\dfrac{\sum q_1 p_0}{\sum q_0 p_0}$ 计算的结果即为商品销售量总指数的综合指数形式。

在综合指数的编制中，被固定的因素指标称为同度量因素，要反映的因素指标称为指数化因素。可见，同度量因素是指使不能直接相加的现象转化为能够直接相加现象的媒介因素；指数化因素是指数所要研究的对象。如前例中，基期销售价格 p_0 为同度量因素，商品销售量 q 为指数化因素。

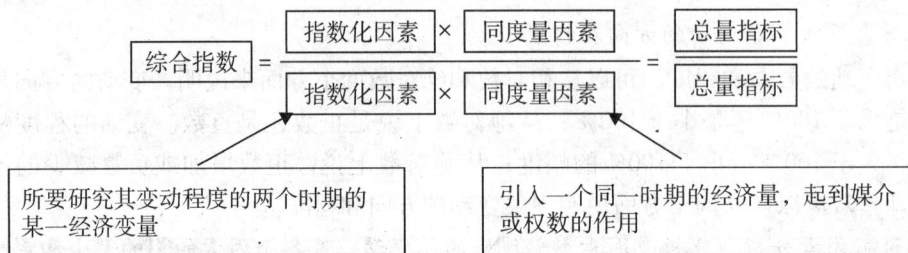

同度量因素在编制综合指数中具有两个重要作用：第一，媒介作用。它使不能直接相加的现象转化成可以直接相加的现象，利用可以相加现象的对比来反映不可直接相加现象的数量总变动。第二，权数作用。同度量因素数值较大的指数化因素数值的变动，在总指数中起的作用就较大，反之就较小，所以同度量因素又称为权数。

二、数量指标综合指数的编制

数量指标综合指数是反映数量指标总变动程度的指数，比如产品产量指数、销售量指数。通过下表的数据，以商品销售量总指数的编制为例说明其编制方法。

204

三种商品的销售量和销售单价表

商品名称	计量单位	销售量		销售单价（万元）	
		基期 q_0	报告期 q_1	基期 p_0	报告期 p_1
甲	件	12	10	20	25
乙	箱	10	12	4	5
丙	台	6	10	29	30

如果计算各种商品销售量个别指数，则

$$K_{甲} = \frac{q_1}{q_0} = \frac{10}{12} = 83.33\% \ , \ K_{乙} = \frac{q_1}{q_0} = \frac{12}{10} = 120\% \ , \ K_{丙} = \frac{q_1}{q_0} = \frac{10}{6} = 166.67\%$$

计算结果表明，各种商品销售量报告期与基期相比的变化情况不同：甲商品销售量减少 16.67%，乙商品销售量增加 20%，丙商品销售量增加 66.67%。

研究商品销售量的变动，不仅是研究各种商品销售量的单一变动，而且更重要的是研究所有商品销售量的综合变动，为企业管理或国民经济的宏观管理提供必要的信息，这就需要计算商品销售量总指数。用综合指数法编制商品销售量总指数，必须解决以下两个问题：

（1）同度量因素的确定。政治经济学的理论告诉我们，任何商品都是使用价值和价值的对立统一体。使用价值使商品在物理、化学属性上有差别，使其不能直接相加；但价值使商品具有同一性，因商品的价值是凝结在商品中的人类的一般劳动，所以商品的价值可以进行综合。具体地说，商品销售量不能直接相加，但商品销售额可以直接相加，而商品销售额包括商品销售量和商品价格两个因素。当把不能直接相加的商品销售量乘上商品价格，便可过渡到能够直接相加的商品销售额。商品价格就是使不能直接相加的商品销售量转化成可直接相加的商品销售额的同度量因素。商品销售量是数量指标，商品价格是质量指标，这样，可粗略得出一个结论：指数化因素是数量指标时，以质量指标为同度量因素。

（2）同度量因素时期的选择。统计指数研究的最终目的是综合反映不能直接相加现象的数量总变动，因此必须把同度量因素固定在某一时期上，使其不变。如研究商品销售量的综合变动，必须把商品价格这个同度量因素固定在某个时期上，使商品价格不变，这样两个商品销售额的对比才能反映商品销售量的总变动，即：

$$\bar{K}_q = \frac{\sum q_1 p}{\sum q_0 p}$$

式中 $\bar{K}_q$ 为商品销售量总指数，其他符号同前。

商品价格有基期和报告期两个时期，用哪个时期的价格作为同度量因素呢？按指数的编制理论，商品价格这个同度量因素应固定在基期上，其主要理由是编制商品销售量总指数不仅要研究商品销售量的综合变动，而且还要研究由于商品销售量的变动所带来的实际经济效果。以基期商品价格为同度量因素编制的商品销售量总指数就能反映商品销售量的纯变动所带来的经济效果，而以报告期商品价格为同度量因素编制的商品销售量总指数就没有这种实际意义。

引入商品价格为同度量因素，将不同度量的商品销售量转化为同度量的商品销售额，使不同的商品销售额可以加总、对比；将各种商品的价格固定在同一时间，借助商品销售总额的变化可以反映商品销售量的变化。

1. 如果把同度量因素 p 固定在基期，称为拉氏指数

根据上表数据，则

$$\bar{K}_q = \frac{\sum q_1 p_0}{\sum q_0 p_0} = \frac{10 \times 20 + 12 \times 4 + 10 \times 29}{12 \times 20 + 10 \times 4 + 6 \times 29} = \frac{538}{454} = 118.50\%$$

$$\sum q_1 p_0 - \sum q_0 p_0 = 538 - 454 = 84（万元）$$

计算结果表明：

（1）从三种商品的销售量综合来讲，报告期比基期增加了 18.50%；

（2）由于销售量增加而使销售总额增加的绝对额为 84 万元。

2. 如果把同度量因素 p 固定在报告期，称为派氏指数

根据上表数据，则

$$\bar{K}_q = \frac{\sum q_1 p_1}{\sum q_0 p_1} = \frac{610}{530} = 115.09\%$$

$$\sum q_1 p_1 - \sum q_0 p_1 = 610 - 530 = 80（万元）$$

计算结果表明：

（1）从三种商品的销售量综合来讲，报告期比基期增加了 15.09%；

（2）由于销售量增加而使销售总额增加的绝对额为 80 万元。

理论上讲，上述两个公式均可成立。但在实际工作中，编制商品销售量综合指数时，一般均采用基期价格作为同度量因素。这是因为编制商品销售量综合指数的目的在于排除价格因素的影响，单纯反映销售量的总变动。为此，将价格固定在基期上才符合经济现象的客观实际。

综上所述，可得出以下两点结论：

（1）商品销售量总指数的综合指数公式为：$\bar{K}_q = \dfrac{\sum q_1 p_0}{\sum q_0 p_0}$。

（2）数量指标综合指数编制的一般原则：编制数量指标综合指数时，以基期质量指标为同度量因素。

【知识链接】

$\bar{K}_q = \dfrac{\sum q_1 p_0}{\sum q_0 p_0}$ 是 1864 年由德国经济学家埃蒂恩·拉斯贝尔提出的，故称拉斯贝尔数量指标指数，简称为拉氏指数。其优点在于数量指标指数中不含价格影响，缺点是容易脱离实际（新产品计量问题）。一般来说，指数计算时用基期指标作为同度量因素的，统称为拉氏指数。

$\bar{K}_q = \dfrac{\sum q_1 p_1}{\sum q_0 p_1}$ 是 1874 年由德国经济学家哈曼·派许提出的，故称派许数量指标指数，简称为派氏指数。这种指数在计算数量指标指数时把价格的变化也计算在内。一般来说，指数计算时用报告期指标作为同度量因素的，统称为派氏指数。

三、质量指标综合指数的编制

质量指标综合指数，包括产品价格指数、商品销售价格指数、产品单位成本指数等。根据下表的数据，以商品销售价格总指数为例来说明质量指标综合指数的编制。

三种商品的销售量和销售单价表

商品名称	计量单位	销售量		销售单价（万元）	
		基期 q_0	报告期 q_1	基期 p_0	报告期 p_1
甲	件	12	10	20	25
乙	箱	10	12	4	5
丙	台	6	10	29	30

如果计算各种商品销售价格个体指数，则

$K_甲 = \dfrac{p_1}{p_0} = \dfrac{25}{20} = 125\%$ ，$K_乙 = \dfrac{p_1}{q_0} = \dfrac{5}{4} = 125\%$ ，$K_丙 = \dfrac{p_1}{q_0} = \dfrac{30}{29} = 103.45\%$

计算结果表明，各种商品销售价格报告期与基期相比的变化情况不同：甲商品销售价格增加 25%，乙商品销售价格增加 25%，丙商品销售价格增加 3.45%。

研究商品销售价格的变动，不仅是研究各种商品销售价格的单一变动，而且更重要的是研究所有商品销售价格的综合变动，为国家制定物价政策，研究人民生活水平的变化情况等提供必要的信息，这就需要计算商品销售价格总指数。用综合指数编制商品销售价格总指数同样也要解决以下两个问题。

（1）同度量因素的确定。三种商品的销售价格都是单位商品价值的货币表现，从表面上看，商品销售价格可以相加，但三种商品的使用价值、计量单位不同，把不同商品的销售价格加在一起既不能反映所有商品销售价格的总体情况，也没有任何意义。因此，为了综合反映三种商品销售价格的总体变动，也必须寻找同度量因素，把不能直接相加的商品价格转化成可以直接相加的另外一种现象。根据商品销售额等于商品销售量乘以商品价格的内在关系，把商品价格乘上商品销售量便可转化成能够直接相加的商品销售额。因此，商品销售量便是计算商品销售价格总指数的同度量因素。同理，也得出这样一个结论：指数化因素是质量指标时，以数量指标为同度量因素。

（2）同度量因素时期的选择。为了反映商品价格的综合变动，不仅要确定同度量因素，而且还要将同度量因素固定在某个时期上。目前，编制商品销售价格总指数，是以报告期商品销售量为同度量因素的。以报告期商品销售量作为编制商品销售价格总指数的同度量因素，一方面具有现实经济意义，反映由于商品销售价格的变动所带来的实际经济效果；另一方面能保持指数体系的完整性。

引入商品销售量为同度量因素，将不同度量的商品价格转化为同度量的商品销售额，使不同的商品销售额可以加总、对比；将各种商品的销售量固定在同一时间，借助商品销售总额的变化可以反映商品价格的变化。

1. 如果把同度量因素 q 固定在基期，称为拉氏指数

根据上表数据，则

$$\bar{K}_p = \frac{\sum q_0 p_1}{\sum q_0 p_0} = \frac{12 \times 25 + 10 \times 5 + 6 \times 30}{12 \times 20 + 10 \times 4 + 6 \times 29} = \frac{530}{454} = 116.74\%$$

$$\sum q_0 p_1 - \sum q_0 p_0 = 530 - 454 = 76（万元）$$

计算结果表明：

（1）三种商品的价格综合上涨了 16.74%；

（2）由于销售量增加而使销售总额增加的绝对额为 76 万元。

2. 如果把同度量因素 q 固定在报告期，称为派氏指数

根据上表数据，则

$$\bar{K}_p = \frac{\sum q_1 p_1}{\sum q_1 p_0} = \frac{10 \times 25 + 12 \times 5 + 10 \times 30}{10 \times 20 + 12 \times 4 + 10 \times 29} = \frac{610}{538} = 113.38\%$$

$$\sum q_1 p_1 - \sum q_1 p_0 = 610 - 538 = 72（万元）$$

计算结果表明：

（1）三种商品的价格综合上涨了 13.38%；

（2）由于销售量增加而使销售总额增加的绝对额为 72 万元。

从实际效果来看，人们更关心的是在报告期现实商品销售量的条件下，价格变动的幅度和所产生的经济效果。因此，把商品销售量固定在报告期用派氏指数计算更有实际意义。

综上所述，同样可以得出以下两点结论。

（1）商品销售价格总指数的综合指数公式为：$\bar{K}_p = \dfrac{\sum q_1 p_1}{\sum q_1 p_0}$。

（2）质量指标综合指数编制的一般原则：编制质量指标综合指数时，以报告期数量指标为同度量因素。

四、综合指数的应用

综合指数的应用很广，在我国和其他各国，都有很多指数采用这种方法计算。下面主要讲解几个常用的综合指数。

1. 工业产量（产值）指数

我国现行统计制度规定，工业总产值按统一规定的不变价格计算。于是，不同年份的工业总产值对比所确定的动态指标，就是工业产量（产值）指数。它是以不变价格为权数（同度量因素）的固定加权综合指数，用公式表示如下：

$$I_q = \frac{\sum q_1 p_n}{\sum q_0 p_n} \text{（杨格公式）}$$

说明：p_n 表示不变价格；$q p_n$ 表示按不变价格计算的工业总产值。将同度量因素固定在特定时期上来计算指数，由此得到的公式称为杨格公式。它是由英国学者杨格在 1818 年提出来的。

用不变价格计算的工业总产值来编制工业产量（产值）指数，具有如下优点：

（1）便于长时期工业产量的动态分析，观察工业产值增长变化趋势及其规律性。

（2）环比发展速度的连乘积等于定基发展速度，便于两者之间的相互换算。

2. 物价对比的地区性指数

指数理论主要应用于现象变动的动态研究，但是随着社会经济的发展和科学技术的进步，它已拓展到地区之间的综合比较。物价是经济领域中最富有敏感性的现象，因此需要编制物价对比的地区性指数。凡是在企业之间、地区之间甚至国家之间进行相互比较的指数，都可称为地区性指数。编制地区性指数，人们所关心的是从对比中找出差距，以便挖掘潜力，为决策提供依据。因此，在编制物价对比的地区性指数时，一般以对比基准地区的物量为同度量因素，即编制对比基准地区物量加权综合指数。例如，比较甲乙两个城市全部商品的物价水平，甲城市作为对比的城市，乙城市作为对比基准的城市，则物价对比的地区性指数的计算公式为：

$$I_p = \frac{\sum q_{\text{乙}} p_{\text{甲}}}{\sum q_{\text{乙}} p_{\text{乙}}}$$

3. 成本计划完成指数

检查成本计划执行情况时，需要编制成本计划完成指数。检查成本计划执行情况，一般有两种不同的要求：一种是检查包括可比产品和不可比产品在内的全部产品成本计划完成情况，在这种情况下，直接将计划产量作为同度量因素（权数），加权综合求得成本计划完成指数，其计算公式为：

$$I_z = \frac{\sum q_n z_1}{\sum q_n z_n}$$

说明：z_1 为报告期实际单位产品成本；z_n 为计划单位产品成本；q_n 为计划产量。

另一种是检查可比产品成本计划完成情况，在这种情况下，编制计划时，成本计划完成指数是在基期的基础上制定的，采用的权数是计划产量。

（四）股票价格指数

股票价格指数综合反映股票市场价格的变动程度，它是影响投资人决策行为的重要因素，而且股票价格指数的波动和走向也是反映经济景气状况的敏感指标。股票价格指数的编制方法有多种，综合指数公式是其中的一种重要方法。我国的上证指数、美国的标准普尔指数、香港的恒生股票指数等，都是采用综合指数公式编制的。其计算公式为：

$$I_p = \frac{\sum q_0 p_t}{\sum q_0 z_0}$$

不同股票价格指数的样本范围和基期日期的选定都不同。例如美国的标准普尔指数，样本范围包括 500 种股票（其中工业股票 400 种、公用事业股票 40 种、金融业股票 40 种、运输业股票 20 种），选择 1941—1943 年为基期。香港的恒生股票指数选择了 33 种具有代表性的股票（成分股）为指数计算对象（其中金融业 4 种、公用事业 6 种、地产业 9 种、其他行业 14 种），选择 1964 年 7 月 31 日为基期。而我国的上证指数包括全部上市股票，基期为 1990 年 12 月 19 日。股票的基期指数定为 100，股票价格的变动幅度是以"点"来表示，每上升或下降一个单位为"1 点"。新上证综指发布以 2005 年 12 月 30 日为基期，基期指数定为 1 000。

任务三　平均指数

一、平均指数的含义

平均指数是以个体指数为变量值，利用一定的权数，采用加权平均数形式编制的总指数。平均指数是计算总指数的另一种重要方法。

利用平均指数编制总指数有三个要点：

（1）先计算个体指数；

（2）确定一个合理的权数；

（3）选择合适的加权平均数形式。

二、平均指数的基本形式

从综合指数公式推导出的平均指数公式形式有两种：加权算术平均数指数和加权调和平均数指数。

（一）加权算术平均数指数

1. 数量指标指数

其计算公式为：

$$\bar{K}_q = \frac{\sum k p_0 q_0}{\sum p_0 q_0} = \frac{\sum \frac{q_1}{q_0} p_0 q_0}{\sum p_0 q_0} = \frac{\sum p_0 q_1}{\sum p_0 q_0}$$

2. 质量指标指数

其计算公式为：

$$\bar{K}_p = \frac{\sum k p_0 q_1}{\sum p_0 q_1} = \frac{\sum \frac{p_1}{p_0} p_0 q_1}{\sum p_0 q_1} = \frac{\sum p_1 q_1}{\sum p_0 q_1}$$

（二）加权调和平均数指数

1. 数量指标指数

其公式为：

$$\bar{K}_q = \frac{\sum p_0 q_1}{\sum \frac{1}{k} p_0 q_1} = \frac{\sum p_0 q_1}{\sum \frac{q_0}{q_1} p_0 q_1} = \frac{\sum p_0 q_1}{\sum p_0 q_0}$$

2. 质量指标指数

其公式为：

$$\bar{K}_p = \frac{\sum p_1 q_1}{\sum \frac{1}{k} p_1 q_1} = \frac{\sum p_1 q_1}{\sum \frac{p_0}{p_1} p_1 q_1} = \frac{\sum p_1 q_1}{\sum p_0 q_1}$$

三、平均指数的应用

平均指数在国内和国外都有广泛的应用。我国现行编制的物价指数中，居民消费价格指数、农产品收购价格指数、工业品出厂价格指数、固定资产投资价格指数、零售物价指数等，均采用平均指数进行编制。其中，与人们生活和经济理论研究较为密切的是居民消费价格指数。

居民消费价格指数编制公式：

$$\bar{K}_p = \frac{\sum k_p p_0 q_0}{\sum p_0 q_0} = \frac{\sum k_p W}{\sum W}$$

居民消费价格指数的编制步骤为：先计算代表性规格品个体价格指数，再计算小类、中类价格指数，最后计算出总指数。以某地区居民样本数据为例说明其主要编制程序：

商品类别及名称	计量单位	平均牌价（元）		权数 W	以上年为基础（%）	
		上年 p_0	本年 p_1		个体指数 $k_p = \dfrac{p_1}{p_0}$	个体指数乘权数 $k_p W$
总指数				100	—	114.07
（一）食品类				46	117.37	53.99
1、粮食中类				18	118.13	21.26
（1）细粮小类				99	118.21	117.03
大米	千克	1.20	1.43	95	119.17	113.21

商品类别及名称	计量单位	平均牌价（元）			以上年为基础（%）	
		上年 p_0	本年 p_1	权数 W	个体指数 $k_p = \dfrac{p_1}{p_0}$	个体指数乘权数 $k_p W$
面粉	千克	1.70	1.70	5	100.00	5.00
（2）粗粮小类				1	110.38	1.10
2、副食品中类				46	110.00	50.06
3、烟酒茶中类				19	125.00	23.85
4、其他食品中类				17	128.00	21.76
（二）衣着类				10	108.34	10.83
（三）家庭设备及用品类				12	112.00	13.44
（四）医疗保健类				8	108.42	8.67
（五）交通及通信工具类				6	124.28	7.49
（六）娱乐教育文化用品类				7	108.54	7.60
（七）居住类				8	110.84	8.87
（八）服务项目类				3	106.87	3.21

①计算代表性规格品个体价格指数。例如大米价格指数为：

$$k_p = \frac{p_1}{p_0} = \frac{1.43}{1.20} = 119.17\%$$

②根据代表性规格品个体价格品指数及相应权数，计算小类价格指数。例如，细粮小类价格指数为：

$$\bar{K}_p = \frac{\sum k_p W}{\sum W} = \frac{119.17\% \times 95\% + 100 \times 5\%}{100} = 118.21\%$$

③根据算得的小类价格指数及相应权数，计算中类价格指数。例如粮食中类价格指数为：

$$\bar{K}_p = \frac{\sum k_p W}{\sum W} = \frac{118.21\% \times 99\% + 110.38 \times 1\%}{100} = 118.13\%$$

④根据中类价格指数及相应权数，计算大类指数。例如，食品类大类价格指数为：

$$\bar{K}_p = \frac{\sum k_p W}{\sum W}$$

$$= \frac{118.13\% \times 18\% + 110.00 \times 46\% + 125.00\% \times 19\% + 128.00 \times 17\%}{100}$$

$$= 117.37\%$$

⑤根据各大类价格指数及相应权数，计算居民消费价格指数。

$$\bar{K}_p = \frac{\sum k_p W}{\sum W}$$

$$= \frac{\begin{array}{c}117.37\% \times 46\% + 108.34\% \times 10\% + 112.00\% \times 12\% + 108.42 \times 8\% + \\ 124.28\% \times 6\% + 108.54 \times 7\% + 110.84\% \times 8\% + 106.87\% \times 3\%\end{array}}{100}$$

$$= 114.10\%$$

综上所述，该地区居民消费价格指数为 114.10%。

四、平均指数与综合指数的区别和联系

平均指数与综合指数既有区别又有联系。

1. 区别

（1）在没有特定权数的情况下，两类指数分别是计算总指数的独立方法。

（2）用综合指数编制总指数，使用的是全面资料，没有代表性误差，但综合指数不仅编制工作量大，而且全面资料在实际工作中不易取得。用平均指数编制总指数，可以使用非全面资料，非全面资料在实际工作中易于取得，但存在代表性误差。

（3）综合指数是先综合后对比，平均指数是先对比后综合（平均）。

2. 联系

（1）两个指数都是编制总指数的方法。

（2）在特定的权数下，两类指数具有变形关系。当以数量指标综合指数的分母资料 $p_0 q_0$ 为权数时，通过数量指标个体指数 k_q 求加权算术平均数指数是综合指数的变形。当以质量指标综合指数的分子资料 $p_1 q_1$ 为权数时，通过质量指标个体指数 k_p 求加权调和平均数指数是综合指数的变形。

任务四　指数体系与因素分析

一、指数体系

1. 指数体系的概念

现象发展变化总是受一定因素的影响，现象与影响因素之间存在着各种各样的联系，被影响现象的数量等于各个影响因素数量的连乘积。如商品销售额等于商品销售量与商品价格的乘积。现象之间的这种关系决定了反映这些现象变动的指数之间也存在着这样的关系，如：商品销售额指数 = 商品销售量指数 × 商品价格指数。

上述等式用符号表示为：

$$\frac{\sum q_1 p_1}{\sum q_0 p_0} = \frac{\sum q_1 p_0}{\sum q_0 p_0} \times \frac{\sum q_1 p_1}{\sum q_1 p_0}$$

简记为：

$$\bar{K}_{pq} = \bar{K}_q \times \bar{K}_p$$

由在经济上有联系、数量上保持一定对等关系的若干指数所构成的整体叫作指数体系。将被影响现象对应的指数，如商品销售额指数，称为总变动指数；将影响因素对应的指数，如商品销售量指数（数量指标综合指数）和商品价格指数（质量指标综合指数），称为因素指数。

2. 指数体系的表现形式

指数体系的数量关系分为相对数和绝对数两种形式，分别形成相对数体系和绝对数体系。以下是商品销售额指数、商品销售量指数和商品价格指数所构成的指数体系。

（1）相对数体系：

$$\frac{\sum q_1 p_1}{\sum q_0 p_0} = \frac{\sum q_1 p_0}{\sum q_0 p_0} \times \frac{\sum q_1 p_1}{\sum q_1 p_0}$$

（2）绝对数体系：

$$\sum q_1 p_1 - \sum q_0 p_0 = \left(\sum q_1 p_0 - \sum q_0 p_0 \right) + \left(\sum q_1 p_1 - \sum q_1 p_0 \right)$$

指数体系的数量关系是：总变动指数等于各因素指数的连乘积；总变动指数分子与分母的差等于各因素指数分子与分母差的和。

3. 指数体系的作用

指数体系在经济分析中具有重要作用，主要表现在以下两个方面。

（1）利用指数体系，可以由已知的指数推算出未知的指数。

【例1】假如已知商品销售额指数为 114.39%，商品销售量指数为 112.81%，则商品价格指数为：$\bar{K}_{pq} = \bar{K}_q \times \bar{K}_p$，解得 $\bar{K}_p = 101.40\%$

（2）利用指数体系，可以分析现象的总变动及其受各个因素变动影响的方向和程度。

【知识链接】

物价的下降有哪些影响？

物美价廉，这是现实生活中人人都希望的。事实上，物价下降在一定程度上对居民生活确实有好处，因为居民用同样的货币能买到更多的东西。那么是不是物价越低越好呢？答案是否定的。从长远的经济发展来看，物价的持续下降不仅会严重影响投资者的信心和居民的消费心理；而且会使债务人受损，影响生产和投资，导致恶性的价格竞争，从而使企业利润减少甚至亏损，继而使企业减少生产或停产，增加失业，减少居民收入，加剧总需求不足，出现恶性循环。

从中外历史上看，过度的通货紧缩会导致物价总水平长时间、大范围下降，市场银根趋紧，货币流通速度减慢，市场销售不振，影响企业生产和投资的积极性，强化了居民"买涨不买落"的心理，造成了企业的"惜投"和居民的"惜购"，大量的资金被闲置，从而限制了社会需求的有效增长，最终导致经济增长乏力，经济增长率下降，对经济的长远发展和人民群众的长远利益不利，造成国家经济的停滞不前甚至衰退。

二、因素分析

（一）因素分析的概念

因素分析就是应用统计指数分析现象的总变动及其受各个因素变动影响的方向和程度的一种统计分析方法。分析的对象是被影响现象的量等于各个影响因素量的连乘积的现象。分析的依据是指数体系。分析的方法是在诸多影响因素中，假定其他因素不变，然后测定其中一个因素变动的影响。分析的目的是从相对数和绝对数两个方面测定各个因素的变动对现象影响的方向和程度。

（二）因素分析的类型

（1）按分析对象因素的多少划分，有两因素分析和多因素分析。前者的分析对象中只包括两个影响因素，后者的分析对象中包括两个以上的影响因素。

（2）按分析对象的性质划分，有总量指标的因素分析和平均指标的因素分析。

把上述两种分类组合起来，指数因素分析共有总量指标的两因素分析、总量指标的多因素分析、平均指标的两因素分析、总量指标中包含平均指标的多因素分析四种。下面仅介绍总量指标的两因素分析。

（三）总量指标的两因素分析

商品销售额指数、商品销售量指数和商品价格指数之间形成的指数体系就是总量指标的两因素分析。从其数量关系中可得出总量指标的两因素分析的一般过程：首先计算现象总变动指数；其次计算各个因素的变动指数；最后根据指数体系，对现象的总变动进行因素分析（包括相对数和绝对数两个方面）。

【例2】根据下表资料，从绝对数和相对数两个方面分析三种商品销售额的综合变动及受商品销售量和价格两个因素变动影响的方向和程度。

三种商品销售量和销售单价表

商品名称	计量单位	销售量		销售单价（万元）	
		基期	报告期	基期	报告期
甲	件	12	10	20	25
乙	箱	10	12	4	5
丙	台	6	10	29	30

1. 销售额的变动

$$\bar{K}_{pq} = \frac{\sum q_1 p_1}{\sum q_0 p_0} = \frac{10 \times 25 + 12 \times 5 + 10 \times 30}{12 \times 20 + 10 \times 4 + 6 \times 29} = \frac{610}{454} = 134.36\%$$

$$\sum q_1 p_1 - \sum q_1 p_0 = 610 - 454 = 156（万元）$$

2. 各因素变动的影响

（1）商品销售量变动的影响：

$$\bar{K}_q = \frac{\sum q_1 p_0}{\sum q_0 p_0} = \frac{10 \times 20 + 12 \times 4 + 10 \times 29}{12 \times 20 + 10 \times 4 + 6 \times 29} = \frac{538}{454} = 118.50\%$$

$$\sum q_1 p_0 - \sum q_0 p_0 = 538 - 454 = 84（万元）$$

（2）商品价格变动的影响：

$$\bar{K}_p = \frac{\sum q_1 p_1}{\sum q_1 p_0} = \frac{10 \times 25 + 12 \times 5 + 10 \times 30}{10 \times 20 + 12 \times 4 + 10 \times 29} = \frac{610}{538} = 113.38\%$$

$$\sum q_1 p_1 - \sum q_1 p_0 = 610 - 538 = 72(万元)$$

3. 综合分析

由 $\bar{K}_{pq} = \bar{K}_q \times \bar{K}_p$，得 134.36% = 118.50% × 113.38%。

由 $\sum q_1 p_1 - \sum q_0 p_0 = \left(\sum q_1 p_0 - \sum q_0 p_0 \right) + \left(\sum q_1 p_1 - \sum q_1 p_0 \right)$，得 156 = 84 + 72。

4. 分析说明

三种商品销售额总指数上涨 34.36%，是由三种商品销售量综合指数与三种商品价格综合指数上涨两个因素共同作用的结果，其中商品销售量综合指数上涨 18.50%，商品价格综合指数上涨 13.38%。三种商品销售额报告期比基期增加了 156 万元，其中由于商品销售量综合指数上涨而导致商品销售额增加 84 万元，由于商品价格综合指数上涨而导致商品销售额增加 72 万元。

项目总结

本项目主要阐述了两个大问题：一是总指数的编制方法，即综合指数编制方法和平均指数；二是指数因素分析法。

统计指数简称指数，有广义和狭义之分。广义统计指数是指同类社会经济现象数量对比的相对数。狭义统计指数是用来说明不能直接相加、对比的复杂社会经济现象总体数量变动的特殊相对数。按指数说明对象的特征不同，统计指数可分为数量指标指数和质量指标指数；按指数说明对象的范围不同，统计指数可分为个体指数和总指数。指数具有反映事物变动的方向和程度、进行因素分析和对事物的长期变动趋势进行预测分析等重要作用。

将其中一个或一个以上因素指标加以固定，以观察某一因素指标的变动情况，被固定的因素指标称为同度量因素，要反映的因素指标称为指数化因素。同度量因素是指使不能直接相加的现象转化为能够直接相加现象的媒介因素，它具有媒介作用和权数作用；指数化因素是指数所要研究的对象。综合指数是编制总指数的基本形式。

综合指数确定同度量因素的一般原则是：编制数量指标综合指数时，一般以基期质量指标为同度量因素（拉氏指数）；编制质量指标综合指数时，一般以报告期数量指标为同度量因素（派氏指数）。

平均指数是以个体指数为变量值，利用一定的权数，采用加权平均数形式编制的总指数。利用平均指数编制总指数有三个要点：首先是计算个体指数；其次确定一个合理的权数；再次是选择合适的加权平均数形式。

由在经济上有联系、数量上保持一定对等关系的若干指数所构成的整体叫作指数体系。总变动指数等于各因素指数的连乘积；总变动指数分子与分母的差等于各因素指数分子与分母差的和。与综合指数具有变形关系的加权算术平均数指数和加权调和平均数指数及平均指数也具有这种数量关系。

应用统计指数分析现象的总变动及其受各个因素变动影响的统计分析方法称为因素分析。因素分析的依据是指数体系。因素分析的重点是总量指标的两因素分析。

技能训练

一、单选题

1. 在统计实践中，通常人们所说的指数一词的含义指的是（   ）。

    A. 广义的统计指数概念   B. 狭义的统计指数概念

    C. 包括广义和狭义两种统计指数概念   D. 拉氏和派氏指数的概念

2. 从指数包括的范围不同，可以把它分为（   ）。

    A. 个体指数和总指数   B. 简单指数和加权指数

    C. 动态指数和静态指数   D. 定基指数和环比指数

3. 由两个总量指标对比形成的指数一般情况是（   ）。

    A. 个体指数   B. 综合指数   C. 平均指标指数   D. 可变指数

4. 由三个指数组成的指数体系中，两个因素指数的同度量因素通常（   ）。

    A. 都固定在基期

    B. 都固定在报告期

    C. 一个固定在基期，另一个固定在报告期

    D. 采用基期和报告期的平均

5. 按所表明现象的数量特征不同，统计指数分为（   ）。

    A. 个体指数和总指数   B. 数量指标指数和质量指标指数

    C. 定基指数和环比指数   D. 综合指数和平均数指数

6. 若产量增加，而生产费用不变，则单位成本指数（   ）。

    A. 减少   B. 不变   C. 增加   D. 无法预期变化

7. 若价格增长 5%，销售量增长 4%，则销售额增长（   ）。

    A. 20%   B. 9%   C. 9.2%   D. 8%

8. 若职工平均工资增长 10.4%，固定构成工资指数增长 15%，则职工人数结构影响指数为（   ）。

    A. 96%   B. 126.96%   C. 101.56%   D. 125.4%

9. 综合指数包括（   ）。

    A. 个体指数和总指数   B. 定基指数和环比指数

    C. 平均数指数和平均指标指数   D. 数量指标指数和质量指标指数

10. 某企业总产值增长 50%，价格增长 25%，则产量增长（   ）。

    A. 25%   B. 2%   C. 75%   D. 20%

二、多选题

1. 下列属于质量指标指数的有（   ）。

    A. 价格指数   B. 单位成本指数   C. 销售量指数

    D. 工资水平指数   E. 劳动生产率指数

2. 下列属于数量指标指数的有（   ）。

A. 销售量指数　　B. 产量指数　　C. 价格指数

D. 职工人数指数　E. 可变指数

3. 同度量因素的作用有（　　）。

A. 比较作用　　B. 权数作用　　C. 媒介作用

D. 同度量作用　E. 平衡作用

4. 指数的作用有（　　）。

A. 可进行因素分析　　　　　B. 反映事物变动方向

C. 可进行相关分析　　　　　D. 反映事物变动程度

E. 研究事物在长时间内的变动趋势

5. 运用指数体系进行因素分析时（　　）。

A. 可以对总量指标进行因素分析　　B. 可以对平均指标进行因素分析

C. 可以对相对指标进行因素分析　　D. 可以从绝对数方面进行因素分析

E. 可以从相对数方面进行因素分析

6. 编制综合指数的要点包括（　　）。

A. 引入同度量因素　　　　　B. 确定指数化因素

C. 固定同度量因素的时期　　D. 选择指数编制方法

E. 明确指数的经济意义

三、判断题

1. 统计指数是综合反映社会经济现象总体变动方向及变动幅度的相对数。（　　）

2. 综合指数就是由两个不同时期的综合指标对比形成的。（　　）

3. 如果一个指数的同度量因素是数量指标，则这个指数就是数量指标指数。（　　）

4. 某地区零售物价指数为 117%，则用同样多的人民币比以前少购买 17% 的商品。
（　　）

5. 若商品销售量增长 10%，商品价格下降 10%，则商品销售额不变。（　　）

四、思考题

1. 什么是统计指数？它有哪些作用？

2. 如何理解同度量因素？综合指数确定同度量因素的一般原则是什么？

3. 什么是平均指数？如何确定平均指数的形式和权数？

4. 综合指数与平均指数有何区别和联系？

5. 什么是指数体系？什么是指数因素分析法？

五、能力拓展题

【实训 1】已知某地区销售量及价格资料如下：

商品	单位	销售量		价格（元）	
		基期	报告期	基期	报告期
甲	件	2 000	2 200	10.0	10.5
乙	套	5 000	6 000	6.0	5.5

请计算商品销售量综合指数、商品价格综合指数。

【实训2】某公司下属两个企业的有关资料如下：

企业	产量（万件）		单件成本（元）	
	基期	报告期	基期	报告期
甲	10	15	2.5	2.4
乙	10	25	2.2	2.0

试对公司产品的总平均成本的变动进行因素分析。

【实训3】某超市三种商品的销售资料表如下：

商品名称	计量单位	销售量		价格	
		基期 q_0	报告期 q_1	基期 p_0	报告期 p_1
甲	件	480	600	25	25
乙	千克	500	600	40	36
丙	米	200	180	50	70

（1）计算三种商品销售量综合指数及由于商品销售量变动影响的商品销售额变动的绝对量；

（2）计算三种商品价格综合指数及由于商品价格变动影响的商品销售额变动的绝对量；

（3）从相对分析和绝对分析两个角度计算分析三种商品销售量和价格变动对商品销售额变动的影响。

【实训4】某集团所属4个公司基年和报告年产值和工人人数资料如下：

企业	总产值（万元）		工人人数（人）	
	基年	报告年	基年	报告年
甲	13 200	23 300	550	960
乙	7 100	7 250	370	350
丙	21 400	33 900	945	1 350
丁	7 300	7 400	320	335

根据指标体系分析这个集团总产值的变动。

道琼斯指数凭啥成为世界股市标杆？

——DJIA 是世界一流大蓝筹的股价指数

道琼斯指数再次创造了一轮长达 9 年的大牛市：令人羡慕的长牛、慢牛，从容不迫的慢牛，体面的慢牛，就在上个月它创下了历史最高纪录 23 602 点。原因何在？为什么道琼斯指数打个喷嚏，世界各地的股市大都会感冒？

道琼斯工业平均数（DJIA），俗称道琼斯指数，它是一个仅有 30 只成分股的指数，也是独树一帜的股价加权指数（price – weighted index），却成了美国最重要的股价指数，也是世界最重要的股价指数。它不仅是世界经济的晴雨表，更是世界股市的风向标，底气何在？

1882 年，三位年轻的记者道（Charles Henry Dow）、琼斯（Edward Jones）和博格斯特莱斯（Charles Bergstresser）创立了道琼斯公司。1889 年，道琼斯公司创立《华尔街日报》（*Wall Street Journal*）。

1896 年 5 月 26 日，道琼斯公司第一次发布道琼斯工业平均数（Dow Jones Industrial Average，DJIA），当日指数为 40.94 点，这就是后来人们俗称的"道琼斯指数"。这一天成为 DJIA 的生日。当时成分股仅有 12 只，全部都是工业股。1916 年 DJIA 的成分股增加为 20 只，仍然全是工业股。1928 年 DJIA 成分股固定为 30 只工业股，并开始采用"除数"新算法。DJIA 是股价加权指数的专利拥有者，1975 年日本经济新闻社向美国道琼斯公司购买商标，采用修正的道琼斯平均数方法计算东京证券交易所的股价指数，取名为"日经道琼斯平均指数"，1985 年十年合同期满，经双边协商，更名为"日经 225 指数"。

1896 年至 1922 年期间，DJIA 只计算并公布每日的收盘指数；1923 年至 1962 年期间改为每小时计算并公布一次 DJIA 指数；直至 1963 年，DJIA 才开始进行实时计算发布。

1972 年 11 月，DJIA 首次超过 1 000 点。20 世纪 80 年代后，特别是 20 世纪 90 年代，DJIA 上涨加速。1995 年 11 月，DJIA 首次超过 5 000 点。1999 年 3 月，DJIA 首次超过 10 000 点。2013 年 4 月，首破 15 000 点。2017 年 1 月，首次突破 20 000 点。2017 年 10 月，创下历史最高纪录 23 602 点。

2012 年 7 月，标普（S&P Indices）与道琼斯两家指数公司合并，成为全球最大的金融市场指数提供商。合并后的标普道琼斯指数有限公司（S&P Dow Jones Indices LLC），是标普环球（控股股东）与芝商所（CME Group Inc.）合组的合资公司。标普环球（纽交所交易代码：SPGI）为个人、公司和政府提供重要信息，助其运筹帷幄。作为少数股东，芝商所（纽交所交易代码：CME）拥有标普道琼斯指数的许可协议，同时为数据供应商。作为许可协议拥有人，芝商所及关联公司或会独立发行、买卖及/或保荐与标普道琼斯指数表现挂钩的金融产品，有关产品或与其他标普道琼斯指数许可使用者所发行或赞助的产品相类似，形成竞争。芝商所的交易活动或会对指数及任何其他挂钩金融产品的价值构成影响。

标普道琼斯指数有限公司在开发创新透明方案从而协助投资者实现财务目标方面，拥有超过120年的经验。自具指标性的道琼斯工业平均指数和标普500指数分别于1896年和1957年发布以来，其成功推动20世纪部分最重要的金融创新举措。时至今日，全球直接投资于标普道琼斯指数产品的资产总值比任何其他指数供应商都要多。标普道琼斯指数有限公司拥有超过100万只覆盖全球广泛资产类别的指数，为投资者提供衡量市场和交易状况的有效方式。

道琼斯指数之所以成为世界上使用最广、最知名、最重要、最有影响力的股价指数，也许有人会说，这是因为道琼斯指数不仅是世界上现存历史最悠久的股价指数，而且该指数自编制以来从未间断过，它具有极好的连续性和可比性，成为全世界投资者的主要参考指数；或许也有人会说，这是因为作为道琼斯指数发布的新闻载体，《华尔街日报》是世界金融界最有影响力的报纸。尽管这些说法也有一定道理，但实际上根本的原因是道琼斯指数的30只成分股。

道琼斯指数所选的30只成分股，都是美国经济实力最强、影响力最巨大的上市公司，它们代表着美国乃至世界最先进、最发达的工业（制造业）水平，这样的公司不仅规模（市值）足够大，而且也是世界最知名的跨国公司，这30家公司的市场和消费者遍布全球每个角落。毫不夸张地说，如果没有这30家公司，那么，美国将不再是强大的美国。

具体地讲，道琼斯指数30只成分股具有以下鲜明而重要的特征：

1. 突出制造业重要性

道琼斯指数是工业化的产物。从诞生之日起，在随后的100多年间，它一直将30只成分股界定为美国最强大的制造公司，道琼斯指数成分股的轮替，基本上反映了美国制造业的发展历程与先进程度。

2. 包容新经济

过去道琼斯指数的成分股主要来自纽约证交所的美国上市公司，它们大多都是制造业股票。20世纪90年代末，随着金融业和互联网公司的迅猛发展，为了提高其成分股的代表性，从1997年开始，道琼斯指数不断地调整其成分股，并吸纳了一些知名的金融业股票。1999年11月1日，道琼斯指数首次破例将NASDAQ"新经济"概念股——微软及英特尔同时纳入其成分股，这是历史性的跨越与创新，这标志着道琼斯指数更包容、更时尚、更有代表性。目前道琼斯指数30只成分股仅有4只来自NASDAQ，它们分别是微软、英特尔，以及2009年6月8日纳入其成分股的思科系统，还有2015年3月19日纳入其成分股的苹果。其余26只成分股则来自纽约证交所，包括4只金融股和22只工业股。

3. 百年老字号

在现有的30只成分股中，几乎全都是基业长青的大蓝筹，个个都是世界一流的知名跨国公司，它们的品牌与产品享誉世界、深入人心。其中有17家公司经营历史超过100年，这是真正意义上的百年老字号，其中竟有3家公司的历史超过200年，默克公司的经营历史更是长达349年。此外，迪士尼、卡特彼勒的经营历史虽不足百年，但也有90多年的时间。除此之外，成立时间不足半个世纪的微软、英特尔、苹果、思科，更是新经济时代、互联网时代的伟大企业和领头羊。

4. 成分股相对稳定

在道琼斯指数诞生以来的100多年中，有4只工业股充当其成分股的时间最长，它们分别是：①通用电气自1896年首批纳入道琼斯指数以来，仅有两段短暂的时间离开成分股，即1896年5月26日至1898年10月以及1899年4月21日至1901年4月1日，共计4年时间不在成分股中，截至2017年，它充当道琼斯指数成分股的历史长达117年，是唯一仅存的元老成分股。②默克公司于1928年10月1日纳入道琼斯指数，至今一直留在成分股中，截至2017年已有89年时间。③宝洁公司于1932年5月26日纳入道琼斯指数，至今一直留在成分股中，截至2017年已有85年时间。④联合技术公司于1939年3月14日纳入道琼斯指数成分股，截至2017年已有78年时间。

5. 成分股全是世界一流的大蓝筹

截至2017年11月16日收盘，道琼斯指数30只成分股总市值高达6.63万亿美元，折合人民币44万亿元，相当于沪深A股流通股总市值。其中，苹果市值高达8785亿美元，折合人民币5.82万亿元，超过深交所创业板总市值（5.55万亿元）。在道琼斯指数30只成分股中，竟有20只股票总市值超过1万亿元人民币。这正是境内外机构投资者对它们进行价值投资、长期投资，而且不离不弃的重要原因之一。

6. 成分股市盈率较低

尽管目前美国股市已历经了长达9年的慢牛，但道琼斯指数成分股的市盈率仍然不高，这要么反映了成分股的优秀业绩与卓越成长，要么反映了价值投资的理性与自觉。截至2017年11月16日收盘，在30只成分股中，有11只股票市盈率不足20倍，另有13只股票市盈率介于20-30倍之间，仅有6只股票市盈率超过30倍。这一组数据正是支持慢牛走得更有耐心、更加从容长远的证据。

由于道琼斯指数采用的是股价加权指数，因此，股价在200元之上的4只成分股对指数值影响最大，它们分别是波音公司（263.7美元）、高盛集团（239.37美元）、3M公司（229.42美元）、联合健康集团（211.13美元）。

很显然，道琼斯指数拥有世界一流的大蓝筹成分股，它们都是世界实力最强、最知名的跨国公司。正是这30只无与伦比的成分股，强有力地支撑了美国股市的"从容不迫"的慢牛！同时，也成就了道琼斯指数成为世界使用最广泛、影响力最强大的股价指数。这就是道琼斯指数的底气与自信！

（资料来源：搜狐网）

项目八　相关分析与回归分析

知识结构图

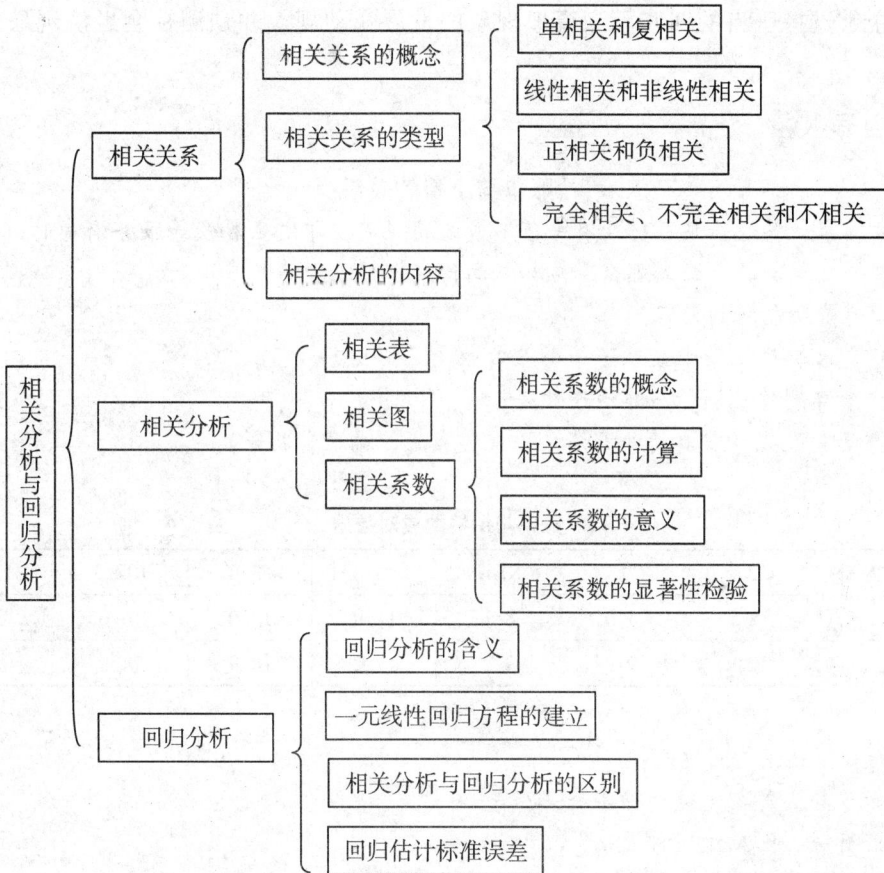

相关分析与回归分析
- 相关关系
  - 相关关系的概念
  - 相关关系的类型
    - 单相关和复相关
    - 线性相关和非线性相关
    - 正相关和负相关
    - 完全相关、不完全相关和不相关
  - 相关分析的内容
- 相关分析
  - 相关表
  - 相关图
  - 相关系数
    - 相关系数的概念
    - 相关系数的计算
    - 相关系数的意义
    - 相关系数的显著性检验
- 回归分析
  - 回归分析的含义
  - 一元线性回归方程的建立
  - 相关分析与回归分析的区别
  - 回归估计标准误差

学习目标

【知识目标】

1. 了解相关分析与回归分析的概念；

2. 了解应用相关分析与回归分析应坚持的原则；

3. 掌握相关分析和回归分析的方法。

【能力目标】

1. 能够正确分析和判断社会经济现象的相关程度及方向；

2. 能够选择适当的回归模型模拟现象的发展变动规律并预测社会经济现象的发展变化。

项目导入

账单与小费的关系

西方国家，餐饮等服务行业有一条不成文的规定，即发生餐饮等服务消费时，消费者须给侍者一定数额的小费。那么，应如何向侍者支付小费呢？

餐饮消费所包括的内容：

（1）免费部分：茶水或瓜子等小点心；

（2）食品制作及酒精与非酒精饮料；

（3）就餐服务（餐具清洗及消毒、就餐布置、端送食物等）。

账单与消费的成对数据

账单（美元）	33.5	50.7	87.9	98.8	63.6	107.3	120.7
小费（美元）	5.5	5.0	8.1	17.0	12.0	16.0	18.6
比例（%）	16.4	9.9	9.2	17.2	18.9	14.9	15.4

我们必须关注的问题是：

1. 账单与小费之间是否确实有关？

2. 若有关，则属于何种关系？

3. 如何根据账单来推算小费的数额？

通过收集社会经济生活中的一些账单与小费，描述账单与小费之间的数量关系，从而做出一系列可靠性推论，找出在西方文化里给小费时应遵循的习俗规则。

这就是相关分析与回归分析方法，试问具体如何进行呢？

> ### 统计名家

卡尔·皮尔逊

卡尔·皮尔逊（Karl Pearson，1857—1936 年）是英国数学家、生物统计学家，数理

226

统计学的创立者，自由思想者，对生物统计学、气象学、社会达尔文主义理论和优生学做出了重大贡献。他被公认是旧派理学派和描述统计学派的代表人物，并被誉为现代统计科学的创立者。

皮尔逊 1857 年 3 月 27 日出生于伦敦。父亲威廉·皮尔逊是王室法律顾问。1889 年，高尔顿出版了著作《自然遗传》，书中概括了作者关于遗传的相关概念和回归概念以及技巧方面的工作，明确思考了它们在研究生命形式中的可用性和价值。皮尔逊对高尔顿提出的"相关"这概念十分着迷，认为这是一个比因果性更为广泛的范畴。皮尔逊立即决定全力为统计学这一新学科奠定基础，他在接下来的 15 年里几乎单枪匹马地奋战在这一前沿领域。皮尔逊对来自生物学、物理学和社会科学的统计资料作了图示的、综合性的处理，讨论了概率理论和相关概念，并用掷硬币、抽纸牌和自然现象来证明它们。他引入"标准离差"术语代替麻烦的均方根误差，并论述了法曲线、斜曲线、复合曲线。皮尔逊在高尔顿、韦尔登等人关于相关和回归统计概念和技巧的基础上，建立了极大似然法，把一个二元正态分布的相关系数最佳值 p 用样本积矩相关系数 r 表示，可以恰当地称其为"皮尔逊相关系数"。在 1901 年，皮尔逊与韦尔登、高尔顿一起创办了《生物统计》杂志，从而使数理统计学有了自己的一席之地，同时也给这门学科的发展完善以强大的推动力。

皮尔逊的主要著作有：《科学入门》《关于相关变异体系、离差体系与随机抽样》《17、18 世纪的统计学史，与变化的知识、科学和宗教思想的背景对照》等。

任务一　相关关系

一、相关关系的概念

世界是普遍联系的，孤立的现象或事物是不存在的。事物或现象之间的相互联系、相互制约，构成错综复杂的客观世界，构成世界的运动和发展。所有各种现象之间的相互联系都能通过数量关系反映出来。

进一步加以考察可以发现，现象之间的相互关系可分为两种类型：

（1）函数关系。它反映现象之间存在着确定的依存关系。在这种关系中，某一变量的取值都有确定的另一变量值与之对应。例如：圆的面积 $S = \pi R^2$ 中 S 与半径 R 是函数关系，R 发生变化，则有确定的 S 与之对应。

（2）相关关系。它是指现象之间确实存在关系，但关系值不确定的相互依存关系。在这种关系中，某一变量的每一个数值，都有另一变量的若干个数值与之相对应。例如：施肥量与亩产量之间，一定的施肥量，其亩产量可能各不相同，因为亩产量受很多因素的影响。但是很明显施肥量与亩产量之间的关系是非常密切的。

相关关系和函数关系的区别：函数关系是指两个变量之间存在着相互依存关系，并且它们的关系值是确定的，而相关关系的变量之间的关系值是不确定的。相关关系与函数关系的联系是：由于观察或测量误差等原因，函数关系在实质中往往通过相关关系表现出来。由于现象间数量关系的规律性，相关关系常借助函数关系近似描述。

相关关系和因果关系也有区别。从相关关系的内容来讲，许多是由因果关系而产生的，如施肥量和亩产量、劳动生产率和成本等。它也包括互为因果的关系，如身高和体重、生产量和销售量。同时它还包括非直接的因果关系，如哥哥高妹妹也高，这产生于同一原因，父母的身材比较高。所以相关关系比因果关系的概念要广泛。

相关关系是变量之间关系值不确定的相互依存关系，但在一定条件下，变量之间又可能存在着某种确定的函数关系。找出这种关系，要应用统计中的相关分析与回归分析方法。

相关分析与回归分析的作用主要在于：

（1）确定特定变量之间是否存在相关关系，并根据观察资料建立比较合适的回归方程，从而分析变量之间相互关系的密切程度。

（2）根据一个或几个变量的数值，预测或控制另一个变量的数值，并且了解这种预测或控制的精确度。

（3）在共同影响一个变量的许多变量之间，找出哪些是重要因素，哪些是次要因素。

二、相关关系的类型

现象之间的相关关系是多种多样的。根据相关关系涉及变量的多少、变化的方向、相关的程度及表现形式，相关关系有如下几种分类：

（一）单相关和复相关

相关关系按其所涉及变量的多少，可分为单相关和复相关。两个变量之间的相关关系称作单相关，它是最简单、最基本的相关关系。三个或三个以上变量之间的相关关系称作复相关，它是研究一个变量与两个或两个以上变量之间的相关关系。例如，只研究储蓄存款与居民货币收入之间的关系，这是一种单相关；如果同时研究储蓄存款与居民货币收入及储蓄利率之间的关系，就是一种复相关。

（二）线性相关和非线性相关

相关关系按其表现形式不同，可分为线性相关和非线性相关。虽然相关关系是一种数量关系上不严格的相互依存关系，但是在直角坐标系中，如果这种关系近似地表现为一条直线，则称为线性相关，亦称直线相关。例如，人均消费水平与人均收入水平通常呈线性相关；如果这种关系近似地表现为一条曲线，则称为非线性相关（即曲线相关）。例如，施肥量和亩产量之间的关系，在一定数量界限内，施肥量增加，亩产量相应增加，这是一种线性相关；但施肥量超过一定量，亩产量不仅不增加反而会出现下降的情况，这就是一种非线性相关。

（三）正相关和负相关

相关关系按其变化的方向，可分为正相关和负相关。

两个相关变量之间，当一个变量的数值增大（或减小）时，另一个变量的数值也增大（或减小）的趋势，简言之，相关变量呈同向变化，这种相关关系称为正相关。例如，在一般条件下，身高增加，体重也增加；在正常情况下，居民货币收入增多，商品零售额也增加，这些都是正相关。

当一个变量的数值增大（或减小）时，另一个变量的数值却出现减小（或增大）的趋势，简言之，相关变量呈反向变化，这种相关关系称为负相关。例如，一般情况下，商品价格降低，商品的销售量增多；商品的流通费用增多，销售利润额减少，这些都是负相关。

（四）完全相关、不完全相关和不相关

相关关系按其相关的程度，可分为完全相关、不完全相关和不相关。

两个变量之间，当一个变量的数值完全由另一个变量的数值变化所确定时，两者之间即为完全相关。例如，在价格不变的条件下，销售额与销售量之间的正比例关系为完全相关，此时的相关关系为函数关系。因此，函数关系是一种特殊的相关关系。

当变量之间彼此互不影响，其数值变化各自独立时，则变量之间为不相关。例如，股票价格的高低与气温的高低通常情况下是不相关的。

如果两个变量的关系介于完全相关和不相关之间，则称为不完全相关。

三、相关分析的内容

对现象之间变量关系的研究，统计是从两方面进行的：一方面是研究变量之间关系的紧密程度，并用相关系数来表示，这种研究称为相关分析；另一方面是研究自变量和因变量之间的数量变动关系，并用数学模型表达，这种研究称为回归分析。相关分析与回归分析就是对相关的密切程度和数量变化规律在数值上加以分析，达到推算和预测未来的目的。

相关分析与回归分析的主要内容如下：

（1）确定变量之间有无关系及相关关系的表现形式。

①根据对客观现象的定性认识。

②用相关图表或数学解释进行判断。

（2）确定相关关系的密切程度。

（3）对有比较密切相关的变量进行回归分析，以测定变量之间数量变化的一般关系。

（4）确定因变量估计值的误差程度，计算估计标准差。

任务二　相关分析

相关分析是定性和定量分析相结合。首先，确定现象之间有无关系，存在依存关系，才有必要采用相关分析进行研究。其次，确定相关关系的表现形式，只有明确相关关系的具体表现形式才能运用相应的相关分析方法进一步研究相关密切程度。最后，判定相关关系的密切程度和方向。现象之间的相关关系是一种不确定的数量关系，相关分析就是要从这种模糊的数量关系中，判定其相关关系的密切程度和方向。

进行相关分析的主要方法是编制相关表、绘制相关图和计算相关系数。

一、相关表

进行相关分析，首先要判断变量之间是否存在相关关系。通过制作相关表和相关图，可以初步直观地判断变量之间有无相关关系及相关关系的类型。

相关表是一种反映变量之间相关关系的统计表。将某一变量按其数值的大小排列，然后再将与其相关的另一变量的对应值平行排列，便可得到简单的相关表。通过相关表可以粗略地判断相关关系的类型和相关的密切程度。

假定位于大学城各大校园附近的6家棒约翰比萨店组成一个样本，并为这个样本搜集相关数据。对于样本中的第 i 组观测值或第 i 家店，x_i 表示学生数（千人），y_i 表示季度销售收入（万元）。样本中6家棒约翰比萨店具体的 x_i 和 y_i 如下表。我们注意到，对于第1家比萨店，$x_1 = 2$，$y_1 = 50$，表示这家比萨店位于一个拥有2 000名学生的大学校园附近，它的季度销售收入为500 000元。

6家棒约翰比萨店季度销售收入与附近学生数的相关表

餐厅	学生数 x_i（千人）	季度销售收入 y_i（万元）
1	2	50
2	4	75
3	3	72
4	5	100
5	7	120
6	6	10

二、相关图

相关图又称散点图，它是将相关表中的观测值在平面直角坐标系中用坐标点描绘出来，以表明相关点的分布状况的图形。通常坐标上的横轴（x）代表自变量；纵轴（y）代表因变量。通过相关图，可以大致判断两个变量之间有无相关关系，以及相关方向和密切程度。一般来说，相关图上所有相关点愈聚集在某一直线附近，两个变量之间的相关关系愈密切。

根据上表数据所绘制的相关图如下：

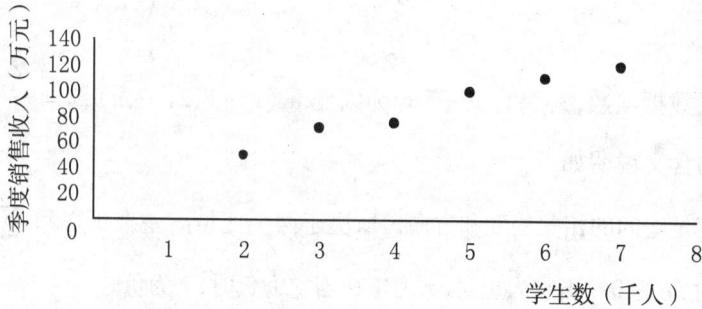

6 家棒约翰比萨店季度销售收入与附近学生数之间的散点图

上图中，横轴表示学生数，纵轴表示季度销售收入。散点图使我们能直观地观察数据，并且能对变量之间可能存在的关系做出初步的判断。从上图我们能得出什么结论呢？学生数比较多的校园附近的比萨店，季度销售收入似乎也比较高。另外，从这些数据中可以发现，学生数和季度销售收入之间的关系似乎能用一条直线近似描述。

三、相关系数

（一）相关系数的概念

编制相关表、绘制相关图只能初步判断变量之间有无相关关系、相关关系的形式及密切程度。为了准确测定两个变量之间相关关系的密切程度和方向，需要计算相关系数 r。相关系数是用来说明变量之间在线性相关条件下相关关系的密切程度和方向的统计分析指标。其主要作用为：
（1）表明变量之间是否存在线性相关关系；
（2）表明变量之间线性相关关系的密切程度；
（3）表明变量之间线性相关关系的方向。

（二）相关系数的计算

相关系数有多种计算方法，这里介绍用积差法计算线性相关系数。在线性相关的条件下，线性相关系数的定义公式是在自变量 x 和因变量 y 的各自离差及两个离差乘积的基础上确定的。因此，计算线性相关系数的方法称作积差法。其定义公式为：

$$r = \frac{\sum\limits_{i=1}^{n} (x_i - \bar{x})(y_i - \bar{y})}{n} \Bigg/ \sqrt{\frac{\sum\limits_{i=1}^{n}(x_i - \bar{x})^2}{n}} \sqrt{\frac{\sum\limits_{i=1}^{n}(y_i - \bar{y})^2}{n}}$$

式中 n 表示数据项数，x_i 为自变量，y_i 为因变量 $(i = 1, 2, \cdots, n)$，$\bar{x} = \dfrac{\sum\limits_{i=1}^{n} x_i}{n}$，$\bar{y} = \dfrac{\sum\limits_{i=1}^{n} y_i}{n}$。

相关系数公式的含义说明如下：

（1）两个变量之间的相关程度和方向，取决于两个变量离差乘积之和 $\sum\limits_{i=1}^{n}(x_i - \bar{x})(y_i - \bar{y})$。当它为 0 时，$r$ 为 0；当它为正时，r 为正；当它为负时，r 为负。

（2）相关程度的大小与计量单位无关。为了消除积差中两个变量原有计量单位的影响，将各变量的离差除以该变量数列的标准差，使之成为相对积差，即

$$\frac{x_i - \bar{x}}{\sigma_x} \text{ 和 } \frac{y_i - \bar{y}}{\sigma_y}$$

所以相关系数是无量纲的数量。

（3）根据相关系数定义的公式推导得简化公式：

$$r = \frac{n \sum\limits_{i=1}^{n} x_i y_i - \sum\limits_{i=1}^{n} x_i \cdot \sum\limits_{i=1}^{n} y_i}{\sqrt{n \sum\limits_{i=1}^{n} x_i^2 - \left(\sum\limits_{i=1}^{n} x_i\right)^2} \cdot \sqrt{n \sum\limits_{i=1}^{n} y_i^2 - \left(\sum\limits_{i=1}^{n} y_i\right)^2}}$$

【例 1】以 6 家棒约翰比萨店季度销售收入与附近学生数的数据为例，用 Excel 计算相关系数见下表。

6 家棒约翰比萨店季度销售收入与附近学生数相关系数计算表

餐厅	学生数 x_i（千人）	季度销售收入 y_i（万元）	x_i^2	y_i^2	$x_i y_i$
1	2	50	4	2 500	100
2	4	75	16	5 625	300
3	3	72	9	5 184	216
4	5	100	25	10 000	500
5	7	120	49	14 400	840

餐厅	学生数 x_i（千人）	季度销售收入 y_i（万元）	x_i^2	y_i^2	x_iy_i
6	6	110	36	12 100	660
合计	27	527	139	49 809	2 616

于是：$r = \dfrac{6 \times 2\,616 - 27 \times 527}{\sqrt{6 \times 139 - 27^2} \cdot \sqrt{6 \times 49\,809 - 527^2}} = 0.985$。

相关系数计算结果说明棒约翰比萨店季度销售收入与附近学生数之间存在一个高度线性相关关系。

（三）相关系数的意义

相关系数一般可以从正负符号和绝对数值的大小两个层面理解。正负符号说明变量之间是正相关还是负相关；绝对数值的大小说明两变量之间线性相关的密切程度。r 的取值有以下特点：

（1）r 的取值在 -1 到 $+1$ 之间。

（2）$r = +1$，为完全正相关；$r = -1$ 为完全负相关。这两个取值表明变量之间为完全线性相关。

（3）$r = 0$，表明两变量无线性相关关系。

（4）$r > 0$，表明变量之间为正相关；$r < 0$，表明变量之间为负相关。

（5）r 的绝对值越接近于 1，表明线性相关关系越强；r 越接近于 0，表明线性相关关系越弱。根据经验可将相关程度分为以下几种情况：

① $|r| < 0.3$，为无线性相关；

② $0.3 \leqslant |r| < 0.5$，为低度线性相关；

③ $0.5 \leqslant |r| < 0.8$，为显著线性相关；

④ $|r| \geqslant 0.8$，一般称为高度线性相关。

以上说明必须建立在相关系数通过显著性检验的基础之上。

（四）相关系数的显著性检验

根据样本数据计算的相关系数具有一定随机性，能否真实地表现变量总体的相关情况受到随机因素和样本容量大小的影响。故需要对其进行检验。

样本相关系数的检验包括两类检验：

（1）对总体相关系数是否等于 0 进行检验；

（2）对总体相关系数是否等于某一给定的不为 0 的数值进行检验。

下面仅介绍对总体相关系数是否等于 0 进行的检验。总体相关系数的检验统计上用 t 检验。其步骤如下：

第一步，提出原假设和备择假设。假设样本相关系数 r 是抽自具有零相关的总体，即

$$H_0 : \rho = 0, \, H_1 : \rho \neq 0$$

第二步，规定显著性水平，并依据自由度 $(n-2)$ 确定临界值。

第三步，计算检验 H_0 的统计量：$T = \dfrac{r\sqrt{n-2}}{\sqrt{1-r^2}}$。

第四步，做出判断。将计算的统计量与临界值对比，若统计量大于或等于临界值，表明变量间线性相关在统计上是显著的；若统计量小于临界值，表明变量间线性相关在统计上并不显著。

【例2】棒约翰比萨店季度销售收入与附近学生数之间的相关系数检验。
① 提出原假设和备择假设。

$$H_0 : \rho = 0, \, H_1 : \rho \neq 0$$

② 取显著性水平 $\alpha = 0.05$，根据自由度 $n - 2 = 4$ 查 t 分布表得 $t_{\alpha/2} = t_{0.025} = 2.776$。

③ 计算检验的统计量：$T = \dfrac{r\sqrt{n-2}}{\sqrt{1-r^2}} = \dfrac{0.985\sqrt{6-2}}{\sqrt{1-0.985^2}} = 11.4137$

④ 由于 $T > t_{\alpha/2}$，则拒绝 H_0，表明变量间线性相关在统计上是显著的。

因而，"相关系数计算结果说明棒约翰比萨店季度销售收入与附近学生数之间存在一个高度线性相关关系"这个结论是成立的，接下来我们可以用一元线性回归方程来描述季度销售收入与学生数之间的关系。

任务三　回归分析

一、回归分析的含义

相关系数用来具体说明在线性相关条件下两个变量之间相关关系的方向和密切程度，但它不能反映两个变量之间的数量变动关系。例如，生产性固定资产每增加百万元，工业总产值一般会增加多少；工资性现金支出每增加百万元，储蓄存款收入一般会增加多少。

回归分析是对相关密切程度达到显著线性相关的两个变量之间数量变化关系的测定，进而确立数字表达式，用于估计或预测变量值的统计分析方法。

由回归分析得出的两个变量之间的线性回归方程称为一元线性回归方程。

二、一元线性回归方程的建立

一元线性回归分析的前提条件是，两个变量之间确实存在相关关系，而且其相关的密

切程度必须是显著的。如果变量之间不存在相关关系，回归分析就毫无意义。相关程度越高，回归分析预测的准确性越高。

进行回归分析通常要建立数学模型。在回归分析中，最简单的模型是只有一个自变量和一个因变量的线性回归模型。该模型假定自变量 x 与因变量 y 之间存在着近似的线性函数关系，即 $y_c = a + bx$，其中 y_c 表示因变量的估计值，a、b 是待定参数。

（1）a 是回归直线的初始值（也称为截距），在经济意义上，它表示在没有自变量 x 的影响时，其他各种因素对因变量 y 的平均影响。

（2）b 是回归系数（也称为斜率），在经济意义上，它表示自变量 x 每变动一个单位时，因变量 y 平均变动 b 个单位。同时，它还表明 x 与 y 的变动方向，即 b 为正值时，表明 x 与 y 是正相关；b 为负值时，表明 x 与 y 是负相关。

一元线性回归方程中的待定参数是根据最小平方法原理，在给定自变量和因变量的原始数据资料的基础上求出的。其计算公式为：

$$b = \frac{n\sum_{i=1}^{n} x_i y_i - \sum_{i=1}^{n} x_i \sum_{i=1}^{n} y_i}{n\sum_{i=1}^{n} x_i - (\sum_{i=1}^{n} x_i)^2}$$

$$a = \bar{y} - b\bar{x}$$

当 a、b 求出后，一元线性回归方程 $y_c = a + bx$ 便可确定了。

【例1】根据任务二例1的资料，建立一元线性回归方程。

将表中的计算数据代入参数 a、b 的最小二乘估计方程，则

$$b = \frac{6 \times 2\,616 - 27 \times 527}{6 \times 139 - 27^2} = 13.971\,4$$

$$a = \frac{527}{6} - 13.971\,4 \times \frac{27}{6} = 24.962$$

一元线性回归方程为：$y_c = 24.962 + 13.971\,4x$，以上方程表明：大学校园附近学生数每增加 1 千人，棒约翰比萨店季度销售收入平均增加 13.971 4 万元。

三、相关分析与回归分析的区别

相关分析是回归分析的基础，回归分析是相关分析的深入和继续。只有当两个变量间存在高度相关时，进行回归分析才有意义。如果在没有对变量之间是否相关及相关形式和程度做出正确判断之前，就进行回归分析，很容易造成"虚假回归"。与此同时，相关分析只研究变量之间相关的方向和程度，不能推断变量之间相互关系的具体形式，也无法从一个变量的变化来推测另一个变量的变化情况。因此，在具体应用过程中，只有把相关分

析和回归分析结合起来，才能达到研究和分析的目的。

两者的区别主要体现在以下三个方面。

（1）在相关分析中涉及的变量不存在自变量和因变量的划分问题，变量之间的关系是对等的；而在回归分析中，则必须根据研究对象的性质和分析研究的目的，对变量进行自变量和因变量的划分。因此，在回归分析中，变量之间的关系是不对等的。

（2）在相关分析中所有的变量都是随机变量；而在回归分析中，自变量是给定的，因变量才是随机的，即将自变量的给定值代入回归方程后，所得到的因变量的估计值不是唯一确定的，而会表现出一定的随机波动性。

（3）相关分析主要是通过一个指标即相关系数来反映变量之间相关程度的大小，由于变量之间是对等的，因此相关系数只有一个数值。而在回归分析中，对于互为因果的两个变量（如人的身高与体重，商品的价格与需求量），则可存在两个回归方程。

需要指出的是，变量之间是否存在"真实相关"，是由变量之间的内在联系所决定的。相关分析和回归分析只是定量分析的手段，通过相关分析和回归分析，虽然可以从数量上反映变量之间的密切程度及其联系的数量形式，但是无法准确判断变量之间是否存在内在的联系，也无法判断变量之间的因果关系。因此，在具体应用过程中，一定要始终注意把定性分析和定量分析结合起来，在准确的定性分析的基础上展开定量分析。

四、回归估计标准误差

回归方程的一个重要作用在于根据自变量的已知值估计因变量的理论值（估计值），而理论值 y_c 与实际值 y 一定存在着差距，这就产生了推算结果的准确性问题。如果差距小，说明推算结果的准确性高；反之，则低。为此，分析理论值与实际值的差距很有意义。为了度量实际值和理论值离差的一般水平，可计算回归估计标准误差。回归估计标准误差是实际值 y 与理论值 y_c 的标准差，它是衡量回归直线代表性大小的统计分析指标，说明观察值围绕着回归直线的变化程度或分散程度。

1. 回归估计标准误差的计算

通常用 S_y 代表回归估计标准误差，其计算公式为：

$$S_y = \sqrt{\frac{\sum_{i=1}^{n}(y_i - y_c)^2}{n}}$$

上面的计算公式为回归估计标准误差的概念性计算公式，利用这个公式计算回归估计标准误差需计算所有实际值 y 的理论值 y_c，计算工作量非常大。因此，统计实践中，在已知回归直线方程的情况下，通常采用下列的简便公式计算回归估计标准误差。

$$S_y = \sqrt{\frac{\sum_{i=1}^{n}(y_i - y_c)^2}{n}} = \sqrt{\frac{\sum_{i=1}^{n}y_i^2 - a\sum_{i=1}^{n}y_i - b\sum_{i=1}^{n}x_i y_i}{n}}$$

【例2】以任务二例1的资料计算学生数与季度销售收入的回归估计标准误差如下：

$$S_y = \sqrt{\frac{49\,809 - 24.962 \times 527 - 13.971\,4 \times 2\,616}{6}} = 4.180\,2$$

计算结果表明，一定学生数下的季度销售收入的理论值与其实际值平均相差 4.180 2 万元。

2. 回归估计标准误差与一般标准差的异同

回归估计标准误差与一般标准差的计算原理是一致的，两者都是反映平均差异程度和表明代表性的指标。一般标准差反映的是各变量值与其平均数的平均差异程度，表明其平均数对各变量值的代表性高低；回归估计标准误差反映的是因变量各变量值的精确度。

项目总结

本项目主要讲述了相关关系、相关分析和回归分析三个问题。

相关关系是指现象之间客观存在的、关系数值不确定的相互依存关系。相关关系按其所涉及变量的多少可分为单相关和复相关；按其表现形式可分为线性相关和非线性相关；按其变化的方向可分为正相关和负相关；按其相关程度可分为完全相关、不完全相关和不相关。

相关分析是确定变量间有无相关关系，相关关系的表现形式、密切程度和方向的相关关系分析方法。进行相关分析的主要方法是编制相关表、绘制相关图和计算相关系数。

相关系数是用以反映变量之间在线性相关条件下相关关系密切程度和方向的统计指标。它既可表明变量之间线性相关的密切程度，又可表明变量之间线性相关的变动方向。

相关系数的应用性计算公式为：$r = \dfrac{n\sum\limits_{i=1}^{n} x_i y_i - \sum\limits_{i=1}^{n} x_i \cdot \sum\limits_{i=1}^{n} y_i}{\sqrt{n\sum\limits_{i=1}^{n} x_i^2 - (\sum\limits_{i=1}^{n} x_i)^2} \cdot \sqrt{n\sum\limits_{i=1}^{n} y_i^2 - (\sum\limits_{i=1}^{n} y_i)^2}}$。

回归分析就是对具有相关关系的变量之间数量变化关系的测定，并建立数学表达式，用于估计或预测变量值的统计分析方法。

一元线性回归方程为：$y_c = a + bx$。

一元线性回归方程中 a、b 两个待定参数的计算公式为：$b = \dfrac{n\sum\limits_{i=1}^{n} x_i y_i - \sum\limits_{i=1}^{n} x_i \sum\limits_{i=1}^{n} y_i}{n\sum\limits_{i=1}^{n} x_i^2 - (\sum\limits_{i=1}^{n} x_i)^2}$；

$a = \bar{y} - b\bar{x}$。

回归系数 b，既表明自变量 x 和因变量 y 的数量关系，又表明 x 与 y 的变动方向。

回归估计标准误差是实际值 y 与理论值 y_c 的标准差，它是衡量回归直线代表性大小的统计分析指标，说明观察值围绕着回归直线变化的程度或分散程度。其应用性计算公式为：$S_y = \sqrt{\dfrac{\sum\limits_{i=1}^{n} y_i^2 - a\sum\limits_{i=1}^{n} y_i - b\sum\limits_{i=1}^{n} x_i y_i}{n}}$。

技能训练

一、单选题

1. 产品产量与单位成本的相关系数是 -0.95，单位成本与利润的相关系数是 0.9，产品产量与利润的相关系数是 0.8，因此（　　）。

  A. 产品产量与利润的相关程度最高　　B. 单位成本与利润的相关程度最高

  C. 产品产量与单位成本的相关程度最高　D. 无法判断哪对变量的相关程度最高

2. 如果两个变量 x 和 y 的相关系数 r 为负，说明（　　）。

  A. y 一般小于 x

  B. x 一般小于 y

  C. 随着一个变量增加，另一个变量减少

  D. 随着一个变量减少，另一个变量也减少

3. 现象之间线性依存关系的程度越低，则相关系数（　　）。

  A. 越接近于 -1　　　　　　　　　　B. 越接近于 1

  C. 越接近于 0　　　　　　　　　　　D. 在 0.5 与 0.8 之间

4. 当 $r = 0.8$ 时，下列说法正确的是（　　）。

  A. 80% 的点都密集分布在一条直线的周围

  B. 80% 的点高度相关

  C. 其线性相关程度是 $r = 0.4$ 时的两倍

  D. 两变量高度线性相关

5. 两个变量的相关系数为 0 时，正确的结论是（　　）。

  A. 两个变量没有相关关系只有函数关系

  B. 两个变量可能有线性关系

  C. 两个变量可能有非线性关系

  D. 两个变量没有任何关系

6. 下列回归方程与相关系数的对应式中，错误的是（　　）。

  A. $y = 170 - 2.5x, r = -0.89$　　　　B. $y = -5 - 3.8x, r = -0.94$

  C. $y = 36 + 0.5x, r = -0.78$　　　　D. $y = -5 + 2.9x, r = 0.98$

7. 居民收入与储蓄额之间的相关系数可能是（　　）。

  A. -0.9247　　　　B. 0.9247　　　　C. -1.5362　　　　D. 1.5362

8. 某研究人员发现，举重运动员的体重与他能举起的重量之间的相关系数为 0.6，则（　　）。

  A. 体重越重，举重运动员平均举起的重量越重

  B. 平均来说，举重运动员能举起其体重 60% 的重量

C. 如果举重运动员体重增加 10 千克，则可多举 6 千克的重量

D. 举重能力的 60% 归因于其体重

9. 在线性回归方程 $y = 18.53 + 2.87x$ 中，2.87 说明（　　）。

　　A. x 每增加一个单位，y 肯定会增加 2.87 个单位

　　B. x 每增加一个单位，y 平均会增加 2.87 个单位

　　C. x 平均增加一个单位，y 会增加 2.87 个单位

　　D. x 平均增加一个单位，y 肯定会增加 2.87 个单位

10. 已知某企业棉大衣产量和生产成本有直接关系，具体为，当产量为 1 000 件时，其生产成本为 30 000 元，其中不变成本为 6 000 元，该企业生产成本与产量的回归方程是（　　）。

　　A. $y = 6\,000 + 24x$　　　　　　　　　B. $y(千元) = 6 + 24x(千元)$.

　　C. $y = 24\,000 + 6x$　　　　　　　　　D. $y = 24 + 6\,000x$

二、多选题

1. 相关系数表明两变量之间的（　　）。

　　A. 线性关系　　　　B. 因果关系　　　　C. 变异关系

　　D. 相关方向　　　　E. 相关的密切程度

2. 如果相关系数为 0，则两变量（　　）。

　　A. 无直线相关　　　　　　　　　　　B. 呈负线性相关

　　C. 呈正线性相关　　　　　　　　　　D. 可能存在非线性相关

　　E. 无线性相关，也无非线性相关

3. 回归系数和相关系数（　　）。

　　A. 一个为正值，另一个肯定也为正值

　　B. 一个为正值，另一个肯定为负值

　　C. 前者的取值范围为 $(-\infty, +\infty)$，后者的取值范围为 $(-1, 1)$

　　D. 前者的取值范围为 $(-1, 1)$，后者的取值范围为 $(-\infty, +\infty)$

　　E. 两者没有关系

4. 若所有观测点都落在回归直线上，则（　　）。

　　A. 相关系数可能为 $+1$　　　　　　　B. 相关系数可能为 -1

　　C. 相关系数可能为 0.85　　　　　　　D. 两变量之间呈完全相关关系

　　E. 两变量之间呈线性函数关系

5. 回归分析的特点有（　　）。

　　A. 两个变量是不对等的　　　　　　　B. 必须区分自变量和因变量

　　C. 两个变量都是随机的　　　　　　　D. 回归系数只有一个

　　E. 因变量是随机的，自变量是可以控制的变量

三、判断题

1. 只有当相关系数接近 $+1$ 时，才能说明两变量之间存在高度相关关系。（　　）

2. 若变量 x 的值减少时变量 y 值也减少，说明变量 x 与 y 之间存在正相关关系。（　　）

3. 当线性相关系数为 0 时，表明两变量之间不存在任何关系。（　　）

4. 若回归方程为 $y = 27 + 2.503x$，则变量 x 与 y 之间存在正相关关系。（　　）

5. 回归估计标准误差的值越大，表明回归方程的代表性越大。（　　）

四、思考题

1. 相关关系和函数关系有何区别与联系？

2. 相关分析和回归分析有何区别与联系？

3. 什么是回归估计标准误差？它有什么作用？

4. 应用相关分析和回归分析应注意哪些问题？

五、能力拓展题

【实训 1】在证券投资领域，投资预期收益率的变化通常用该项投资的风险来衡量。预期收益率的变化越小，投资风险越低；预期收益率的变化越大，投资风险就越高。现有一资料如下：

项目	国库券			股票		
	行情一	行情二	行情三	行情一	行情二	行情三
收益率（%）	8	4	12	5	13	6
概率	1/3	1/3	1/3	1/3	1/3	1/3

（1）你认为该用什么统计指标来反映投资风险？

（2）如果你是风险厌恶者，是选择国库券，还是股票？结合所学统计知识加以说明。

（3）国库券与股票收益率之间存在着何种相关关系？解释其经济含义。

【实训 2】四季酒店的广告费支出与收入的数据如下：

（单位：万元）

广告费支出	收入
1	19
2	32
4	42
6	40
10	50
14	54
20	56

请思考：

（1）以 x 表示广告费支出，y 表示收入，利用最小二乘法，求出近似描述这两个变量间关系的一条直线。

（2）在 0.05 的显著性水平下，检验收入与广告费支出之间是否存在着显著的线性关系。

（3）四季酒店的收入对广告费支出的回归估计标准误差，并解释其意义。

达尔文的表弟与优生学

达尔文的表弟弗朗西斯·高尔顿，创造了专门用来进行生物分析的统计学。他在1883年发表的《人类的才能及其发展研究》一书中，提出了"应该对更适应环境的人种和血统优先给予更多的机会"这一优生学的观点。优生学认为，人类的才能是由遗传因素决定的，所以主动淘汰没有才能的人，让有才能的人尽可能多地繁衍后代，就能够不断地提高人类的才能，这才是人类所应该坚持的正道。高尔顿的这一观点在之后的一段时间曾经在欧美国家非常流行。究其原因，大概是因为19世纪的欧洲依然存在着贵族和劳动阶级之间巨大的阶级差距。对于那些渴望守护自己既得利益的贵族们来说，高尔顿的优生学是再合适不过的论据。根据优生学的观点，贵族拥有"更适应环境的、有才能的血统"，所以让他们和他们的子子孙孙都享受这样的生活对人类的整体发展十分有利。更进一步地说，按照高尔顿的观点来看，富裕阶级缴纳高额税金救济贫困阶级的行为反倒是阻碍人类进步的万恶之源，这也成了贵族抨击政府税收制度和社会保障政策的理论依据。

不过，抛开伦理上的因素不谈，高尔顿和他的学生们通过自己的研究证实了，优生学的理论实际上并不是那么可靠的。虽然高尔顿希望找到人类才能与遗传之间的关系，但当时距离法国心理学家比奈发明智商（IQ）检测还有好几年的时间，对"才能"这个看不见摸不着的抽象概念进行检测，是近代心理学和统计学发展进步之后才得以实现的，也就是说，即便高尔顿想要对才能进行统计分析，也无法得到与之相关的任何数据。所以，高尔顿退而求其次，对大约1 000组家庭的身高进行了检测，试图用实际情况证明"优秀的父母能够生出优秀的孩子"这一理论。像这样对父母的平均身高和孩子的身高两组数据间的关系进行记录，或者根据一方数据推测另一方数据的方法就是回归分析的思考方法。最终，高尔顿通过回归分析做出的结果却与经验不符。

这究竟是为什么呢？自古以来大家都认为孩子的身高会和父母双亲的身高基本相同，可是高尔顿的数据分析却显示身材高大的双亲，其子女不一定高；身材矮小的双亲，其子女也不一定矮。这一结果就连高尔顿都始料不及。高尔顿将这一现象称为"回归平凡"，后来他的学生和受他影响的统计学家们将其称为"均值回归"。意思就是说，实际的数据比理论上的推测更加接近平均值，也就是"身材矮小的甲的儿子可能比甲更高"，而"身材高挑的乙的女儿则可能比乙更矮"。

像身高这种测量误差极小，遗传因素很强的条件都尚且如此，才能就更是这样了吧。有才能的双亲生出来的孩子或许会拥有比平均值更高的才能，但不能对此作出万无一失的保证。所以，人类不可能出现优劣两极分化的进化过程，也无法按照遗传和人种来使人类区别开来。

第四部分　综合技能

统计分析报告是对整个调查研究过程的全面总结，是调查研究成果的集中体现。它直接关系到调查研究成果的质量及其可信度。撰写统计分析报告是调查研究总结阶段的一项重要工作，它能把单纯的数据变成具体情况，透过现象看本质，从而指导统计实践活动。

全方位地获得原始数据，并借助统计方法对调查所得结果深入分析研究之后，接下来详细介绍如何系统组织材料撰写统计分析报告，更有针对性为社会发展提出建议、指明方向。

项目九　统计分析报告

知识结构图

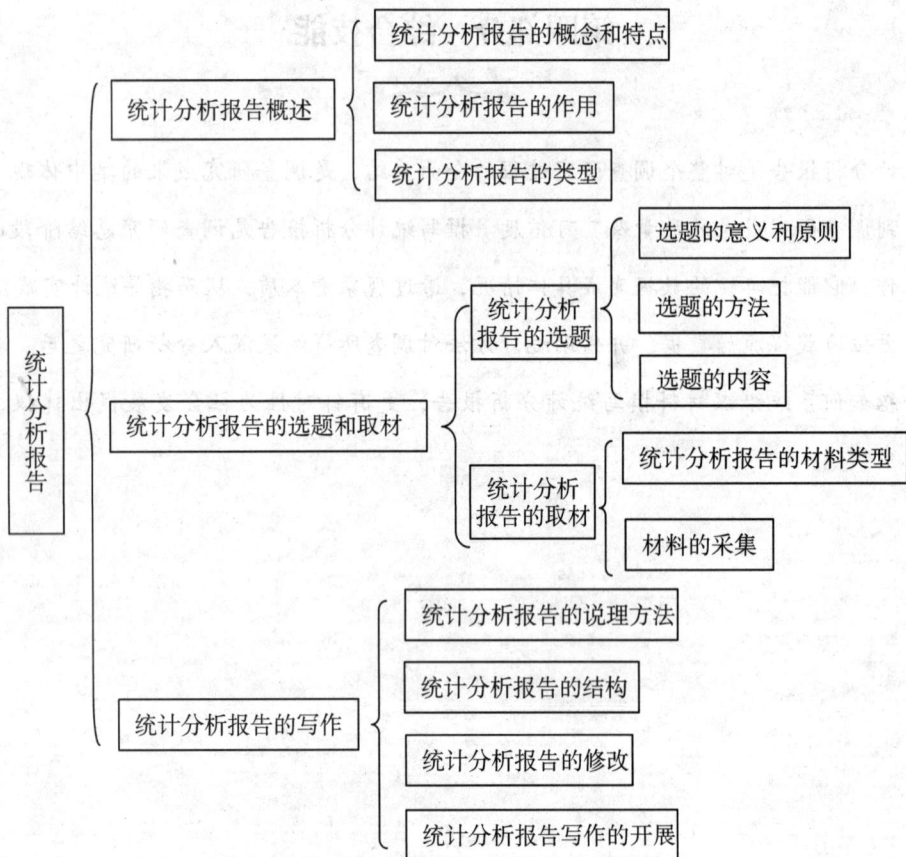

学习目标

【知识目标】

1. 统计分析报告的种类；

2. 统计分析报告的一般程序；

3. 编写统计分析报告的技巧；

4. 统计分析报告的基本结构。

【能力目标】

1. 能够根据调查目的确定统计分析报告的主题及拟定提纲；

2. 能够根据调查结果设计统计分析报告的基本框架；

3. 综合掌握依据调查数据分析具体问题并提出建议的能力。

项目导入

海归就业调查

教育趋势看留学，留学成效看海归。翻看近十年的教育大数据，留学当属变化最快的领域之一。教育部数据统计，2015 年，我国出国留学人数为 52.37 万，较上年增长 13.9%；而留学归国人数达 40.91 万，比上年增长 12.1%。有专家预言，三年之内，留学归国人数会基本与出国留学人数持平，甚至反超。原因在于，一方面是留学归国人员的主动性，这源于对国内的情感归属与文化认同；另一方面则是国内社会经济发展的强大吸引力。

为了更好地研究我国留学归国人员方面的问题，新东方海威时代联合中国与全球化智库（CCG）开展调研，发布了《2016 年中国海归就业调查报告》。调研主要面向已完成海外学习回国发展的人员，问卷涉及的问题主要包括从事行业分布、薪酬情况、回国原因以及职业规划等，以求全方位地获得原始数据，从而能更有针对性地、更好地为他们在国内的职业发展提出建议、指明方向。

本次调研从 2016 年 4 月开始，历时一个月，共收到 1 020 份问卷，受访者男女比例约 3∶7。其中，超过九成是年龄在 35 周岁以下，且取得的最高学历为海外硕士研究生。

报告显示，留学归国人员超九成为硕士，专业方面，商科仍是受访者在国外学习的主流选择，占 46.9%，而学习自然科学人数最少，只有 8.8%。留学地域分布则集中在北美、西欧和澳洲，其中美国、英国和澳大利亚人数总计超过七成。新生代留学归国人员就业呈现多元化态势，情感与文化因素影响是留学归国人员回国的主要因素，民营企业更倾向于为留学归国人员提供更丰富的优惠待遇，留学归国人员就业更看重所选城市的经济发展和公共服务，各地政府通过人才绿卡制度、提供创业资金支持等方式吸引留学归国人才。不熟悉国内就业形势是当前留学归国人员就业群体的主要劣势，相当数量的留学归国人员所学专业与实际工作不匹配，需逐渐调整适应。

社会系统一直处在动态发展当中，原有的知识在不同时间、地点可能就不再适应，而统计分析报告结果关系到众多社会成员的利益。尊重客观事实，靠事实说话，数据即影响力。针对社会生活中的现实问题，如何客观公正地编写一份合理有据的统计分析报告，分析问题的症结所在，提出具体可行的建议和对策呢？

约翰·卡尔·弗里德里希·高斯

约翰·卡尔·弗里德里希·高斯（C. F. Gauss，1777—1855 年），德国著名数学家、物理学家、天文学家、大地测量学家。高斯是近代数学奠基者之一，被认为是历史上最重要的数学家之一，并享有"数学王子"之称。高斯和阿基米德、牛顿并列为世界三大数学家。他一生成就极为丰硕，以他名字"高斯"命名的成果达 110 个，属数学家中之最。高斯的数学研究几乎遍及所有领域，在数论、代数、非欧几何、复变函数和微分几何等方面都做出了开创性的贡献。他还把数学应用于天文学、大地测量学和磁学的研究中，发明了最小二乘法原理。

爱因斯坦曾评论说："高斯对于近代物理学的发展，尤其是对于相对论的数学基础所作的贡献（指曲面论），其重要性是超越一切，无与伦比的。"

任务一　统计分析报告概述

一、统计分析报告的概念和特点

1. 统计分析报告的概念

统计分析报告是根据统计学的原理和方法，运用大量统计数据，以独特的表达方法和结构特点来反映、研究和分析社会经济活动的现状、成因、本质和规律，并做出结论，提出解决问题的办法的一种统计应用文体。统计分析报告是统计分析研究过程中所形成的论点、论据、结论的集中表现；它不同于一般的总结报告、议论文、叙述文和说明文；更不同于小说、诗歌和散文；它是运用统计资料和统计方法，结合数字与文字，对客观事物进行分析研究的表现。

2. 统计分析报告的特点

（1）运用一整套统计特有的科学分析方法（如对比分析法、动态分析法、因素分析法、统计推断等），结合统计指标体系，全面、深刻地研究和分析社会经济现象的发展变化。

（2）运用数字语言（包括运用统计表和统计图）来描述和分析社会经济现象的发展

情况，让统计数字说话，通过确凿、翔实的数字和简练、生动的文字进行说明和分析。

（3）注重定量分析。利用统计部门的优势，从数量方面来表现事物的规模、水平、构成、速度、质量、效益等情况，并把定量分析与定性分析结合起来。

（4）具有很强的针对性。针对各级党政领导和社会各界普遍关心的难点、热点、焦点问题进行分析，只有这样才能有的放矢，针对性强。

（5）注重准确性和时效性。准确性是统计分析报告乃至整个统计工作的生命。统计分析报告的准确性除了数字准确，不能有丝毫差错，情况真实，不能有虚假之处，还要求论述有理，不能违反逻辑；观点正确，不能出现谬误；建议可行，不能脱离实际。

统计分析报告具有很强的时效性。统计分析报告失去了时效性，也就失去了实用性，写得再好，也没有实际价值。要保证统计分析报告的时效性，统计人员要有"一叶知秋""见微知著"的敏感，要有争分夺秒的时间观念，要有连续作战的工作作风，争取"雪中送炭"，避免"雨后送伞"，把统计分析报告提供在领导决策之前和社会各界需要之时。

（6）具有很强的实用性。统计分析报告是统计工作的最终成果，它不但包含了统计数据反映的信息，更为重要的是，它还能进行分析研究，能进行预测，能指出工作中的不足和问题，能提出有益于今后工作的措施和建议，从而直接满足党政领导和社会各界在了解形势、制定政策、编制计划，经营管理、检查监督、总结评比、科研教学等方面的实际需要。

二、统计分析报告的作用

1. 衡量统计工作水平的综合标准

统计分析报告是统计工作的最终成果。在一定意义上，也是统计设计、统计调查、统计整理、统计分析与统计分析写作全部工作水平的综合。一般来说，高质量的统计分析报告来自高质量的统计设计、统计调查、统计整理、统计分析和统计分析写作。但是，如果仅有较好的写作水平，统计设计、统计调查、统计整理和统计分析都是低质量的，也不可能产生高质量的统计分析报告。统计人员要具备方方面面的科学文化知识，需要掌握党和国家的方针政策，还需要具备较强的观察能力、思维能力、创新能力、组织能力等。所以，统计分析报告的质量反映了统计工作水平，这是一个非常重要的综合标准。另外，统计分析的结果虽可以用多种形式表达（如表格式、图形式等），但只有统计分析报告为最好也最为常用。

2. 传播统计信息的有效工具

现代社会是信息的时代，信息已成为重要资源。统计信息是社会信息的主体，而且是最全面、最稳定、较准确的信息。统计信息要通过载体传播，而统计分析报告是主要载体之一，适合在报刊上发表，传播条件比较简便，信息覆盖面比较广，是传播统计信息的有效工具。

3. 党政领导决策的重要依据

现代社会经济管理必须科学决策，而科学决策又必须依据准确、真实的统计数据。统计分析报告把原始资料信息加工成决策信息，比一般的统计资料更能深入地反映客观实际，更便于党政领导和社会各界接受利用。因而，统计分析报告是党政领导决策的重要依据。

4. 统计服务与统计监督的主要手段

统计分析报告把数据、情况、问题、建议等融为一体，既有定量分析，又有定性分析，比一般的统计数据更集中、更系统、更鲜明、更生动地反映了客观实际，又便于人们阅读、理解和利用，是表现统计成果的较好形式与传播统计信息的有效工具，自然也就成了统计服务与统计监督的主要手段。

5. 增进社会了解，提高统计的社会地位

由于历史、体制等的原因，一般人缺乏统计知识，对统计不够了解，对统计工作不够重视，认为"统计是三分统计，七分估计"，把统计置于可有可无的地位。要改变这种状况，一方面，要加强统计宣传工作，扩大统计的影响，提高人们的认识；另一方面，则要提高统计工作水平，写好统计分析报告，作好统计服务和统计监督工作，提高统计工作的社会地位。

6. 有利于促进统计工作自身的发展

统计分析报告的质量，反映了统计工作的水平。在统计分析报告的写作过程中，能有效地检验统计工作各个环节的工作质量，发现问题及时改进，使统计工作得到改善、加强和提高。另外，经常撰写统计分析报告，能提高统计人员的素质，全面增长统计人员的才干。总之，写好统计分析报告十分重要，那种认为"统计报表是硬任务，统计分析是软任务"的说法，是完全错误的，是万万要不得的。

三、统计分析报告的类型

统计分析报告的应用是很广泛的。由于它主要是报告社会经济情况的一种文体，因而属于应用文范畴。统计分析报告可以从不同角度进行划分。

（1）按统计领域分，可分为工业、农业、商业、科技、教育、文化、卫生、体育、人口、财政、金融、政法、人民生活、国民经济综合、核算等统计分析报告。

（2）按写作对象的层次划分，可分为微观、中观和宏观统计分析报告。对于微观、中观、宏观的划分，目前尚无统一标准。一般来讲，基层企事业单位、村、家庭及个人，属于社会经济的"细胞"，可视为微观；乡镇、县一级可视为中观；而地（市）及地（市）以上的地区和部门，由于地域较广，社会经济门类比较复杂，需要较多注意平衡关系，可视为宏观。

（3）按内容范围分，可分为综合与专题统计分析报告。综合统计分析报告，是从客观的角度，利用大量丰富的统计资料，对国民经济和社会发展的规模、水平、结构和比例关系、经济效益以及发展变化状况，进行综合分析研究所形成的一种统计分析报告。专题统计分析报告，是对社会经济现象的某一方面或某一问题进行专门的、深入研究的一种统计分析报告。它的目标集中，内容单一，不像综合统计分析报告那样，要反映事物的全貌。正因为如此，专题统计分析报告更要求突破时间和空间的限制，根据领导和社会公众的需要灵活选题，做到重点突出，认识深刻。

（4）按照时间长度分，可分为定期与不定期统计分析报告。定期统计分析报告，一般是利用当年的定期统计报表制度的统计资料来定期研究和反映社会经济情况。根据期限不同，定期统计分析报告可分为日、周、旬、半月、月度、季度、半年、年度等统计分析报告。不定期统计分析报告，主要是用于研究和反映不需要经常性定期调查的社会经济情况。统计公报，是政府统计机构通过报刊向社会公众公布一个年度国民经济和社会发展情况的统计分析报告。一般是由国家、省一级以及计划单列的省辖市一级的统计局发布的，如《国家统计局关于 2016 年国民经济和社会发展统计公报》。

（5）按写作类型分，可分为说明型、快报型、计划型、总结型、公报型、调查型、分析型、研究型、预测型、资料型、信息型、微型、综合型、文学型、系列型十五种类型的统计分析报告。

任务二　统计分析报告的选题和取材

一、统计分析报告的选题

（一）选题的意义和原则

统计分析报告的写作，首先要解决写什么题目的问题。确定题目对统计分析报告很重要：

（1）关系到统计分析报告是否具有实用性，是否"产品对路"。如果没有实用性，写得再好也不会有人需要。

（2）关系到写作过程是否能顺利进行。如果选的题目难度超过了作者本身的能力和条件，写作也不会成功。不但不能实现写作目的，而且造成人力、物力、财力和时间的浪费。人们常说，"选好了题目就成功了一半"，这句话是有道理的。

选择题目应遵循以下原则：①根据社会经济发展的实际情况来选题；②根据服务对象的需要来选题；③根据本身的工作条件来选题。

一般情况下，最好是结合自己的专业工作，选择自己熟悉的，适合自己业务水平的，各项资料也比较齐全的题目来写。这样，成功的把握较大。切不可好高骛远，选题过大过难，以至力不从心，半途而废。这样，即使勉强把统计分析报告写出来了，也不会有较好的质量。

（二）选题的方法

统计分析报告的写作范围虽广，但不等于随便什么都可以写，而是要抓住党政领导和社会各界的需要，了解他们尚未认识或未充分认识的社会经济情况。这是主观与客观应该结合的点，常常表现为"注意点""矛盾点"和"发生点"。统计分析报告的选题应该抓住这"三点"。

所谓"注意点"，就是党政领导和社会各界比较关注的热点问题。比如大学生就业就是人们比较关注的社会热点问题。

所谓"矛盾点"，就是问题比较集中，影响比较大，争议比较多，但长期得不到很好解决的社会难点问题。比如国有企业改革、下岗职工再就业问题等。

所谓"发生点"，就是我们常说的新情况、新问题、新联系和新趋势。比如经济由卖方市场转入买方市场，居民消费启而不动等。抓住"发生点"来写统计分析报告，意义是很大的。

（三）选题的内容

在实际写作统计分析报告时，可以参考以下内容来选题。

（1）围绕方针政策选题。可以从以下几个方面来选择题目：

①研究社会经济发展中的新苗头、新动向和新情况，为制定新的政策提供依据。

②研究政策贯彻执行情况，反映新成就、新经验。

③研究政策执行中的新问题，分析原因，提出建议，为检验和校正政策提供依据。

（2）围绕中心工作选题。所谓中心工作，就是党政领导在一段时间内集中力量开展的某项工作。应该看到，在不同时期、不同地区、不同部门和单位，其中心工作是不同的，比如一带一路是当前比较重要的中心工作。

（3）围绕重点选题。所谓重点，就是在全局中处于举足轻重地位的某些部位或某项工作。

（4）围绕经济效益选题。提高经济效益是经济发展的重要问题，应当作为统计分析报告的经常课题。

（5）围绕人民生活选题。社会主义生产的目的，是不断满足社会和人民日益增长的美好生活的需要。人民生活状况如何，城乡居民收入与外省的差距有多大等问题可作为统计分析报告的课题。

（6）围绕民意选题。社会主义国家是人民当家做主，对党和政府的方针政策和出台的一些重大问题的看法和意见，是否真实地表达人民群众的意向和要求可进行调查。

（7）围绕横向比较选题。

（8）围绕较大变化选题。

（9）围绕薄弱环节选题。

（10）围绕形势宣传选题。

（11）围绕重要会议选题。

（12）围绕发展战略选题。

（13）围绕理论研究选题。

（14）围绕空白来选题。

选题的常见病包括选题想当然，凭兴趣；选题随大流，赶浪头；选题过大过难；选题过于琐碎；选题一味迎和领导意图。

二、统计分析报告的取材

（一）统计分析报告的材料类型

统计分析报告的材料有多种分类，我们仅对按材料的形式分类做如下说明：

（1）统计资料。这是写作统计分析报告用得最多，也是最主要的材料，可分为以下几种材料：①定期报表资料：主要指当年的定期报表数字资料，也包括定期的原始记录资料；②一次性调查资料：指统计普查、抽样调查、重点调查、典型调查的数字资料；③统计整理资料：主要指历史统计资料和统计台账资料，主要是数字资料；④统计分析资料：指已经印发的各种统计分析素材及统计分析报告；⑤统计图表资料：指各种形式的统计图表；⑥统计书刊：指统计部门编印的有统计资料内容的书刊，如《统计年鉴》《中国统计》《中国国情国力》《统计月报》《中国信息》等。

（2）调查资料。这是在特定的统计调查中所取得的情况或资料。如通过观察法、访谈法、问卷法、座谈法等取得的资料。

（3）业务材料。这是反映社会经济有关业务活动情况的文字材料。这些材料大多来自各业务部门以及有关的业务会议，比如计划会议、财政会议、经济工作会议等。

（4）见闻材料。这是通过非统计调查的日常见闻所取得的活情况。这种活情况，包括两种：一是指有文字记载的，如报刊发表的一些社会现象；二是指没有文字记载的，作者耳闻目睹的某些社会现象（如在街上发生的一些突发事件等）。这些并非特意调查的见闻，有时也能成为统计分析报告的材料。

（5）政策法规。这是党和政府的有关方针、政策、法律、条例、规定、决定、决议等文件材料。

（6）有关言论。这是革命导师、领袖、党政领导、专家、学者的有关言论，也是统计分析报告论事说理的重要材料。

（7）书籍材料。这是有关的教科书、论著、专著、资料书与参考性的工具书等的资料。在书籍材料中，主要以理论材料为主。

（8）报刊材料。这是报纸、期刊发表的各类材料，其中包括内部的、不定期的报刊材料。

（9）横向材料。这是指同类地区以及市际、省际、国际之间的材料。有了这种材料，在写作统计分析报告时就便于进行横向比较了。

此外，还要掌握一些必要的文学材料，如诗歌、成语、典故、谚语等。这些文学材料若在写作中运用得好，必能增加统计分析报告的生动性与可读性。

（二）材料的采集

1. 明确采集方向

材料的积累有广义与狭义之分。我们可以把广义的材料积累称之为常年采集，狭义的材料积累称之为一次性采集。这两种采集，都是有目标的采集。常年采集，是统计人员围绕整个专业工作的需要所进行的长期的采集。一次性采集，是为了保证写作的需要，当常年采集的资料不能满足要求时，还必须进行一次性采集，这样才能将材料收集齐全。

2. 确定采集范围

这里主要讲一次性采集的范围。一次性采集是围绕课题进行的，采集什么地方的材料、什么时间的材料、什么内容的材料，要根据课题的意图来确定。一般情况下，可以从以下几个方面来收集材料：

（1）背景材料是指对事情起重要作用的历史条件或现实政治经济环境；

（2）主题情况的材料是指写作对象的自身情况，也就是主体情况；

（3）相关材料是指与主体情况有各种联系的其他材料；

（4）理论材料是指作为论述依据的政策法规、有关言论等。

3. 采集材料的方法

（1）抄录是对现有统计数字进行采集的方法。可以从统计报表、统计台账、统计年鉴、统计报刊上抄录或复印。

（2）搜集是对现有的业务活动材料进行采集的方法。要同各个有关业务部门建立联系，通过参加有关业务会议取得，也可以通过发电子邮件的方法向对方索取。

（3）调查是对现有统计资料和业务活动材料之外的资料进行采集的方法，其方法前面已讲过。

（4）阅读是对书籍、报刊、文件及已有的统计分析资料进行采集的方法。

任务三　统计分析报告的写作

一、统计分析报告的说理方法

统计分析报告是研究和反映社会经济情况的文章。这种文章的目的在于实用性，也就是让党政领导和社会各界采用你的文章，接受你的观点，采纳你的建议。但是统计分析报告中的情况、观点和建议，都不能强加于人。要让别人接受、采纳，唯一的办法就是说理。要说理，首先必须明确什么是"理"。对我们来说，"理"就是马克思主义认识论所讲的真理，真理则是客观事物及其规律在人们意识中的正确反映。说理，则是通过语言或文字，把正确的主观认识表达出来，用以传播和交流。

统计分析报告的说理方法主要有三大类：一是统计的方法；二是逻辑的方法；三是辩证的方法。

1. 统计的方法

在说理中运用的统计计算及统计分析的方法是很多的，主要有以下几种方法：

（1）总量分析法，指通过计算和分析总量指标（绝对指数）来认识社会经济现象的总规模或总水平的方法；

（2）比较分析法，指通过计算和分析比较指标（相对数指标）来认识社会经济现象的总体结构、比例、强度、速度及计划完成程度的方法；

（3）平均分析法，指通过计算和分析平均指标来认识社会经济现象的平均水平，并以此为依据与同类社会经济现象比较的方法；

（4）动态分析法，指通过计算和分析动态指标与动态相对数（时间数列）来认识社会经济现象的方法；

（5）因素分析法，指通过计算和分析统计指数来认识社会经济现象的总体变动中各因素影响程度和方向的方法；

（6）相关分析法，指通过计算和分析来认识有相关关系的社会经济现象所表现的相关形式、密切程度及数量联系的方法；

（7）平衡分析法，指通过计算和分析来认识有平衡关系的社会经济现象之间的对应关系、数量联系及其综合平衡问题的方法；

（8）预测分析法，指通过数学模型或其他统计方法的计算和分析来认识社会经济发展方向及其数量表现的方法；

（9）抽样分析法，指通过抽样调查资料的计算、分析和推断，来认识社会经济现象总体情况的方法；

（10）重点分析法，指通过重点调查资料的计算和分析来认识重点单位的社会经济情况的方法；

（11）典型分析法，指通过典型调查资料的计算和分析来认识社会经济现象的典型情况，进而加深对总体情况认识的方法；

（12）分组分析法，指通过统计分组的计算和分析来认识社会经济现象的不同类型，并在此基础上认识其不同特征、不同性质及相互关系的方法。

2. 逻辑的方法

统计分析报告的说理，离不开逻辑的方法。现将统计分析报告中常用的推理及论证的方法分述如下：

（1）归纳法。对若干个具体事实做出一般性结论的方法。

（2）演绎法。以一般性道理对具体事实做出结论的方法。

（3）类比法。通过对两个或若干同类的具体事实进行比较而得出结论的方法。

（4）引证法。引用某些伟人、经典作家的言论或科学上的公理、尽人皆知的常理来推论观点的方法。

（5）反证法。借否定对立的观点来证明自己观点正确的方法。

（6）归谬法。顺着错误的观点、错误的现象继续延伸，进而引出荒谬的结论，以间接证明自己观点正确的方法。

3. 辩证的方法

这主要是运用马列主义哲学的唯物辩证法来说理的方法，例如物质与意识、认识与实践、对立统一规律、质量互变规律、否定之否定规律等。

二、统计分析报告的结构

所谓结构，就是文章的内部组织、内部构造，是对文章内容进行安排的形式。统计分析报告的结构，在过去有个俗成约定的格式，就是"一情况、二问题、三建议"，还有一种就是"提出问题—分析问题—解决问题"。这是最常见的也是经常用的两种格式。

1. 结构的形式

归纳起来，结构的形式有以下五类：序时式、序事式、总分式、平列式和简要式等。

2. 标题

标题也称为题目。俗话说："看人先看脸，看脸先看眼。"人们阅读文章，第一眼就是看标题。加之标题常常是文章中心内容、基本思想的集中体现，因而标题也就成了文章的"眼睛"，在文章的结构中占有重要的地位。

在统计分析报告写作中，有相当一部分作者不重视标题，这方面的通病有以下三点：

①标题无变化，格式老一套。例如"关于××××的分析"或"关于××××的调查"，这类标题显得十分呆板。

②题文不一致。往往是题意过宽或题意过窄。

③缺乏吸引力。由于标题无变化、格式陈旧，对读方没有吸引力。

3. 开头与结尾

人们常说写文章是"头难起，尾难收"。统计分析报告的开头，一般都是采取开门见山的写法。具体方法大致有以下几种：

（1）起笔点题。一开始就点出基本事实。

（2）亮出观点。开门见山，提出一个大家关心的问题，引出文章的主要内容和基本观点。

（3）强调意义。通过议论说明事件的重要性，突出该文章的中心内容、作用和意义。

（4）总说全文。这种开头把全文所要阐述的内容作了概括的介绍，使读者在开始即能了解总的情况，也为全文的论述定下基本的格局。

统计分析报告的结尾，大致有以下几种写法：

（1）总结全文，深化主题。

（2）表明态度，提出建议。

（3）展望前景，提出看法。

（4）强调问题，引起重视。

（5）水到渠成，得出结论。

（6）呼应开头，首尾圆合。

（7）总结经验，做出预测。

4. 统计数字的运用

统计数字是统计的语言，也是统计分析报告论事说理的重要依据。因此，用好统计数字，对于统计分析报告的写作极为重要。下面介绍一些常用的方法

（1）密度法是指适当控制统计分析报告的数字密度。如果统计数字用得太多，容易使

读者产生枯燥感和疲劳感，难以再读下去。一般来讲要控制统计数字的总用量，以占全篇文字的 10% ~ 20% 为宜，不能超过 30% 。

（2）概略法是指把复杂的统计数字加以简化，使读者易读易记。

（3）明晰法是指把一些比较抽象、复杂的数字变得更清晰、更明确。

三、统计分析报告的修改

所谓修改，就是文章的初稿（草稿）写成后，对文章的内容和形式再进行多方面的加工，使其不断完善、提高，直至定稿的过程。

为了把统计分析报告修改好，需要注意以下几个问题：

（1）修改需要冷处理。写作统计分析报告时要争取"一气呵成"，以求文意畅通，语气畅达。但在修改的时候，却不能"趁热打铁"，而要冷处理。如果时间允许，可放一段时间，使头脑冷静后再作修改，这样就能发现许多不妥之处。

（2）要正确地听取意见。"当事者迷，旁观者清"，写作的过程中一方面要听取领导的意见，另一方面要听取其他统计人员的意见。

（3）抓住重点修改。修改当然要推敲某些字句，但重点主要是核实数字和情况是否准确，观点是否正确，论据是否充分，说理是否透彻，意义是否深刻。

四、统计分析报告写作的开展

1. 统计分析写作的入门

前面讲述了有关统计分析写作的一些基本知识，然而，学习了这些基本知识不等于会统计分析写作了，正如学习了游泳知识不等于会游泳一样。要学会统计分析写作还要靠不断积累和实践。所以，要搞好统计分析写作，就要从以下五个方面下功夫：第一是思想修养；第二是生活阅历；第三是业务工作；第四是知识积累；第五是写作能力，包括观察能力、思维能力、表达能力。

总而言之，只要平时多写、多练，加之多看、多想、多请教，统计分析写作的水平就一定能逐步提高。

2. 统计分析写作的开展

具体来说，主要抓好以下几项工作：

（1）转变观念，加强领导。统计负责人要转变"统计报表是硬任务、统计分析是软任务，统计分析可有可无"的观念，从单纯抓报表中转变过来，加强统计分析的领导工作。统计负责人应该认识到，如果只抓报表，不抓分析，就不能引起党政领导的重视，就不能提高统计工作者的社会地位。但也不能只搞统计分析，应该是两者结合，互相促进。

（2）选择人员，组织班子。统计分析写作是每个统计人员的责任，但是为了抓好统计分析写作，提高质量，有必要组织骨干班子，形成系统的核心部分。骨干班子有两种形式：一是写作班子，选择一些有事业心，有求实精神，有理论基础，并且思想敏锐，分析能力强，有一定文字功底的人员参加。二是研究班子由各方面的统计业务骨干和写作班子的人员组成，必要时也可吸收其他部门的有关人员或专家学者参加。

（3）勇于进取，确立目标。统计分析的功能就是提供统计分析报告满足党政领导和社会各界的需要。在满足需要时，不能有什么就提供什么，应该尽力做到需要什么就提供什么。

（4）目标分解，各负其责。总的目标确定之后，就要分解落实到各个部分。分解的原则基本上是"谁统计、谁分析、谁写作、谁负责"，让大家都从事统计分析写作，承担各自的责任。

（5）培训干部，提高水平。培训的主要方法是：第一举办统计分析写作培训班，学习统计分析写作知识；第二现场学习，请有经验的统计人员带一些新手深入实际，对社会经济现象进行观察、选题、调查、分析，直至写出统计分析报告；第三开展经验交流，请一些统计分析写作有经验、有成绩的人，介绍抓信息、搞分析以及写作的经验和体会。

（6）举行招标活动。选择一些重点课题在本单位或全社会进行招标，集中优秀骨干力量进行重点攻关，写出有分量、高水平的统计分析报告，为党政领导和社会各界服务。

（7）总结评比，表彰先进。为了提高统计人员的积极性，使统计分析写作能持久地开展，应该建立考核评比制度，奖励先进，定期总结工作。这种方法能提高统计分析报告的质量，推动统计分析工作不断向前发展。

【知识链接】

全国人口普查公报——我国人口平均预期寿命达到 74.83 岁

人口平均预期寿命，指同时出生的一批人若按照某一时期各个年龄死亡率水平度过一生平均能够存活的年数，是综合反映人们健康水平的基本指标。

2010 年第六次全国人口普查资料表明，随着我国社会经济的快速发展，人民生活水平的不断提高以及医疗卫生保障体系的逐步完善，我国人口平均预期寿命继续延长，婴儿死亡率进一步下降，国民整体健康水平有较大幅度的提高。

一、平均预期寿命比 2000 年提高 3.43 岁

根据 2010 年第六次全国人口普查详细汇总资料计算，我国人口平均预期寿命达 74.83 岁（见表1），比 2000 年的 71.40 岁提高 3.43 岁。分性别看，男性为 72.38 岁，比 2000 年提高 2.75 岁；女性为 77.37 岁，比 2000 年提高 4.04 岁。男女平均预期寿命之差与十年前相比，由 3.70 岁扩大到 4.99 岁。表明，在我国人口平均预期寿命不断提高的过程中，女性提高速度快于男性，并且两者之差也进一步扩大。这与世界其他国家平均预期寿命的变化规律是一致的。

表1　人口平均预期寿命变化

（单位：岁）

年份	合计	男	女	男女之差
1981	67.77	66.28	69.27	−2.99
1990	68.55	66.84	70.47	−3.63

年份	合计	男	女	男女之差
2000	71.40	69.63	73.33	-3.70
2010	74.83	72.38	77.37	-4.99

2010 年世界人口的平均预期寿命为 69.6 岁，其中高收入国家及地区为 79.8 岁，中等收入国家及地区为 69.1 岁。可见，我国人口平均预期寿命不仅明显高于中等收入国家及地区，也大大高于世界平均水平，但比高收入国家及地区平均水平低 5 岁左右。从提高幅度看，2000—2010 年我国人口平均预期寿命提高 3.43 岁，比世界平均提高 2.4 岁多 1 岁左右。一般说来，人口平均预期寿命越高，提高速度越慢。但随着医药技术的发展和改善，一些人口平均预期寿命已处于较高水平的国家同期提高的速度也比较快，比如韩国提高 4.9 岁、新加坡提高 3.6 岁、巴西提高 3.0 岁、越南提高 2.9 岁、英国提高 2.7 岁、法国提高 2.4 岁、澳大利亚提高 2.5 岁、德国提高 2.1 岁等。

二、婴儿死亡率继续呈下降趋势

人口平均预期寿命的提高，是各年龄死亡率水平下降综合作用的结果，而婴儿死亡率（指同时出生的一批婴儿未能存活到 1 岁的比例）的下降起着尤为重要的作用。

2010 年我国婴儿死亡率为 13.93‰（见表 2），比 2000 年的 28.38‰下降 14.45 千分点，平均每年下降 1.45 千分点。而 1990—2000 年十年间，我国婴儿死亡率下降 4.51 千分点，平均每年下降 0.45 千分点。可见，随着我国经济的发展，人民生活水平和妇幼保健服务水平的提高，我国的婴儿死亡率不仅继续呈下降趋势，而且下降速度加快。

表 2　婴儿死亡率变化

（单位：‰）

年份	合计	男	女	男女之差
1990	32.89	32.36	33.48	-1.12
2000	28.38	23.92	33.75	-9.83
2010	13.93	13.62	14.30	-0.68

（资料来源：国务院第六次全国人口普查领导小组办公室）

项目总结

统计分析报告是根据统计学的原理和方法，运用大量统计数据，以独特的表达方法和结构特点来反映、研究和分析社会经济活动的现状、成因、本质和规律，并做出结论，提出解决问题的办法的一种统计应用文体。

统计分析报告可以从不同角度来划分种类。按写作类型分，可分为说明型、快报型、计划型、总结型、公报型、调查型、分析型、研究型、预测型、资料型、信息型、微型、综合型、文学型、系列型十五种类型的统计分析报告。

统计分析报告的题目有三种：一是任务题，这是领导交办或上级布置的题目；二是固定题，这是结合定期报表制度进行分析的题目，这种题目一般不变化；三是自选题，这是作者自己选择的题目。

统计分析报告的选题应该抓住这"三点"："注意点""矛盾点"和"发生点"。

统计分析报告材料的采集：①明确采集方向；②确定采集范围；③采集材料的方法。

统计分析报告的说理方法，主要有三大类：一是统计的方法；二是逻辑的方法；三是辩证的方法。

统计分析报告的结构：①结构的形式；②标题；③开头与结尾；④统计数字的运用。

技能训练

亚太地区 15 所知名商学院有关情况统计调查

寻求工商管理专业较高的学历已是一种世界趋势，有调查表明，越来越多的亚洲人选择就读工商管理硕士（MBA）学位，将它当作通往成功的道路。在整个亚太地区，成千上万的人对于暂时搁置自己的工作并花两年时间接受工商管理系统教育，显示出日益增长的热情。

下表是某公司提供的数据，显示了亚太地区 15 所知名商学院的基本情况：

商学院名称	录取名额	每系人数	本国学生学费（元）	外国学生学费（元）	年龄	国外学生比例（%）	是否要求GMAT	是否要求英语测试	是否要求工作经验	起薪（元）
A	200	5	24 420	29 600	28	47	是	否	是	71 400
B	228	4	19 993	32 582	29	28	是	否	是	65 200
C	392	5	4 300	4 300	22	0	否	否	否	7 100
D	90	5	11 140	11 140	29	10	是	否	否	31 000
E	126	4	33 060	33 060	28	60	是	是	否	87 000
F	389	5	7 562	9 000	25	50	是	否	是	22 800
G	380	5	3 935	16 000	23	1	是	否	否	7 500
H	147	6	6 146	7 170	29	51	是	是	是	43 300
I	463	8	2 880	16 000	23	0	否	否	否	7 400
J	42	2	20 300	20 300	30	80	是	是	是	46 600
K	50	2	8 500	8 500	32	20	是	否	是	49 300
L	138	17	16 000	22 800	32	26	否	否	是	49 600
M	60	2	11 513	11 513	26	37	是	否	是	34 000
N	12	8	17 172	19 778	34	27	否	否	是	60 100
O	200	7	17 355	17 355	25	6	是	否	是	17 600

要求对该表数据做出分析并写出统计分析报告，统计分析报告应包括：

1. 用描述统计的方法概括表中数据，并讨论你的结论。

2. 对变量的最大值、最小值、平均数以及适当的分位数进行评价和解释；通过这些描述统计量，你对亚太地区的商学院有何看法或发现。

3. 对本国学生学费和外国学生学费进行比较。

4. 对要求或不要求工作经验的学校学生的起薪进行比较。

5. 对要求或不要求英语测试的学校学生的起薪进行比较。

6. 统计分析报告中如果有必要的图表，将更便于反映你希望反映的问题。

拓展阅读

消费者行为调研

消费者行为调研公司是一家独立的机构，为各类型企业调查它们的消费者的消费态度与消费行为。在一项研究中，客户要求对消费者的行为展开一项调查，以预测消费者使用信用卡进行支付的金额数目。消费者行为调研公司随机抽取了 10 名消费者组成一个样本，收集了每位消费者的年收入、家庭人数、信用卡刷卡金融等数据，如下表所示。

年收入与信用卡刷卡金额统计表

年收入（千美元）	家庭人数	信用卡刷卡金额（美元）
54	3	4 016
30	2	3 159
32	4	5 100
50	5	4 742
31	2	1 864
55	2	4 070
37	1	2 731
40	2	3 348
66	4	4 764
54	6	5 573

请思考：

1. 用描述统计方法对上述数据加以概括，并对你的结论进行讨论。

2. 首先以年收入为自变量、信用卡刷卡金额为因变量，构建一个回归方程；再以家庭人数为自变量、信用卡刷卡金额为因变量，构建一个回归方程。在对信用卡刷卡金额作预测时，哪个变量的效果更好些？对你计算的结果进行讨论。

3. 估计一个年收入 40 000 美元的 3 口之家的信用卡刷卡金额。

4. 根据你的分析，你有何结论或建议？综合利用所学的统计方法知识，请试着写一份统计分析报告，深入探讨消费者年收入、家庭人数、信用卡刷卡金额之间的数量变化关系。

参考文献

［1］山根太郎．统计学［M］．颜金锐，译．福州：福建人民出版社，1983.

［2］梅森．工商业和经济学中应用的统计方法［M］．中国人民大学统计研究室，译．北京：中国人民大学出版社，1984.

［3］《社会经济统计学原理教科书》编写组．社会经济统计学原理教科书［M］．北京：中国统计出版社，1984.

［4］薛天栋．数量经济学［M］．武汉：华中工学院出版社，1986.

［5］袁寿庄．社会经济统计学概要［M］．北京：中国人民大学出版社，1987.

［6］戴世光．世界经济统计概论［M］．北京：人民出版社，1987.

［7］庆丰．欧美统计学史［M］．北京：中国统计出版社，1987.

［8］卡梅尔，波拉赛克．应用经济统计学［M］．崔书香，潘省初，译．北京：中国统计出版社，1988.

［9］易丹辉．统计预测——方法与应用［M］．北京：中国人民大学出版社，1990.

［10］袁卫．统计推断思想［M］．北京：中国统计出版社，1990.

［11］张厚粲，徐建平．现代心理与教育统计学［M］．北京：北京师范大学出版社，2009.

［12］门登霍尔，辛塞奇．统计学［M］．5版．梁冯珍，等译．北京：机械工业出版社，2009.

［13］王建丽，张渭育，张永武，等．统计学［M］．北京：清华大学出版社，2010.

［14］梁飞豹，等．应用统计方法［M］．北京：北京大学出版社出版，2010.

［15］内尔·J.萨尔金德．爱上统计学［M］．2版．史玲玲，译．重庆：重庆大学出版社，2011.

［16］谢启南，韩兆洲．统计学原理［M］．6版．广州：暨南大学出版社，2011.

［17］格里菲思．深入浅出统计学［M］．李芳，译．北京：电子工业出版社，2012.

［18］安德森，斯威尼，威廉斯．商务与经济统计：第11版［M］．张建华，等译．北京：机械工业出版社，2012.

［19］维克托·迈尔·舍恩伯格．大数据时代［M］．周涛，译．杭州：浙江人民出版社，2012.

［20］西内启．看穿一切数字的统计学［M］．朱悦玮，译．北京：中信出版社，2013.

［21］丹尼斯·J.斯威尼，托马斯·A.威廉斯．商务与经济统计学（精要版）［M］．雷平，等译．北京：机械工业出版社，2013.

［22］许承龙．浅谈统计思想在统计工作中的作用［J］．科技视界，2014（5）.

［23］贾俊平．统计学学习指导书［M］.6版．北京：中国人民大学出版社，2015.

［24］小岛宽之．你一定爱读的极简统计学：再精简下去，就不是统计学了［M］.孙霈，译．北京：台海出版社，2015.

［25］道格拉斯·A. 林德，威廉·G. 马夏尔，塞缪尔·A. 沃森．商务与经济统计学［M］.12版．沈阳：东北财经大学出版社，2017.

［26］张崇岐，李光辉．统计方法与实验［M］．北京：高等教育出版社，2015.

［27］范文正，林洪．统计学原理［M］．广州：广东高等教育出版社，2002

［28］陈福贵．统计思想雏议［J］．北京统计，2004（5）.

［29］庞有贵．统计工作及统计思想［J］．科技情报开发与经济，2004（3）.

［30］范正文．几种基本统计思想的现实意义［J］．统计与决策，2007（8）.

［31］史书良，王景新．统计学原理［M］．北京：北京交通大学出版社，2009.

［32］杜树靖．统计学基础［M］．北京：对外经济贸易大学出版社，2009.

［33］刘纯霞，苏元涛．统计学［M］．北京：中国商业出版社，2012.

［34］陈希孺，苏淳．统计学漫话［M］．北京：科学出版社，1987.

［35］罗伯特·罗森费尔德．36小时商务统计课程［M］．上海：上海人民出版社，1994.

［36］黄良文．统计学原理［M］．北京：中国统计出版社，2000.

［37］李洁明，祁新娥．统计学原理［M］．上海：上海人民出版社，1999.

［38］王景新．统计基础与实训［M］．北京：中国物价出版社，1999.

［39］方促进．统计学与统计案例分析［M］．南昌：江西高校出版社，2004.